한국의 명상을 말한다

일러두기

이 책은 한국명상학회의 10년을 담으면서 'MBSR'과 '한국 전통 명상'을 토대로 한국 명상을 깊게 하고 넓게 한 학회 전문가들이 함께 정리한 작품이다. 전문가들의 원고를 받고, 토론을 하면서 책을 꾸린 것은 경희대학교 한의과대학 김종우 교수와 그 교실 연구원들로, 특히 곽희용 선생이 많은 수고를 하였다.

이들이 토론의 주제를 선정하고, 여러 이야기들을 정리하였다. 더불어 여러 전문가의 경험과 전하고자 하는 메시지를 끌어내었다. 그러나 원고를 정리하고 편집을 하는 과정에서 전문가의 견해가 일부 수정이 되었으며 이에 대하여는 혹여 있을 수 있는 오해에 대한 죄송함과 이해에 대한 감사함을 함께 가지고 있다.

한국명상학회는 명상의 깊고 다양한 모습을 살펴봄으로써 명상에 대하여 선입견을 가지고 있거나 혹은 중도에 포기했던 분들에게 다시금 명상이 다가가기를 바란다.

한국명상학회 지음

한국의 명상을 말한다

대한민국 명상을 이끌어 온 17인의 대담

담앤북스

명상의 기원은 인도인가? 중국인가? 한국인가? 일본인가?

요가를 생각하면 인도고, 단전 호흡을 생각하면 중국이고, 화두를 떠올리면 한국이고, 선(禪, Zen)을 생각하면 일본 같기도 하다.

그렇지만 현재 한국에서 가장 많이 활용되고 있는 마음챙김(Mindfulness)에 기반한 명상은 실상 미국에서 건너왔다. 물론 미국에 명상이 전해지기 까지는 또 여러 단계가 있었다. 그래도 미국이라는 나라에 명상이 도입되어서 병원 현장에서 고통을 받고 있는 사람들에게 프로그램으로 쓰였다. 그대로 따라하기만 하면 효과가 있다는 것이 밝혀지면서 이에 기반을 둔 명상 프로그램이 많은 사람들에게 활용되었다. 그리고 그 프로그램이 마음챙김에 기초를 한 스트레스 완화 프로그램(MBSR,

Mindfulness Based Stress Reduction Program)으로 한국에 전해져서 우리에게도 명상이 널리 활용되었다.

물론 한국의 명상 역시 꽤 오랜 역사와 전통을 가지고 있다. 깊은 산속에서 도사들이, 절에서 스님들이, 그리고 숨은 고수들이 명상을 하고 있었다. 아쉬운 것은 그들의 명상이 일반 사람, 혹은 환자들이 쉬이 따라 할 수 없게 전수되고 있다는 점이다. 그래서 그 깊이는 한없이 깊다고 할 수 있지만 입문자가 스스로 따라 하기에는 큰 산이나 강을 만난 듯 주저함이 생기게 하기도 하였다. 시대가 바뀌어 모든 자료가 공개되고 또 대중들이 활용을 위해서 검증을 해야 하는 시점에서 미국의 명상과 한국의 명상은 만나고 있다.

그러한 접점에서 한국명상학회가 만들어졌다.

한국 명상의 깊이와 미국 명상의 실용성을 담아내고, 명상의 과학화와 대중화를 실현하고 싶은 여러 학자들과 몇몇 고수들이 만나게 되었다. 논쟁도 있었다. 물론 다툼도 있었고, 정체성의 혼란이나 나아가야 할 방향에 대한 이견도 있었다. 그러나 명상이라는 큰 주제 앞에 의기투합이 되어 프로그램을 만들고, 교육을 하고, 수련회를 개최하고, 또 학술대회도 열었다. 그리고 10년이 흘렀다.

10년의 세월이 지난 시점, 이제 명상이라는 이름이 생소하지는 않을 것이다. 명상이 건강과 행복에 도움이 된다는 뉴스를 만나 보았을 것이고 또 직접 체험을 해 보기도 했을 것이다. 그러나 아직도 여전히 언제,

어디서, 누구에게 그리고 어떻게 명상을 해야 할지는 알 수 없다고들 많은 사람들이 이야기한다.

그래서 명상 초보자가 명상 전문가로부터 들을 수 있는 말들을 엮고자 하였다. 한국명상학회를 10년간 이어오면서 겪었던 여러 경험들을 공유하고 싶었다. 왜? 명상은 과학적이고, 실용적이며, 이미 많은 사람들이 명상의 도움을 받고 있는데, 어떻게 명상을 접해야 할지 모르는 사람을 여전히 자주 만나기 때문이다. 그분들에게 전하고 싶은 말이 참 많다.

"명상이 고통과 괴로움을 없앨 수 있을까?"
"명상이 우리 사회의 건강과 행복에 도움을 줄 수 있을까?"

개인, 특히 환자들이 명상을 시작했다. 자신의 고통과 괴로움으로부터 벗어나길 바라며… 그리고 명상가들은 우리 사회의 건강과 행복을 위해 명상을 하고 있다.

현재, 명상의 깊이는 깊어졌고, 넓이는 넓어졌다. 명상이 변화하고 있다. 이런 시점에서 명상의 현 상황을 정리하고 싶었다.

한국명상학회가 10주년을 맞았다. 명상의 발전 모습을 정리하는 시점에서 10년이라는 세월은 무척이나 소중했다. 10년을 함께 명상을 한 연구자, 수행자, 실행자와 함께 명상을 되돌아본다면 명상의 현재를 제대로 진단할 수 있고, 미래를 예측할 수 있을 것 이라고 생각해서였다.

각 분야의 명상 전문가. 이들이 오로지 명상만을 하는 사람들은 아니다. 각자의 전문 분야에서 일을 하지만, 명상을 자신의 분야에 날개를 다는 데 활용하고 있는 분들이다. 아직 한국에서 명상만으로 자신의 삶을 살아가는 사람이 많지는 않다. 그것은 명상 자체의 속성이 그러하기 때문일 수도 있다. 그렇지만 이들은 명상적 삶을 살아가고 있다. 명상이 특정 행위가 아니라, 자신의 일에 풍요로움을 도와주고 있다. 명상은 어떤 작업을 하는 도구라기보다는 마치 자신의 일을 수행함에 있어서 늘 함께하는 잘 맞는 옷과 같다.

이 옷을 입으니 더욱 편안하고 효과적이다.
이 옷을 입으니 더욱 매력적으로 보인다.
이 옷을 입으니 다른 사람에게 도움이 될 뿐 아니라 나 자신에게도 도움이 된다.

명상을 왜 시작하였나? 도대체 명상이 뭐기에….
이렇게 글을 시작하여 명상을 역사적으로 점검을 해 보고, 또 지금 한국 사회에서 어떻게 펼쳐져 있는지에 대하여도 알아보았다. 그리고 명상을 공부함에 있어서 꼭 필요한 주제를 마지막에 넣어 보았다.

명상 초보자, 명상 입문자에게는 단지 고수의 한마디로 들릴 수 있을 것이다. 그러나 그들에게 이 한마디가 명상을 시작하고 지속하는 데 도움이 되기를 바란다.

10년이라는 세월을 함께 한 명상가들이 한국 사회의 명상에 대하여 같이 책을 엮어 보았다.

2020년 1월 한국명상학회

01.
한국 명상으로
들어가기

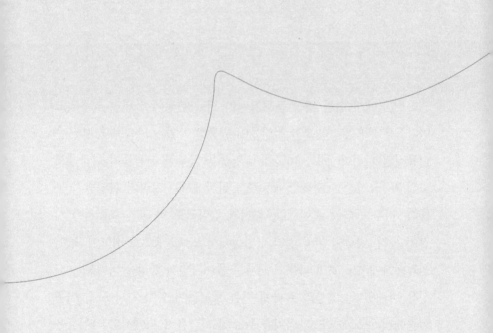

미국 의료 현장에서 명상이 활용되고 있다.
미국의 명상이 한국에 들어와서 깊어지고 넓어지고 있다.

엠디앤더슨
암센터에서
활용되고 있는
명상

미국에서 만든 명상 프로그램이 의료 현장에서 널리 활용되고 있다. 명상이 정말 필요한 사람들이 활용하고 있는 모습이다. 미국은 실용적인 나라다. 처음 미국에서 명상을 공부한 사람들이 한국에서 소위 '미국 명상'을 강의할 때, 정작 한국에서는 그다지 환영받지 못했다. 너무 쉽다는 것이었다. 깊이가 없다고도 하였다. 그렇지만 시간이 흘러, 명상이 미국 전역의 병원에서 프로그램으로 정착이 되고, 의과대학에서도 교과 과목의 하나로 들어가면서 명상을 바라보는 시선은 바뀌었다. 명상의 효과에 관한 보고들이 쏟아져 나오고, 이를 언론에서 보도 했다. 타임이나 뉴스위크 같은 잡지에서도 타이틀을

"명상을 의료계에서 더욱 비중 있게 다뤄야 한다."로 뽑기도 하였다. 미국 의료계에서 명상은 이제 더 이상 선택이 아닌 표준이 되어 가고 있다. 이런 명상 프로그램이 한국으로 들어왔다.

한국 암환자들도 많이 찾는 미국 엠디엔더슨 암센터의 통합의학 센터에서는 명상 치료가 제공되고 있다. 암환자에게 암치료에 대한 스트레스와 불안, 그리고 그들의 웰빙 감각을 향상시키기 위해 통합의학센터에서는 명상을 비롯한 다양한 프로그램을 제공하고 있는 것이다. 그들은 환자로 하여금 질병으로부터의 충격을 최소화하고 재발 가능성을 줄이기 위해 생활의 변화에 적응하도록 돕고 있다. 그리고 이러한 서비스는 가족과 간병을 하는 분들에게도 그룹 치료를 통해 제공된다.

이어 소개된 내용에서 "명상은 심신훈련으로 이완을 시키고, 자신의 마음과 몸 그리고 심장에 집중함으로써 깊은 알아차림에 이르도록 돕는다. 연구에 의하면 명상과 같은 심신훈련은 생물학적인 긍정적인 변화를 가져올 뿐만 아니라 삶의 질을 향상시킨다. 특히 암환자에게는 불안과 부정적인 감정을 줄이고, 수면 시간을 늘려주고, 기억과 인지 기능을 향상시키며, 영적 알아차림과 웰빙 감각을 늘려주고, 혈압을 안정화 시키고, 몸을 이완시킨다."라고 설명하고 있다.

미국에서 명상의 본격적인 활용은 의학 분야에서부터라고 할 수 있다. 존 카밧진의 마음챙김 기반 스트레스 감소 프로그램(MBSR)이나 집중 명상을 활용한 허버트 벤슨의 이완반응(RR, Relaxation

Response)은 모두 의학계에서 시작한 것이다. 그것은 실제 명상을 필요로 하는 사람을 대상으로 효과를 확인하는 과정에서 발생한 자연스러운 현상이다.

명상이 정통의학에 속하지는 않는다. 보완대체의학, 통합의학의 한 분야에 속하는데, 그 가운데 NCCIH(National Center for Complementary and Integrative Health, 미국 국립보완통합의학센터)에 의하면 심신 중재 'Mind body Intervention'의 영역에 해당한다. 보완대체의학은 주류 치료법은 아니지만 정통의학(Conventional Medicine)과 함께 활용하거나 혹은 대신해서 활용할 수 있는 치료법을 말하고, 통합의학은 정통의학적 접근과 보완적 접근을 조율된 방식으로 함께 활용하는 것이다. 통합의학은 치료와 건강에 대한 전인적이고 환자 중심적인 접근을 강조한다. 심신 중재법은 마음과 몸을 통합적으로 다루는 방법으로 훈련받은 전문 치료사가 직접 시행하는 치료법이나 환자들에게 교육하는 치료 기법으로 요가와 명상이 포함되고 그 외에 심호흡, 유도된 심상, 점진적 근육이완법과 같은 이완요법 등도 해당된다.*

2012년 미국 국민건강조사(NHIS, National Health Interview Survey)에서 많이 사용되는 것으로 조사된 통합의학 치료법으로 요가와 명

NCCIH "Complementary, Alternative, or Integrative Health: What's In a Name?" (https://nccih.nih.gov/health/integrative-health)

상이 보고되었다. 명상은 의사들의 수용성이 높고, 과학적 근거가 높아서 많이 활용되고 있다. 특히 병원, 그 중에서도 암센터와 같이 통합의학 진료가 보편적인 곳에서 명상을 활발하게 활용하고 있다. 미국 엠디앤더슨 암센터의 통합의학 센터에서는 '건강을 위한 명상(Meditation for Health)'과 '명상과 일상생활(Meditation and Daily Life)'이라는 프로그램을 매주 운영하고 있다. '건강을 위한 명상' 교실에서는 투쟁-도피 반응 대신 이완 반응을 유도할 수 있는 기술을 배우는 데 주의를 기울이고 있고, '명상과 일상생활' 교실에서는 차, 예술, 글쓰기, 그리고 자연을 활용하여 명상을 일상생활의 일부로 만드는 것에 목표를 두고 있다. 심신의학적 관점에서 암환자들에게 명상을 교육하고, 나아가 명상이 일상에 스며들 수 있도록 프로그램을 운영하고 있는 것이다. *

미국에서의 명상은 이처럼 의학의 한 분야인 통합의학에서 핵심적인 치료법으로 활용되고 있다. 그리고 명상은 의학적, 과학적, 그리고 실용적으로 연구되고 해석되고 있어서 명상에 대한 이해를 위해서는 다음과 같은 내용을 학습하기를 권하고 있다.

뇌과학 명상의 효과를 뇌의 해부학적 위치, 뇌의 네트워크에 기반을 두어 설명한다.

MD Anderson Integrative Newsletter, Sep 2018(https://www.mdanderson.org/research/departments-labs-institutes/programs-centers/integrative-medicine-program/news.html)

정신신경면역학 명상을 통해 나타나는 인체의 생리적인 반응을 신경계, 내분비계, 면역체계의 작용으로써 설명한다.

스트레스 명상이 스트레스에 대한 인체의 반응을 조절하는 기전에 대해 설명한다.

심신의학 몸과 마음 사이의 연관 관계를 파악하고, 정신과 신체가 양방향으로 영향을 주고받는다는 것을 이해할 수 있게 된다.

통합의학 정통의학을 보완할 수 있는 접근법으로써 명상이 갖는 의미를 이해할 수 있다.

심리학 명상의 심리적 기전과 명상 훈련을 통한 심리적 결과를 이해할 수 있다.

명상은 이처럼 많은 학문 분야에서 관심을 가지고 있는 주제다. 관련 학문의 전문 지식을 습득하면, 명상을 보다 잘 이해하고 설명할 수 있게 되면서 명상을 더욱 심도 깊게 공부할 수 있다. 이와 같이 연관 학문과 함께 하면서 명상을 과학적으로, 의학적으로, 실용적으로 만들어 나가는 것이 미국 명상의 특징이다.

명상의 대분류

집중 명상
통찰 명상
자비 명상

'한국에서의 명상'이라 하면 가장 먼저 떠오르는 장면은 향불을 피워 놓고 30분간 가부좌 자세로 앉아서 향불의 타들어감과 향의 움직임, 그리고 내음에 집중하는 좌선이었다. 이것은 70~80년대 이른 아침 아버지가 명상하는 모습이었다. 요즘은 이런 명상을 보기 어렵다. 존 카밧진의 마음챙김 명상이나 틱낫한 스님의 걷기 명상을 만나고 나서 사람들은 일상에서 늘 할 수 있는 명상을 실행하고 있다. 식당이나 카페, 길거리나 멋진 여행 장소에서도 명상이라는 말을 흔히 들을 수 있게 되었다. 또 다른 한 가지, 집중 명상이나 알아차림 명상이 개인에 한정된 명상이라면, 사회적 명상, 이타적 명상, 따뜻한 명상을 표방하는 자애 명상이 있다. 사회가 험악해지면서 명상이 사회를 바꾸고자 하는 열망에서 나왔다고 할 수도 있다. 이렇게 한국 사회에는 여러 명상이 있다.

이렇듯 한국 명상에는 여러 명상이 혼재되어 있는데 전통적 방법이 그 중심을 잡고 있고, 미국 명상을 들여와 실용적으로 응용하고 있으며, 한국의 문제를 풀어나가는 방안을 만들어 내고 있다. 각각의 명상은 목적과 기대 효과, 그리고 기전에서 차이가 있다. 그렇지만 최종 목표는 몸과 마음의 건강, 고통의 해결, 그리고 행복한 삶이다.

정신과 신체를 이완하는 집중 명상

정신과 신체를 이완하는 것을 목표로 한다면 '집중 명상'이 있다. 어떤 대상에 집중하는 것만으로도 이완이 되는데, 집중을 할 때 부교감신경계가 활성화되고, 면역계가 강화되며, 호르몬계도 조절이 된다. 그래서 집중 명상이 의료 현장에서 가장 먼저 활용되었다.

주의를 한 곳으로 모으며, 흐트러트리지 않는 것을 목적으로 하는 집중 명상은 사마타, 지(止)법이라는 이름을 가지고 있다. 집중 명상을 시행 할 때에 우리의 주의는 몸의 한 부분으로, 혹은 외부의 대상으로, 혹은 어떠한 생각으로 모인다. 주의 집중의 대상이 아닌 다른 생각과 감각이 우리를 자극할 때도 끊임없이 내려놓고 다시 집중의 대상으로 돌아와야 한다. 대표적으로 수식관과 만트라 명상이 있

명상의 분류*

효과	개인의 심신건강 / 삶의 질 향상	개인의 심신건강 / 삶의 질 향상 / 심리자원 향상	이타심 / 이타 행동 향상 - 타인의 행복
강조점 / 정서 조절 기제	정서 각성 완화 / 인지활동 감소	인지적 거리두기 / 자동 반응 끊기	(사회적) 정서 / 동기 특히 긍정정서 계발
수련의 심리적 맥락	개인적	개인적	사회적
매개과정	심신이완	관점 / 초인지적 변화, 자각과 수용	이타 정서 / 동기 향상
목적	삼매 / 마음의 안정	지혜 통찰 / 관점 변화	사무량심 배양
방법	한 가지 대상에 주의 고정 / 유지	매 순간 경험 내용에 주의, 따라가며 관찰	주의 변화 / 대상의 심상화 / 자비심 방사
	집중 명상	통찰 명상	자비 명상

김완석, 한국명상학회 고급 과정, 2017

다. 호흡의 수를 세는 수식관은 집중 명상이 제대로 이루어지고 있는지를 점검하는 의미를 함께 가지기도 한다. 수를 하나하나 세어 내려가다가 잠시 깜빡하고 다른 생각에 빠졌다가 나왔을 때, 어느 사이 사라져버린 숫자의 흐름을 알아차리는 것. 그때 명상 수행자는 다시금 주의를 돌이켜 모으고 집중을 위하여 또 다시 숫자 세기로 돌아가게 된다. 만트라 명상은 끊임없이 자신의 목소리를 통해 만들어내는 리듬에 대한 집중이다. 숨을 내쉬면서 "옴~~~" 소리를 끝까지 이어가 보는 것이다. 외부의 또 다른 엇박자들에 맞춰 살아가려고 해서 힘겨워했던 나의 몸과 마음을 이제 스스로가 만들어내는 리듬으로 모아내는 작업이다. 이러한 집중 명상을 통하여 우리는 충분히 이완할 수 있고, 그러면서도 깨어 있을 수 있다.

심리적 효능을 극대화하는 통찰 명상

실제를 자각하고 수용하여 이른바 깨달음을 지향하는 것을 목표로 한다면 '통찰 명상'이 있다. 우리는 주위를 온전하게 알아차림하게 될 때 깨달음으로 이어질 수 있고, 이때 사고와 함께 정서 및 행동 조절도 가능하다. 그래서 통찰 명상은 심리적 효과를 극대화할 수 있다.

있는 그대로의 모든 것을 알아차림으로써 깨달음에 이르는 것이 바로 통찰 명상이다. 위빠사나라고도 하고, 관(觀)법이라고도 한다. 이때 주의의 대상은 몸 그 자체, 몸에서 느껴지는 감각, 마음의 흐름,

그저 인식하고 있는 그 시선까지로 확장된다. '있는 그대로'를 알아차리기 위해서 필요한 태도는 '아하!'다. 우리는 마치 생전 처음 느껴보는 것처럼, 난생처음 바라본 것처럼 새로운 마음으로 접근해야 한다. 이것은 자기에 대한, 실재에 대한, 내적 경험에 대한 접근이다. 이를 통해 우리는 수용적인 태도를 배양하고 색안경을 벗어 던진 눈으로 세상을 마주할 수 있다. 고통과 걱정을 덜어버린 후 바라보는 세상은 새롭고 또 편안하게 느껴진다. 호흡 관찰, 바디스캔, 걷기 명상, 하타 요가 등 많은 마음챙김 명상들이 존재한다. 어떤 움직임이든 신체의 감각이든 나의 생각이든 있는 그대로 바라보고 수용하는 자세를 수행할 때 마음챙김이 이루어질 수 있다.

공감을 통해 긍정 정서를 배양하는 자비·자애 명상

공감을 통해 긍정 정서를 배양하고 평등심과 이타성을 키우는 것을 목표로 한다면 '자비 명상'이 있다. 자비 명상은 집중 명상과 통찰 명상이 개인적 명상임에 비하여 사회적 명상이다. 이타심을 키우고 사랑과 연민의 감정을 일깨우게 되는데, 자신에 대한 자비로 자기 자비 혹은 자애 명상으로 이어진다.

나와 세상을 향한 따뜻한 마음을 배양하는 것에서 자비 명상이 이루어진다. 우리 사회가 필요로 하는 것이다. 이 명상은 사회적 명상이며 다른 존재와 함께하는 명상이다. 사랑의 감정이 나에게서 시작해서 가장 먼 곳까지 퍼져 나가도록 수행한다. 가까운 사람에서 시작해서 미운 사람으로, 모든 존재로 확장되어가는 자애심을 수행할 때 우리는 냉소, 무관심에서 벗어나서 모든 존재가 고통에서 벗어나기를 바라며, 모든 존재가 행복하기를 바라는 마음을 견지하게 된다. 그리고 그런 마음을 나에게 적용할 때 자기 자비 혹은 자애심이 향상된다.

미국 명상 MBSR

여러 명상 가운데 미국에서 들어온 존 카밧진이 프로그램화한 MBSR은 마음챙김 명상에 기반해 있다. 이 명상법은 삶 속의 모든 순간들을 알아차리는 연습으로 점철된다. 인도의 요가에서 출발하여 마음챙김이라는 요소를 풍성하게 담고 있다. 그리고 병원 현장에서 환자를 대상으로 활용하는 실용적인 방법으로 프로그램하여 심리적 개입은 가급적 줄이고, 주로 신체 감각 알아차림에 더 큰 비중을 두고 있다.

이 프로그램은 주로 집단을 대상으로 하는 교육과 철저한 실습, 그리고 이에 대한 피드백으로 구성이 되어 있다. 개인의 심리적 갈등이나 고민은 직접적으로 다루지 않는다. 명상을 꾸준하게 실천하면서 자연스럽게 해결되도록 돕고 있다고 보면 된다. 이 프로그램에서는 요가를 중요하게 다룬다. 그리고 요가 동작에서 느껴지는 신체 감각을 알아차림 한 것 역시 중요하게 다룬다. 신체 감각은 사람들 간에 공통적으로 받아들일 수 있는 것이기 때문에 집단 프로그램을 적용함에 있어서도 무리 없이 진행할 수 있다. 바디스캔과 같은 것이 그러한 예다. 바디스캔을 경험한 대부분의 사람들은 자신의 신체 부위 부위를 관찰하는 동안 거의 잠에 빠져든다. 그러고 나서 충분한 이완감과 편안함을 경험한다.

MBSR 프로그램은 그런 의미에서 배우기 쉬운 방법이다. 배우는 사람 간에 편차가 그렇게 많지도 않다. 그래서 정작 환자들도 따라서 배울 수 있는 것이다. 다만, 그것을 자신의 것으로 만들기 위해서는 수행이 중요하다. 늘 연습(Practice)을 강조한다. 그리고 이렇게 수행을 한 후 자신의 몸과 마음의 변화에 대하여 피드백을 하는 시간을 단체로 갖는다. 그런 과정을 통해 모든 경험을 공유함으로써 직접 자신이 경험하지 못했더라도 미래의 자신의 모습을 그려나갈 수도 있고, 그 효능을 공통적으로 확인하게 된다.

한국 명상 K-MBSR

한편, 한국형 마음챙김 명상(K-MBSR)은 사마타 전통의 수련법을 포함하고 있다. 마음챙김 명상에 기본을 두되, 호흡 명상에서 만트라를 활용하는 등 집중 명상을 적절히 융합해내고 있다. 이러한 방식은 한국의 전통적 명상이 융합된 모습이다. 좌선이나 단전 호흡 같은 방법에서 유독 호흡법을 강조하고 있다. 이것은 한국의 전통적인 문화와 한의학과도 관련이 있다.

한국의 명상센터는 심리센터를 겸하는 경우가 많다. 미국 명상이 한국에 들어오면서 심리학자들이 이를 적극적으로 받아들이면서 생긴 자연스러운 현상이다. 그래서 상담을 진행하면서 환자의 안정을 도모하기 위해, 때로는 환자의 심층 심리 상담을 유도하기 위해 명상을 활용하기도 한다. 명상을 통해 안정된 상태에서는 가지고 있던 속 깊은 이야기 혹은 트라우마에 대하여도 상담으로 이끌기가 가능해지기 때문이다. 한의학 임상 현장에서 명상을 적용하기도 한다. 침 치료 후에 누워 있는 상태에서 호흡법을 가르쳐 주기도 하는데 침 치료의 효과를 강화하기 위해서다.

한국 명상의 특성 가운데 또 한 가지는 자비 명상이다. 이것은 한국의 불교 문화와 연관이 깊다. 그리고 한국의 사회 현상의 반영이기도 하다. 각박한 한국 사회에서 서로 간에 공감하고 따뜻한 마음으로 서로를 이해하고 화해하고 용서하는 것이 너무나도 필요하기 때문이기도 하다.

명상을 종류별로 나누거나, 미국 명상, 한국 명상 이렇게 나누는 것이 올바른 것은 아니다. 여러 가지 명상이 있고, 다양한 명상을 경험해 보고, 자신에 맞는, 그리고 상황에 맞는 명상을 찾고, 또 명상이 추구하는 근본적인 입장, 즉 마음챙김을 일상에 녹아내면 되는 것이다.

매우 실용적인 미국 명상이 한국에서 새롭게 탄생하고 있다. 공부하기를 좋아하고, 새로운 아이디어를 만들어 내고 도전하기를 즐기는 한국 사람들은 옛 전통에 실용이 함께 하고, 거기에 다양한 분야로의 활용으로 명상을 새로운 모습으로 진보시켜 나가고 있다. 깊이는 더 깊어졌고, 넓이는 더욱 넓어지고 있다. 이것이 현대 한국 명상의 모습이다.

02.
한국에서
명상하기

명상과의 첫 만남에서 명상 전문가가 되기까지 과정이다.
여기에는 한국 명상과 미국의 명상의 만남이 있고,
한국 명상을 이끌어 가는 한국명상학회가 있다.

명상,
그 강렬한
첫 만남

다음은 한국명상학회 회원인 김종우 교수의 이야기다.

10년 전 종로3가역 단성사 근처를 걷다보면 소박하게 생긴 일행이 다가와서 이렇게 묻곤 했다. "얼굴이 참 온화하게 생기셨는데, 도를 아십니까?" 이렇게 말을 걸면 흠칫 놀라면서 채 대답할 생각조차 하지 못하고 애써 눈을 마주치지 않고 바쁜 척 걸음을 재촉했다. 이렇게 놀라고 도망을 가지만, 정작 병원에서는 환자에게 "오후 5시에 명상을 진행하겠습니다."라고 이야기를 꺼내면, "저는 교회 다니는데요." 혹은 "저는 명상하려고 병원에 오지 않았습니다."라고 대답을 하는데, 그들의 표정은 나의 종로3가역에서의 표정과 거의 흡사했다.

나에게 "도를 아십니까?"로 접근했던 사람이나, 환자에게 "명상을 하도록 하겠습니다." 하는 나의 모습이 정확하게 오버랩되었다.

10년이 지난 시점에서 "도를 아십니까?" 묻는 사람들은 거의 사라졌지만, 병원에서 명상을 하는 사람들은 늘었고, 이제 명상을 괴상한 치료법이라고 생각하는 사람은 없다. 그렇게 세월이 10년 지난 것이다.

1990년대 초반, 대학교를 졸업하고 한의사 생활을 막 시작하던 시절에는 한국에서 기공이라는 양생법이 한의학 치료 방법의 하나로 시행되고 있었다. 중국에서도 기공은 중의학 치료 도구의 하나로, 기공의사가 전문적으로 있을 정도로 넓게 적용되고 있었다. 그 시절 중국 여행을 가면 천안문 광장 앞에서 태극권이나 기 수련을 하는 사람을 쉽게 만날 수 있었다. 중국의 기공은 당시 매우 발전 하였었는데, 텔레파시에 가까운 초능력 기공까지 연구 영역을 넓혀가고 있었다. 식물에게 기를 쪼여주면 잘 자라고, 기를 통해 물맛도 변화시키고, 심지어 약을 먹을 때도 기를 방사하면서 먹기도 하였다. 한참 잘나가던 기공이 급격하게 위축된 것은 사실 중의학 자체의 문제 때문은 아니었다. 불교와 도교에 기공이 합해진 파륜공이라는 공법이 중국에서 넓게 퍼지면서, 이에 대한 문제를 제기한 중국 정부의 강력한 단속으로 기공은 사회에서 자취를 감추게 되었다. 기공에서 다루는 기는 유물론적 입장에서 하나의 입자로 설명을 하면서 중의학에서 받아들여졌었는데, 파륜공은 그런 입지적 입장과는 달리 심리적인 수양을 중요시하고 종교적 색채를 강하게 띠면서 확장이 되었던 것이다. 유물론적 사고를 가지고 있는 중국은 이를 탄압하기에 이르렀는데, 이런 탄압의 결과는 기공 자체의 탄압으로 이어지고, 이후에 의료 시장에서도 기공이 거의 활용되지 않을 뿐 아니라 공원 등에서 수행되고 있는 기 수련 모습도 많이 사라지게 되었다. 최근에 중국을 여행한 사람들은 이전에 보았던 기체조보다 에어로빅 같은 것을 더 많이 보게 된다.

한의사가 되어 병원에서 전문의 과정을 연수하고 있던 시절, 한국의 국선도와 중국의 소림내경일지선을 연마하여 기공을 의료 현장에 적용하려는 노력을 하였다. 그래서 한방병원 신경정신과에 〈기공교실〉을 열어 4주짜리 프로그램을 진행했었고, 태극권의 동작과 기 수련에서 수행하는 호흡 수련, 자세 수련, 마음 수련을 함께 진행하였다. 그런데 중국에서의 기공의 쇠퇴는 그대로 한국 한의학에도 영향을 미쳐 기 수련은 급속하게 줄어들었고, 한의학 임상 현장에서도 많이 쇠퇴하게 되었다.

시간이 흘러 2000년대 기공에 대한 관심은 자연스럽게 명상으로 이어지게 되었다. 정신 수련에 대한 관심이 중국에서의 유물론적 관점의 기공에서 서구의 유심론적 관점의 명상으로 옮겨간 것은 중국 기공의 쇠퇴와도 관련이 있다. 초반까지도 명상이 단전 호흡, 좌선 혹은 젠(禪, Zen)이라는 이름으로 산속이나 절에서 수행되고 있을 때, 미국에서는 이미 병원에서 환자에게 프로그램으로 적용되고 있었다. 아시아의 명상은 종교적이고, 신비적이고 소위 말하는 깨달음이

나 득도를 지향하고 있는 반면, 서구의 명상은 실용적이고, 현실적이며 의료 현장에서 환자를 위해 활용되고 있었다. 병원에서 근무를 하고 있던 한의사로서도 자연스럽게 병원 장면에서 실용적으로 활용하고 있는 서구에서의 명상법에 접근하게 된 것이다. 특히 정신의학 분야에서 명상은 너무나 당연하게 받아들여졌다. 한의학은 특히 의학 가운데서도 동양 문화를 듬뿍 담고 있으니 명상은 더욱더 가깝게 다가 왔다. 그렇지만 기 수련으로부터 시작하여 명상의 세계로 나아가는 과정이 크게 다른 길로 접어든 것은 아니다. 한편으로 보면 그 둘은 출발점이 같았으나 발전하는 과정에서 이를 활용하는 사람들이 차이가 났다고 할 수 있다. 그러나 궁극적으로 기 수련이나 명상 모두는 사람의 건강과 행복을 추구하는 양생의 한 방법이라는 측면에서 본다면 크게 달라진 것은 없을 것이다. 이 둘의 방법은 모두 환자의 건강과 행복을 위한 것이다.

명상에 대한 관심을 의료 현장에서 적용하려는 노력은 한국보다 서구에서 더 활발했다. 심지어 미국 명상의 역사는 의학에서부터 라고 할 수 있는데, 1990년대에 이미 명상은 의료 현장에서 광범위하게 활용되고 있었다. 허버트 벤슨의 이완 반응과 존 카밧진의 마음챙김 명상이 대표적이다.

존 카밧진의 《마음챙김 명상과 자기치유 Full catastrophe Living》라는 책이 출간되었는데, 여기에는 건강과 질병에 대한 새로운 접근의 필요성과 마음챙김이라는 요소를 담은 명상 프로그램이 제시되어

있다. 허버트 벤슨은 《과학 명상법 Beyond the Relaxation Response》
이라는 책에서 하루 15분의 이완 훈련을 통해 심장 질환을 비롯한 여
러 난치성 질환에도 적용되는 사례를 소개하고 있다. 이 두 권의 책
가운데 허버트 벤슨은 집중 명상을 기반으로, 존 카밧진은 마음챙김
에 기반하여 출발한 명상법이었는데, 공교롭게도 두 권 모두 한국 과
학 명상의 원조라고 할 수 있는 장현갑 교수의 번역이었다. 그리고 장
현갑 교수는 이 둘의 명상을 접목하여 한국인이 실용적으로 할 수 있
는 명상법을 만들게 되었다.

현재 한국명상학회에서 기본으로 삼고 있는 것은 존 카밧진의
마음챙김 기반 명상이다. 이 명상법은 재앙적 삶에 대하여 관점과 해
결 방법을 제시하고 있는데, 그것은 불교적 철학을 기반으로 하고 있
다. 삶은 태어나면서부터 고통이라는 붓다의 철학이 담겨져 있다. 불
교적 철학은 명상을 만들어 내고, 이것은 심리치료에서의 수용전념치
료에서도 여실히 반영되고 있다. 고통을 피하지 말고 받아들여야 한
다는 것이다. 그렇지만 출발이 철학적인 면에 비하여 그 활용은 매우
실용적이고 경험적이다. 프로그램 자체에는 특별하게 철학적 내용이
없다. 그저 그 프로그램을 따라서 수행을 하면 될 뿐이다. 다만 그 날
배운 내용을 일주일 동안 시간을 내어 꾸준하게 수행을 한 후에 다음
번에 점검을 하는 것이 남아 있다. 소위 말해서 머리를 굴리는 것이
아니라 몸으로 체득해야 한다는 점이다. 흔히 명상을 뇌 운동이라고
생각하지만, 정작 생각이나 고민을 하는 것이 아니라 꾸준하게 실천

하는 몸 수련이라고 할 수 있다. 그리고 그 몸 수련 이후에 나타난 스스로의 변화에 대하여 비로소 생각하고 고민을 하면 되는 것이다.

명상을 처음 시작하는 사람 입장에서 명상이 마음이나 정신의 훈련이라기보다는 몸의 체화 과정이라는 것을 경험하는 게 도리어 쉽다. 수련은 도외시하고 명상이 주는 효과, 즉 마음이 안정되고, 평안해지는 것을 추구하는 마음 훈련으로 받아들이면서 그것이 어렵다고 느끼는 경우가 더 많다. 그래서 꾸준하게 하면서 조금은 쉬운 자신의 몸의 변화를 관찰하는 것에서 시작하여 점차 마음의 안정과 평화를 느끼는 과정을 겪게 되면 명상은 어느새 나의 것이 된다.

명상을 하면서 생각을 할 거리들은 존 카밧진의 책 《왜 마음챙김 명상인가 Wherever you go, There you are》를 참고하면 된다. 명상 책을 이렇게 일상에서 언제든 열어볼 수 있는 책으로 나와, 여행 도중에, 산책하면서, 차를 마시면서 때로는 공부를 하는 도중 한 챕터씩 읽어 내려갈 수 있다. 결국 이런 책을 읽음으로써 명상이 한층 일상에 녹아내리고, 더욱 깊어지게 된다.

2012년 스트레스학회에서 존 카밧진을 초청한 강연회가 있었다. 주제는 〈의학과 심리학에서의 마음챙김〉이었다. 직접 존 카밧진의 강연을 들을 수 있었다. '어떻게 저렇게 쉽게 설명할 수 있을까?' 강연을 듣다보니 강연자의 마음챙김은 고스란히 청중의 마음챙김으로 이어졌고, 한 시간 너머 강연 내내 강연자와 청중 모두 '지금, 그리고 여기에'에 머물러 있을 수 있었다. 그러나 강연을 듣는 내내 '왜 우리가 존 카밧진에게 배우는 것인가?' 라는 생각을 지울 수 없었다. 명상의 역사나 깊이에서 우리가 훨씬 앞서 있는데, 왜 지금 나는 존 카밧진의 강의에 푹 빠져 있는가? 당시에 내렸던 결론은 이랬다.

1. 내가 병원에서 환자에게 아무리 열심히 설명을 해도 별로 좋아하지 않았던 명상을 미국의 의료 현장에서 적용하고 있으니 설명력을 배워야 한다.
2. 그 설명을 따라가면 자연스럽게 자신의 행동으로 만들어 낼 수 있는 체계성을 가지고 있으니 그 프로그램 구성을 배워야 한다.
3. 마음챙김이라는 삶 속에 가져야 할 생활 태도와 철학에 대한 설명이 잘 되어 있으니 일상생활에서 명상을 하려면 마음챙김에 대한 이해가 더욱 깊어져야 한다.

결국 이런 것들은 명상을 체계적으로 학습하고, 자신의 행동을 바꾸고, 더구나 마음의 자세와 생각을 바꿔줄 수 있다. 그래서 결국 난치병의 고통을 가지고 있는 환자조차 실행할 수 있다는 점에의 놀라움이었다.

한국 과학 명상의 출발점인 장현갑 교수와의 만남은 허버트 벤슨과 존 카밧진의 번역서에서 비롯되었다. 하지만, 그 이전에 《약 안 쓰고 수술 않고 심장병 고치는 법 Dr. Dean Ornish's program for reversing heart disease》으로 번역된 딘 오니시의 책부터 조금 더 거슬러 올라갔다고 볼 수 있다. 심장병 반전 프로그램에 운동, 음식, 금연과 함께 명상이 첫 챕터에 소개되어 있었다. 부정맥을 가지고 있으면서 이에 대한 불안감을 안고 있던 시절, 이 책에서 소개된 심장 열기 프로그램은 큰 희망이 되었다. 명상으로 나의 심장을 건강하게 만들기가 그 책에서 설명되고 있었으니 명상은 의료 현장, 그리고 나에게 바로 적용할 수 있는 치료법이었다.

장현갑 교수는 한국에서 명상의 과학화를 처음 내딛은 시조라고 할 수 있다. 그동안 한국에서 명상은 좌선을 통해 많이 경험했다. 이른 아침 시간, 향을 피워 놓고 결가부좌를 하고 향이 다 타서 사라질 때까지 향을 응시하고 있는 모습을 봐왔다. 그리고 단전 호흡이라고 하여 깊은 호흡을 통해 단전에 힘을 키우는 작업에 익숙해 있다. 그런데, 존 카밧진의 명상은 집중보다는 알아차림, 정좌 보다는 걷기에 더욱 열심인 것 같았다. 장현갑 교수가 이런 알아차림에 한국 명상의 특징인 집중 명상을 융합한 것은 매우 의미 있는 작업이었다. 첫 명상 시간인 호흡 명상에서의 수식관이나 만트라를 읊는 것은 좌선에서 많이 쓰는 방법이었다. 이어지는 교육에서의 걷기와 자애의 명상은 명상을 처음 만났을 때의 거부감을 없앨 뿐 아니라 특히 환자들이 좋아할 수 있는 프로그램이었다. 이렇게 집중 명상과 알아차림 명상, 정좌와 함께 걷기가 융합되니 명상은 어느새 내가 가장 많이 활용하고 있는 치료법이자, 내 건강의 초석이 되었다.

요즘은 명상을 환자에게 적용하고 있다. 한의사를 대상으로 하는 K-MBSR 교육도 담당을 하고 있다. 명상에 기공을 융합하여 환자에게 적용하는 방법도 개발을 하여 시행하고 있다. 기공에서 시작하여 명상을 공부하고, 이제 이 둘을 융합하는 모습은 명상이 발전하고 있는 한 장면이라고 할 수 있다.

2019년 8월 16일에 한국명상학회 하계 집중 수련회가 열리는 날, 태풍 크로사가 일본 열도를 지나 우리나라에 강한 비바람을 뿌렸다. 한 달여간 치열하게 다투고 있는 한국과 일본의 갈등, 어렵다고 아우성인 경제 문제, 잡힐 듯 안 잡히는 북한과의 평화 등 이런 복잡한 문제는 잠시 살고 있는 집과 직장에 남겨 놓고 모든 것으로부터 벗어나 잠시나마 평화로운 신체와 마음, 그리고 영혼을 위해 명상 모임에 100명 가까운 회원들이 모였다. 모든 삶은 태어나는 순간부터 고통이라는 업보로부터 잠시나마 벗어나고자 명상을 했다는 옛 선각자의 말을 한 번 믿어보기로 하고, 이렇게 명상 세계로 달려왔다. 10년을 맞이하는 학회이니 여름과 겨울, 한 해에 두 번꼴로 벌써 스무 번을 반복하고 있다. 그동안, 천리포 수목원, 송참봉 고택, 둔내 자연휴양림, 피정의 집, 동화사, 삼동원 같은 명상하기 좋은 곳을 찾아다녔던 기억이 새롭다. 처음에는 수요일에서 토요일까지 3박 4일, 수요일 늦은 오후에 시작하여 토요일 이른 오전에 헤어지는 모임이었다. 주로 학교에서 교수, 연구원, 대학원생들이 참여를 하였지만, 2년 전부터는 금요일 이른 아침에서 시작하여 일요일 늦은 오후에 끝나는 2박 3일 프로그램으로 바뀌었다. 이제는 명상이나 요가센터, 상담이나 정신보건센터, 병원이나 학교 등 각 분야에서 실제 명상을 적용하는, 소위 말해서 직장인들이 월차까지 내 참여하고 있으니 그동안 많은 성장을 한 것이다.

프로그램에도 많은 변화가 있었다. 초창기에는 3박 4일 동안 집중해서 명상을 하겠다고 거의 수행에만 전념하던 모습에서 변화하여, 수련과 함께 강연, 워크숍과 멘토링이 이어지고, 특히 밤샘 집중명상과 지역에서 찾아가는 트레킹이 추가되었다. 수련은 더 강렬하게 하면서, 명상을 일상의 삶 속에서 재미나게 받아들일 수 있도록 하고 있다.

첫 데스크 접수에서부터 약간의 실랑이가 있었다. 참여자를 골고루 섞어서 한 방을 꾸리려는 학회 입장과 같이 온 사람까지 어울리고 싶은 참가자간에 벌어지는 실랑이다. 또 처음 이 모임에 참석을 하는 사람들에게는 동시에 열리는 여러 모임 가운데 어느 것을 택해야할지 또 서로 간에도 실랑이가 있다. 그럴 때 "마음이 가는 곳으로 가서 수련을 하시면 됩니다."라는 진행자의 말에, 참가자들의 답변은 "나의 마음을 알 수가 없습니다."다. 이번 수련 모임을 마치고 자신의 마음이 어디로 향하는지에 대하여 알게 된다면 집중 수련회는 명상을 공부하는 데 큰 도움이 되리라 생각한다.

집중 수련회는 다양한 프로그램으로 채워져 있다. 멘토링과 강의가 있고, 워크숍이 있으며, 수련이 있고 친교의 시간과 트레킹도 있다. "나는 이곳에 왜 왔나?" 정작 이 수련회를 준비한 사람 역시 늘 이것을 화두삼아 명상을 수행한다. "내가 명상을 하는 이유는?" 이 모임에 참석하는 사람들은 치료자, 연구자, 교육자, 수련자가 섞여 있다. 때로는 이 모두의 성격을 함께 가지고 있기도 하다. 병원에서는 치료자, 학교에서는 연구자이자 교육자지만 항상 마음 속에 다짐을 하고 있는 수행자의 모습이다. 처음 이곳을 오는 사람 가운데 명상을 하고자 하는 사람도 있지만, 그저 힐링 여행의 하나로 참여를 하는 경우도 있다. 다양한 참여자의 모습은 일상에서 명상을 접할 때 보는 모습 그대로다. 명상에 대한 이해의 폭은 각양각색이다. 심지어 이런 모임에 참석하는 사람조차 가늠할 수 없다. 도리어 이런 다양한 사람들과의 만남이 명상을 넓게 만들어 준다.

첫 번째 시간은 멘토링이다. 멘토링은 학회 전문가와 4~5명의 기초 참여자의 만남이다. 이제 막 명상을 시작한 사람들이 전문가와 만나서 명상에 대한 질문 대답을 찬찬히 나눠보는 시간이다. 그 주제는 "명상은 왜 하는가?"다. 명상을 하는 이유가 생각보다 다양하다.

물론 많은 사람들이 명상의 활용에 관심이 있다. 자신의 영역에 '명상'이라는 것을 더하면 더 나은 결과를 보인다는 생각에서 출발한 것이다. 더 나은 의료 서비스, 더 나은 상담, 더 나은 교육을 위해 명상이 필요하다는 것이다. 그러나 정작 멘토들이 멘티에게 전달하고자 하는 것은 명상 수행과 명상 생활이다. 꾸준한 수행에 대한 이야기와 명상을 어떻게 일상에 녹아 내느냐의 문제다. 그리고 이번 수련회 기간 동안 다양한 명상법을 체험하고 자신에 맞는 명상 방법들을 찾아가도록 돕는 것이다. "그럼 선생님은 어떤 명상을 어떻게 하세요?" 멘토라는 위치에 있기는 하지만 이런 돌직구 질문이 결코 쉽게 느껴지지 않는다. 자신에게 맞는 명상법을 찾아가는 방법, 그리고 그 방법을 꾸준하게 하는 방법, 상담을 받으러 온 사람이 물었을 때 그 사람에게 맞는 명상법을 찾아주고 이를 꾸준하게 할 수 있도록 도와주는 방법을 모색하는 작업을 멘토와 멘티가 함께 만들어 간다.

강의의 한 꼭지는 명상 앱 개발에 관한 내용으로 꾸렸다. 명상이 오랜 전통에서 출발하였다고는 하지만, 현대의 기기를 활용한 방법들은 꾸준하게 발전하고 있다. 그러나 정작 명상을 하는 사람들은 이러한 기계적 접근에 그다지 우호적이지 않다. 그러나 그런 사이에 다양한 앱이 서구에서 개발되어 이를 수입하여 받아쓰는 신세가 되었다. 도리어 명상이 수입품이 되는 우스운 꼴을 당하는 현실에 마주한 것이다. 이에 대한 대책 역시 명상을 하는 사람들의 몫이라고 할 수 있다. 명상 앱은 이미 많은 진화를 거듭하고 있다. AI 시대에 들어서면서, 자신의 감정과 상태를 명상 AI에게 물으면 이에 적합한 명상법을 찾아주기도 한다. 그렇다면 명상 지도자는 앞으로 AI 명상으로 대체될까? 모인 참가자들의 생각들이 꿈틀거린다. 다시금 정좌 명상을 하면서 이 주제를 하나의 화두로 삼아 본다.

수련 시간은 그야말로 자율 참가, 동시에 2~3개의 프로그램이 각 방에서 열리기 때문에 참가자들은 그 중 하나를 선택하면 된다. 물론 그 모두에 불참하고 단지 주위를 걷기만 해도 된다. 걷는 것 자체가 정규 명상 프로그램에 들어 있기 때문이다.

하이라이트는 밤샘 명상, 이른바 용맹정진이다. 명상이 잘 되지 않는 경우, 아예 작정하고 밤샘 수련을 하게 되면 명상에 대한 자신감이 부쩍 올라가게 된다. 밤샘 수련도 진화를 거듭하고 있다. 명상의 여러 방법들이 조화를 이뤄 한 프로그램을 만드는데, 정좌 명상으로 시작하여 새벽에 이르러 걷기 명상으로 끝을 내는 경우가 많았다. 중간에는 요가와 바디스캔이 들어 있어, 잠에 빠지지 않도록 적당히 움직여 준 뒤 한 시간 정도의 완전한 수면을 유도하기도 한다. 그리고 이후에 호흡이나 정좌 등이 이어지는데, 이번에는 특별히 오체투지 명상을 넣었다. 그만큼 강렬한 철야 수행 프로그램을 만든 것이다. 새벽에 시행된 오체투지 명상, 일종의 절 명상이다. 절에서 흔히 행해지는 108배 보다 조금 더 난이도가 높다. 그렇지만 작정하고 시행된 이 프로그램은 몸을 땀으로 흠뻑 적시면서 두 시간여 동안 진행되었다. 깨달음을 향한 정진을 경험해 보는 것이다. 이후에 다시금 찾아온 정좌 명상의 시간. 새벽을 기다리면서 한 밤을 그대로 명상과 함께 보냈다.

트레킹, 한국명상학회에서는 이 프로그램을 자연 명상 혹은 걷기 명상이라고 부르기도 한다. 집중 수련회 기간 동안 수련장에서만 머무는 것이 아니라 주위의 자연 속으로 들어가 명상을 하는 것이다. 이른바 트레킹, 걷기, 심지어 여행이란 단어에 명상이 들어가면 그것이 더 풍요로워지기 때문이다. 일상에서 늘 접하는 것이지만, 그 효능을 극대화시키는 작업이 바로 명상이다. 걷기 명상은 아주 느린 걸음으로부터 시작을 한다. 한 호흡에 한 발자국으로부터 시작을 하여 점차 자신의 호흡에 맞춰 걸음으로써 자신의 리듬을 걷는 것으로 이어진다. 그리고 그 환경에서 할 수 있는 다양한 명상 작업이 진행된다. 풍경이 좋은 곳, 소리가 좋은 곳, 산길, 오르막길을 따라 눈을 감고 걷기도 하고, 손을 잡고 걷기도 하고, 잠시 멈춰서 소리를 듣기도 하고, 작정하고 마음에 드는 곳을 찾기도 하고…. 이런 작업을 진행하다보면 자연을 더욱 깊이 느낄 수 있게 된다.

2박 3일의 명상 집중 수련회를 마치고 나면, 명상의 깊이와 넓이를 더욱 풍성하게 만들 수 있다. 경향 각지, 각 전문 분야의 사람들이 모여서 강의도 듣고, 그동안 소홀히 했던 수련을 위한 워크숍에도 참여를 하고, 새벽 6시부터 시작된 프로그램에서 시작하여 이어지는 철야 명상까지 참여하니 자연스럽게 명상이 한 단계 업그레이드된다.

예전에 명상 참여자들이 이야기를 하다 보면, 일상에서는 특이한 사람들이지만 이곳에 모이면 모두 공감되는 사람들이 모이게 된다는 것이다. 그래서 모처럼의 안정감과 행복이 찾아온다고 이야기를 한다. 10년 전 모임에 참석했던 회원 가운데 한 명이 이번 모임을 마치고 이야기를 하였다. "일상에서 이상한 사람이라고 취급받았었는데, 이곳에 오면 이런 이상함이 정상이었습니다. 그런데 점차 명상을 즐기는 사람이 이상한 사람이 아니라고, 그런 태도를 가지고 싶은 사람 혹은 본받고 싶은 사람이라는 이야기를 듣습니다. 이번 모임에도 명상하고 오겠다고 하니, 응원과 함께 부러움을 듬뿍 받고 왔지요."

2019년 하계 집중 수련회를 경험하면서, 이제 명상하기 딱 좋은 시대를 만났다는 생각이 든다.

한국형 명상의
첫걸음

"나의 삶이 고통이어서, 이를 극복하기 위해 명상을 시작하였다." 한국명상학회의 창립자인 장현갑 교수의 《심리학자의 인생 실험실》에서 나온 말이다.

이 책은 "세상이 고통스럽냐?"에서 출발한다. 세상이 고통스럽다라는 것에 동의할 수 있는가? 장현갑 교수가 정의한 고통스러운 삶에 대하여 생각해 보면, 세상을 진지하게 살지 못하고 있지 않나 반문이 돌아온다. 어쩌면 세상을 너무 쉽게, 그저 그런 삶으로 살고 있지 않나 반성도 하게 된다. 그리고 어떻게 사는 것이 연구자로서, 또 수행자로서 살아가는지에 대한 참 모습을 보여주고 있다. 머릿속에 그렸던 모델의 모습이 뚜렷하게 보인다.

명상 역시 마찬가지인 것 같다. 단지 편하다, 좋다에서 그치는 것이 아니라 명상이 삶에, 인생에, 그리고 자신의 사고에, 철학에 어떻게 작동하고 있는지에 대한 철저한 공부와 수행이 필요함을 깨우쳐 주고 있다.

명상의 시작은 '고통'으로부터 벗어나기 위해서라고 한다. 수행을 시작하게 된 동기가 부처나 장현갑 교수 모두 같다. 일체개고(一切皆苦), 세상에 태어나면서부터 고통을 직면하게 되고, 이를 해결하여 해탈하고자 한다는 부처의 철학. 부처의 철학인 세상이 고통이라는 것에 동의를 하는가? 생각해 볼만 하다. 실제 살아가는 오늘날, 우리 사회에서 고통은 누구에게나 쉽게 내뱉은 말이기는 하다. 그러나 외형적인 고통에 친숙해 있지만 내면의 본질적 고통에는 그다지 접근하고 있지 않기에 정작 '삶이 고통스러운가?'의 명제에 대해서는 쉽사리 말할 수는 없다. 그러고 보면, 서울대 심리학과 교수로서 실험심리 분야의 세계적 권위자로 인정을 한참 받아가고 있는 그 시절 본질적 고통에 직면하여 명상을 연구하기 시작한 것은 부처가 왕자로 태어나 본격적으로 기쁨을 만끽하기 시작한 시기에 찾아오는 본질적 고통과도 연관이 있다고 생각된다. 명상의 공부는 이렇게 인간이 가지고 있는 본질적 고통을 해결하기 위하여 시작된다.

2016년 6월 장현갑 교수가 한국명상학회 학술대회 기조 강연을 했다. 주제는 〈명상, 치료의 시대가 열렸다〉로 인간의 고통 해결에 명상이 기여한다는 것으로 드디어 명상이 한국에서도 치료의 한 분야로 자리매김하고 있다는 선언 같은 연설이었다. 한국명상학회가 출발한 지 10년이라는 세월 동안 꾸준하게 제기한 명상의 과학화, 대중화가 결실을 맺고 있는 단계에 접어든 것이다. 사실 1990년대부터 꾸준히 치료의 한 장면에서 미국에서 활용되고 있는 명상이 2010년도 후반이 되어서야 이렇게 공공적으로 학회에서 발표가 되었다니 도리어 늦은 감이 있다.

　　강연의 내용은 대략 다음과 같다.

　　명상의 현 위치는 치료다. 실제 명상관련 논문은 매년 1,000건을 넘고 있다. 그리고 그 대부분의 논문들은 의학과 관련되어 있다. 그만큼 매력적이기 때문이다. 마음챙김의 활용 범위는 매우 넓어서 통증 조절, 체중 감소, 불안·우울·강박·자살 예방, 섭식 장애·스트레스 완화, 관계 문제 해결, 외상 후 스트레스 장애(PTSD) 치료, 종양 치료의 보조요법, 거기에다 학생들의 수업 능력 증가, 산업체에서의 생산 능력과 창의성 증진까지 영역은 점점 넓어져 가고 있다. 이제 명상은 치료의 아웃사이더나 보조 수단이 아니라 주류이자 주 치료 방법으로 들어가고 있다.

　　명상의 의학적 접근에 결정적으로 공헌한 사람들이 있다. 바로 허버트 벤슨. 바이오피드백, 스트레스, 고혈압 연구를 진행하면서 명상이 신진대사율, 호흡률, 뇌파빈도, 내장기 반응, 그리고 자율신경계 반응을 조절하여 스스로 혈압을 낮출 수 있음을 증명하였다. 초월 명상에 대한 과학적 연구를 통해 명상이 심박률 저하, 산소 섭취율 저하, 피부저항 증가, 뇌파의 일관성 패턴 유지를 통해 만들어진 제4 의식이 최면이나 자율암시에 의해 일어나는 심리 상태와 유사함을 밝혔고, 이완반응을 통해 부교감신경을 조절하고 평화로운 마음을 만들어 낼 수 있으며 결국 자율신경계가 명상을 통하여 인간 스스로 변화를 시킬 수 있음을 밝혔다.

존 카밧진은 초기 불교 수행에 바탕을 둔 스트레스 감소 훈련 프로그램으로 불교나 종교적 신비주의 개념을 배제하고, 위빠사나 수행 체계에 근본을 두고 요가를 첨가하며 현대의학에 적법한 개념을 사용하여 설명하였다. 특히 질병과 치유에 대한 새로운 관점을 제시하였는데, 대부분의 질병은 환자 자신의 태도나 감정에서 발생하는 것으로 그것을 바꾸면 치유된다는 것이다. 일어나는 반응을 불필요한 판단이나 해석 없이 그대로 바라보고 수용하면 만성통증, 불안, 우울 등이 개선되는데 자신의 질병에 대해 해석, 판단, 절망함, 자기비판이 줄어들면 저절로 치유된다는 설명이다. 이러한 핵심 가치는 통합의학이나 심신의학의 핵심 가치이며 결국 인지 치료의 커다란 이른바 제3의 물결로 받아들여지고 있다.

명상에 대한 최근의 연구는 뇌과학과 직접 맞닿아 있다. 명상에 대한 설명이 단순히 효과성에 국한된 것이 아닌 기전을 밝히는 연구들의 결과가 보고되고 있는 것이다. 치료 효과를 뇌 과학적으로 측정하여 긍정 정서와 관련 있는 뇌 부위의 활동 증가 연구, 특정 뇌 피질 부위의 두께 증가 연구, 특정 신경전달물질의 분비양상 변화 측정,

면역 기능변화 연구, 승려들을 대상으로 특정 패턴의 감마파 출현 연구, 주위집중관련 특정 뇌 부위 기능, 공감, 연민 등을 담당하는 뇌 부위 연구 등이 그것이다. 명상을 하면 뇌의 기능, 네트워크, 심지어 기질의 변화도 가능하다는 설명이다.

이렇게 명상 과학에 대한 역사를 되짚어 보는 연설 뒤로 그분이 살아온 역사가 보인다. 서울대학교 심리학과를 졸업하고, 박사 학위를 받았다. 서울대학교에서 실험심리학을 공부하는 과정에서 명상 연구를 위해 영남대학교로 적을 옮겼다. 애착 이론으로 연구 성과를 내면서 승승장구하던 시절, 마음 한구석에 찾아온 불안과 고통을 극복하기 위해 자기 수행을 시작하면서, 이를 연구의 주제로 삼게 되어 연구를 할 수 있는 환경을 찾아 학교를 옮기는 결단을 한 것이다. 그 이후에도 여러 고난이 몰려왔다. 연구실의 문제, 가족의 문제, 또 외국에서의 연수 문제 등, 그렇지만, 명상이라는 주제 하나를 붙들고 있으면서 이런 고난을 극복하여 나갔다.※

명상을 한국 임상에서 적용하기 위해 가톨릭대학교 의과대학 외래교수를 하면서 통합의학센터에서 명상을 병원 장면에서 구현하고자 노력했다. 한국에서의 통합의학은 매우 험난할 일이다. 한국의 상황이 그렇다. 한국에서는 의학(양의학)과 한의학이 독립적인 의학 체

참고하면 좋은 도서　　존 카밧진 지음, 장현갑 옮김 《마음챙김 명상과 자기 치유 (상, 하)》, 학지사, 2017
　　　　　　　　　　　　장현갑 지음, 《심리학자의 인생 실험실》, 불광출판사, 2017

계를 갖추면서 존재하고 있다. 미국에서는 의학이 중심이 되어 보완의학, 대체의학을 아우르고, 통합의학이라는 것을 만들어 가는 데 어려움이 없다. 그렇지만, 한국에서는 의학과 한의학의 경계에 있으면서 어느 곳에서도 환영받지 못하는 처지에 있다. 이런 한국의 환경이 명상이라는 분야가 의료에 적용되는 데 두터운 장벽이 되었던 것이다. 가톨릭대학교 통합의학교실에서의 활동 역시 그만큼 힘이 들었다. 존 카밧진이 미국의 통합의학교실에서 시행했던 방법을 한국에서도 적용하려는 노력이었는데, 그나마 명상이라는 분야가 의학계에서 받아들이기 쉬운 심신 중재 방법이었기에 개설할 수는 있었다. 그렇지만 한국의 의료 환경이 명상을 의료계에서 꽃을 활짝 피우게 하지는 못했다. 그러나 통합의학 분야에서의 명상의 활용에 대한 노력은 아직도 진행 중이며, 서서히 그 효과가 나타나고 있다.

MBSR에 K, 즉 한국을 추가하여 한국형 마음챙김 명상에 기반한 스트레스 감소 프로그램인 K-MBSR을 개발하고 이를 기반으로 하여 한국 명상을 이끌고 있는 것이 장현갑 교수의 가장 뚜렷한 모습이다. 한국 명상과학의 역사는 그 분의 강연과 책에서 고스란히 확인할 수 있다. 2009년 한국명상치유학회 창립총회에서 명예회장으로 추대되면서 특강으로 명상치유와 심신의학을 강조하였다. 이 시기부

참고하면 좋은 도서 데이비드 해밀턴 지음, 장현갑 옮김, 《마음이 몸을 치료한다》, 불광출판사, 2012
딘 오니시 지음, 장현갑, 장주영 옮김, 《요가와 명상 건강법》, 석필, 2015
장현갑 지음, 《과학 명상법》, 학지사, 2016

터 명상이 의학에서 활용될 수 있음을 강조하였다. 이후에 이어진 연구 역시 암환자에게 작용될 수 있는 명상, 행복학과 명상, 뇌과학과 명상이다. 최근의 책에서도 이 점이 강조된다. 《명상에 답이 있다》, 《명상이 뇌를 바꾼다》가 그런 책이다. 그리고 명상을 괴로운 뇌를 행복한 뇌로 바꿔 주는 마음 수련이라고 강조하였다. 다음은 책에서 제시하고 있는 '행복해지는 방법'이다.

1. 감정을 억누르지 말고 솔직하게 표현해야 한다.
2. 행복은 주관적인 것이다. 객관적으로 행복을 매기려는 환상에서 벗어나야 한다.
3. 스스로 의미 있고 재미있다고 여겨지는 일에 전념한다.
4. 단순하게 산다.
5. 명상으로 심신을 수련한다.
6. 감사하고 만족한다.

명상을 하게 된 이유는 무엇일까? 명상을 시작하는 사람, 그리고 명상의 대가, 그 과정을 모두 밟았던 분의 생각이다. 명상이 바라는 것. 바로 자비 명상의 문구에서 그대로 정리되어 있다.

"고통과 괴로움으로부터 벗어나기를 바랍니다."
"건강하고 행복하기를 바랍니다."*

참고하면 좋은 도서　　장현갑 지음, 《명상에 답이 있다》, 담앤북스, 2018
　　　　　　　　　　장현갑 지음, 《명상이 뇌를 바꾼다》, 불광출판사, 2019

한국에서
명상을
한다는 것

한국명상학회에 모인 사람들은 이런 소리를 들어왔다.

"종교가 불교이신가요?"

"이번 휴가도 산에 가서 도 닦고 오시나요?"

심지어 이런 말까지 "명상을 하러 갑니까? 망상을 하러 갑니까?"

10년이라는 세월이 지나면서 이제 한 자리에 모이는 사람들은 이미 주위로부터 '앞서가는 사람', '깨달음에 도달한 사람', '자신을 잘 관리하는 사람' 그리고 '따뜻함이 있는 사람', '건강한 사람'으로 평가를 받고, 집중 수련회를 가면 가족이나 동료로부터 응원을 받고 오고, 환자로부터도 응원을 받고 온다. "명상 수련 잘 하고 오셔서 저희에게도 명상의 기운을 전해 주세요."

작년에 첫 번째로 기획한 인도 명상 여행도 모집 일주일이 채 되지 않아 목표인 30명을 훌쩍 넘더니, 가고자 하는 사람이 워낙 많아서 결국은 70명이 함께 가게 되었다. 이제는 그야말로 명상이 대세인 시대에 접어들었다고 할 수 있다.

그러나 명상을 처음 접하거나 혹은 한두 번 명상을 하려고 했다가 실패를 한 사람들은 여전히 많다. 그간 우리나라에서는 명상이 너무 다양한 모습으로, 개인의 경험에 의해 전수되는 경향이 있었기 때문이다. 사실 그만큼 명상이 고수인 나라가 바로 우리나라다. 그렇지만 미국의 명상이 환자에게 적용하는 과학적 모델로, 환자도 따라할 수 있는 실용적 모델로 정착이 되면서 명상은 어렵지 않게 체계적으로 학습하고, 꾸준히 자신의 것으로 만드는 작업이 함께 하게 되었다. 그런 일을 꾸준하게 한국에서 실천한 모임이 한국명상학회다. 명상을 과학적으로 연구하고, 실용적으로 적용하고 또 초보자도 체계적으로 학습하며, 지도자를 양성하는 시스템을 만들어 운영하고 있다.

한국명상학회는 2000년대 초반 명상치유전문가협의회로 시작하여 2009년 한국명상치유학회를 창립하고, 2013년 사단법인 한국명상학회로 성장하고 있다. 명상치유전문가협의회 시절은 명상 전문가들을 모으는 시기였다. 처음 심리학자들을 중심으로 모임을 시작하면서 여러 분야의 명상가들이 모였다. 때로는 산 속 깊은 곳에서 수십 년 수련을 해왔다는 사람도 있었고, 스님과 신부님들도 참여를 했었다. 명상을 통해 병을 고친다는 분들도 있었고, 또 깨달음과 해탈을 명상의 지향점이라고 주장하는 사람도 있었다. 그렇지만 몇 해를 지나면서 과학적 명상, 그리고 누구나 실행할 수 있는 명상에 부합한 사람들이 남게 되어 2009년 한국명상치유학회를 설립하게 되었다. 주축 멤버는 심리학자였고 상담 전문가, 요가 전문가, 의학 및 한의학 교수, 교육학자들이 함께 하였다. 학회가 결성된 이후에는 학술대회가 모임의 중심이 되었고, 수련이라는 축을 중심으로 집중 수련회와 정례회가 꾸준하게 진행되었다. 이후에 학회지를 만들어 내고, 교육과정과 전문가 양성 과정이 만들어 졌다. 2013년 한국명상학회가 사단법인으로 등록을 하면서 분과 모임이 활성화되었고, 2015년부터는 명상지도전문가 자격증 관리도 체계적으로 이루어지게 되었다.

한국명상학회에서는 장현갑 교수가 개발한 MBSR의 한국형 모델 K-MBSR을 기반으로 하여 교육을 하는데, 가장 처음 진행하는 것이 K-MBSR 기초 교육이다.

기초 교육은 3시간씩 8주, 총 24시간을 기본으로 한다. 명상의 과학적 이해와 심신의학에 대한 강의, 공식 및 비공식 명상을 익히는 실습, 그리고 명상을 실행하면서 경험하는 것을 공유하기 위한 소감 나누기를 진행하면서 8주 동안은 매일 한 시간 정도의 명상을 수행함으로써 명상에 대해 제대로 이해하도록 돕는다. 공식 수련은 매일 일정한 시간을 마련하여 미리 계획된 표준 수행 방식을 따르는 것으로 바디스캔, 정좌 명상, 하타요가가 있고, 비공식 수련은 호흡할 때, 걸어갈 때, 남과 대화할 때, 무엇을 먹을 때 등 일상생활 속에서 어떤 특정한 행동을 할 때 그 행동 하나하나의 움직임이나 과정 그리고 감각이나 느낌에 대하여 마음챙김하여 알아차림 해나가는 명상으로 건포도 먹기 명상, 걷기 명상, 호흡 명상, 자비·자애 명상 등이 있다.

기초 교육 이후에 고급 교육을 시행하는데, 명상의 과학적 이해를 기반으로 현장에서 적용할 수 있는 명상 기법의 학습을 목표로 한다. 모듈 1은 '명상에 대한 과학적 이해'를 목적으로 의학과 심리학 분야를 중심으로 현대 사회의 명상 연구를 체계적으로 종합 정리된 내용을 학습하게 되고, 모듈 2에서는 '현장에서 적용할 수 있는 명상기법'을 이해하기 위한 목적으로 수용전념치료(ACT, Acceptance Commitment Therapy), 마음챙김 기반 인지 행동 치료(MBCT, Mindfulness-Based Cognitive Therapy)를 학습한다.

자격증은 명상지도전문가 자격증으로 T급, R급 지도자가 배출된다. 기초 교육과 수련 시간을 이수한 사람들은 필기시험과 심사를 거쳐 명상지도전문가 T급을 취득한다. 이후에 명상 지도 역량 강화를 위한 수련과 교육을 거쳐 R급 자격을 취득하게 된다. 이러한 과정을 통해 명상에 대한 깊은 이해와 지도 역량을 갖춘 전문가로 성장하게 된다. 2019년 시점에서 R급 지도 전문가는 48명이다.

K-MBSR 기초 교육*

회기	구성 내용
1회기	. 프로그램 소개와 참가자 개인 소개 . 교육: K-MBSR의 이해, 명상의 과학적 이해 . 실습: 건포도를 이용한 먹기 명상과 마음챙김의 7가지 태도 . 수련 일지 작성에 대한 교육 (이후 매 회기 작성하고 점검)
2회기	. 지난 1주간 자기 실습 경험에 대한 소감 나누기(이후 매 회기 점검) . 교육: 스트레스와 심신의학 . 실습: 호흡명상, 바디스캔
3회기	. 교육: 호흡의 의미 . 실습: 정좌 명상1(호흡에 대하여 알아차리기)
4회기	. 교육: 마음챙김과 알아차림 . 실습: 정좌 명상2(감각, 사고, 감정 알아차리기), 걷기 명상
5회기	. 교육: 하타요가와 마음챙김 . 실습: 하타요가
6회기	. 교육: 자애와 자비에 대한 이해 . 실습: 자애 명상, 용서 명상
7회기	. 마음챙김의 날(종일 명상) . 다양한 명상의 실습: 광적 보행, 산 명상, 호수 명상
8회기	. 자신만의 명상 만들기

참고하면 좋은 도서　정애자 지음, 《MBSR 마음챙김에 기반한 스트레스 감소 프로그램 매뉴얼》, 전북
대학교출판문화원, 2015
한국명상학회, 《치유와 성장을 위한 명상》, 2019

명상 공부의 목적이 단지 명상 지도 전문가가 되는 것은 물론 아니다. 그런 지도자로 성장하는 과정에 다양한 명상 모임을 통한 수련과 학술 모임을 통한 교육 및 연구를 함께 하면서 서로는 명상의 성장을 위해 노력하고, 어느새 명상을 자신의 삶 속에 녹아내 명상적 삶을 살아가게 된다.

학술 대회는 봄과 가을에 열린다. 학술 대회는 명상의 과학화에 대한 한국명상학회의 대답이라고 할 수 있다. 그 해의 이슈를 담아 주제를 선정하는데, 2019년도에는 명상과 재활을 주제로 삼았다. 그간 명상과 행복, 명상의 사회적 역할, 명상과 자기치유, 명상을 통한 내면 탐색, 더불어 사는 사회를 위한 명상, 명상과 뇌과학 등을 주제로 다루었는데, 이 주제를 담은 주제 강연이 열린다. 그리고 학술발표가 있는데, 마음챙김의 경험, 자비 명상의 효과, 요가의 방법, 명상에 활용할 수 있는 척도의 개발 등 명상을 하는 사람들이 궁금해 하는 주제를 담은 연구 결과들이 발표된다. 워크숍은 불안을 극복하기 위한 요가나 치유와 성장을 위한 음악을 활용한 명상과 같이 명상을 적용하는 사례를 중심으로 연구자가 개발하고, 적용한 프로그램을 진행해 보는 작업이다. 학술대회를 끝마치고 나면, 그 해의 사회와 이슈에 부합하여 명상을 어떻게 할 것인지, 명상 연구는 어떤 방법으로 심도 깊게 할 것인지, 그리고 명상은 어떻게 응용하고 활용할지에 대하여 답을 얻어갈 수 있다.

집중 수련회는 여름과 겨울에 열린다. 집중 수련회는 그야말로 집중적으로 수련을 하는 시간이다. 2박 3일의 일정으로 강연과 멘토링, 수련, 트레킹 그리고 철야 명상 등이 진행된다.

철야 명상

명상. 언젠가 제대로 한번 명상을 해 보겠다고 마음을 먹는다면 철야 명상을 권한다. 철야 명상을 한 번 경험하고 나면 스스로 명상의 경지가 한 단계 올라간다는 느낌을 받는다. 그렇다고 밤새 앉아서 이른바 '정좌 명상' 만을 하는 것은 아니다. 정좌 명상에 이어서 잠시 걷기 명상을 하고, 또 아사나 자세를 취한 상태에서 바디스캔을 하기도 한다. 사실 이 바디스캔은 달콤하기도 하지만 무척 괴로운 명상이기도 하다. 자정을 훌쩍 넘겨 새벽을 향하는 시간에 누워서 자신의 몸을 스캔하는 시간이다. 평소에도 바디스캔을 깬 상태에서 하는 것이 쉽지 않은데, 이렇게 한밤중에 누워서 정신을 맑게 유지하는 것은 한편으로는 고역이다. 주위에서 코 고는 소리가 들리기도 하고, 자신도 스스로 코 고는 소리에 깜짝 놀라 깨기도 하고, 도저히 집중이 안 되어 서서 바디스캔을 하기도 한다. 이어서 동적 명상인 절 명상을 하기도 하고, 다시 새벽 무렵 정좌 명상을 한다. 맑은 기운을 느끼면서 일출을 맞게 된다. 주위가 서서히 밝아짐을 확인하고 밖으로 산책을 나와 새벽의 기운을 온전히 받아들인다.

"처음 철야 명상을 시도했을 때에는 엄두가 나지 않았어요. 어떻게 밤새도록 명상을 할 수 있을지…. 처음에는 10명도 채 참석을 하지 않았지요. 첫 시작부터 정좌 명상을 하는데, 1시간을 앉아서 온전히 명상을 하는 것이 쉽지는 않았어요. 그런데 이렇게 긴 시간이 남아 있기 때문에 1시간을 하는 것은 그다지 길게 느껴지지 않았어요. 도중에 다리가 저린 것은 도리어 잠에 빠지지 않는 효과를 가져와서 고마웠어요. 통증이 고맙다니, 신선한 경험이었습니다. 이후에 시간은 생각보다 빨리 흘러갔습니다. 바디스캔을 하면서 잠깐 졸았던 시간 이후에 피로는 날아가고, 여러 동적 명상은 낮 시간보다 훨씬 집중이 잘 되었지요. 새벽을 맞는 먼동은 정말 환상적인 경험이었습니다. 서서히 밝아지는 느낌은 새로 태어나는 기분을 만끽하기에 충분했습니다. 첫 참석 이후 매번 참석을 하는데, 이제는 인원이 늘어 족히 30~40명 정도가 참여를 합니다. 그야말로 용맹 정진의 느낌을 강렬하게 느낄 수 있습니다."

멘토링

각 분야의 전문가에게 물어보고 대답하는 과정이다. 1대 5 정도의 소수 인원이 자신의 경험을 심도 깊게 나눌 수 있는 자리로 R급 지도자는 명상 초보자의 경험을 듣고 피드백을 해 주는 것으로 시작한다. 명상을 어떻게 배울 것인가? 어떻게 수련할 것인가? 어떻게 활용할 것인가? 그리고 어떻게 일상화 시킬 것인가? 로 나눠서 설명을 할 수 있다. 비록 기초 교육이 표준화되어 있다고는 하더라도 각기 다른 지도자로부터 배웠기 때문에 자신이 배운 것을 다른 지도자로부터 배운 경험과 비교하는 것이 도움이 된다. 또 자신의 장래 모습을 멘토를 통해 배울 수 있다. 명상 초보자 입장에서 명상을 적용한 여러 직업이나 환경이 있기 때문에 자신에게 부합되는 멘토를 찾아 자문을 하는 것이 필요하다. 2019년에는 임상심리, 상담심리, 재활심리, 교사, 한의사, 요가, 초월 명상 전문가, 기업에서의 심리 상담을 담당하는 분들이 멘토로 참여하였다.

"심리학을 전공하고 병원 장면에서 일을 하다가 명상에 관심을 가지고 기초교육을 받았지만, 임상 현장에서 명상을 적용하는 것이 쉽지는 않았습니다. 그래서 이번 기회에 임상심리 장면에서 명상을 활용하고 있는 전문가를 멘토로 하여 어떻게 임상 장면에서 명상을 활용하는지에 대하여 질문을 하고자 하였습니다. 이번에는 기업 명상센터에서 상담을 어떻게 하는지 기업 상담센터 선생님께 물어볼 기회가 있었습니다. 정말 명상이 여러 곳에서 큰 도움을 주고 있다는 것을 새삼 느낄 수 있었습니다. 앞으로 어느 곳에서 일하는 것이 좋을지도 결정할 수 있었습니다."

트레킹

한국명상학회 창립 뒤 오랜 기간 동안 전국의 좋은 심산유곡을 찾아 집중 수련회를 개최하였지만, 정작 그곳에서 즐기지를 못했었다. 경주 보문단지나 울산 앞바다 등에서 수련회를 열었지만, 정작 토함산이나 바다는 딛지도 않았었다. 명상에 전념하겠다는 의지일 수도 있었다. 그러나 3년 전부터는 집중 수련회 가운데 자연 명상이나 걷기 명상을 테마로 하여 방문지의 명소, 혹은 숨겨진 걷기 좋은 길을 선택하여 트레킹과 걷기 명상을 하고 있다. 이렇게 트레킹을 하고 나면 그 지역에 대한 이해를 넓힐 수 있다. 자신이 수련한 그곳에 대한 이해는 또한 명상을 깊게 공부하는 데도 도움이 되고, 이를 자신의 일상으로 가지고 와서 명상을 생활화하는 데도 도움이 된다.

"2018년 여름에는 갑사에서 자연 명상을 즐겼습니다. 그야말로 힘든 수련이라기보다는 즐거운 휴식이었습니다. 입구의 자연 관찰로부터 천천히 시작한 걷기 명상, 여러 전각을 다니면서 자신의 마음에 맞는 것을 찾아가는 마음챙김 명상, 산에 접어들어 눈을 감고 걸으면서 청각, 촉각, 후각 등 신체 감각을 깨우는 걷기 명상, 폭포를 만나 자연의 소리를 몸과 마음에 담아보는 자연 명상 등이 진행되었습니다. 명상이 훨씬 풍성해졌다는 느낌이 들었습니다. 그리고 일상에 그대로 적용할 수 있다는 생각이 들었습니다."

명상 여행

2019년 초, 한국명상학회 회원들이 인도로 명상 여행을 갔다. 명상의 원류를 찾아가서 직접 체험해보고자 하는 희망을 담은 여행이었다. 아쉬람에서는 명상센터 일정에 맞춰 명상과 요가를 진행했다. 매일 새벽 5시 30분부터 진행된 아침 요가와 명상, 오후 4시 반부터 진행된 오후 요가와 명상을 하면서 명상의 세계에 빠져 보았다. 리시케시는 명상의 도시로 성스러운 곳이다. 도시 전역에서 술을 팔지 않고, 그저 그 도시를 거닐고 있으면 자연스레 명상이 몸에 배게 된다. 지루하다고 느껴지면 비틀즈가 즐겨 방문했던 카페로 가서 갠지스강을 바라보기만 해도 된다. 작정하고 인도에 갔으니 히말라야 산맥으로서의 맛보기 트레킹도 해 보았다. 언덕에 올라 저 편을 바라보니 히말라야의 모습이 다가오는 그런 곳이다.

"명상에 여행이 들어가니 명상에 푹 빠질 수 있었습니다. 아니 정말 여행을 제대로 한 것 같았습니다. 도심을 산책하면서 명상이라는 것을 추가하니, 정말 보고 듣고 느낄 것이 굉장히 많았습니다. 심지어 입맛에 맞지 않던 인도 음식도 먹기 명상을 하니 정말 맛있게 먹을 수 있었습니다. 걷기, 명상, 여행…. 이것은 찰떡궁합인 것 같습니다."

명상은 다양한 분야에서 적용되고 있는데 한국명상학회에도 여러 가지 분과회 활동이 있다.

- 차는 명상과 매우 가깝다. 바로 동양 문화권에서 있었던 다도(茶道)를 보더라도 관련이 높다. 굳이 다도가 아니더라도 먹기 명상에서 수행하는 지금 이 순간 오로지 먹는 것에 집중하는 것을 적용하면 차와 명상은 무척 어울리는 조합이다.
- 예술 역시 명상과 연관이 많다. 명상을 하는 동안 음악을 듣는 경우가 많다. 자연의 소리를 듣기도 하고, 인도나 중국풍의 음악이 있기도 하다. 클래식 음악 역시 명상을 하면서 듣기에 알맞다. 싱잉볼과 같은 음파를 명상에 활용하기도 한다. 고요함 가운데 들리는 청아한 종소리는 문자 그대로 심금을 울린다. 동적인 활동으로는 춤 명상 같은 것이 있기도 하다. 명상에서의 의도 없이 미친 듯 걸으면서도 알아차림을 하는 클레이지 워킹이 춤과 연관이 된다. 그림이나 캘리그래피 같은 작업도 명상과 함께 한다.
- 여행은 그 자체가 명상이라는 견해도 있다. 여행을 잘 다녀온 사람들은 여행 기간 동안 그곳에 푹 빠져서 있다 온 느낌이라고 한다. 그 장면, 그 순간 온전히 그곳에 머무를 수 있는 것은 여행에 명상이 함께 했을 때 극대화되기 때문이다.
- 재활 분야는 몸에 대한 알아차림으로부터 시작을 한다. 재

활은 인간이 가지고 있는 본연의 힘과 가능성을 회복하는 것으로 가장 기본이 되는 것이 호흡과 몸의 감각을 알아차림 하는 것인데, 이것이 바로 명상이다.

명상학회지

명상을 명상학으로 발전시켜 가는 과정에서 필요한 것이 연구고, 그 연구 결과는 학회지를 통해 발표된다. 한국에서는 사람을 대상으로 하는 임상 연구가 쉽지 않다. 더군다나 한국인들은 실제 명상과 무척 친숙하기 때문에, 명상 자체의 효과를 평가하는 것이 어렵다. 연구를 하려다 보면, 사람들은 명상을 마치 다 아는 것처럼 생각하는 경우가 많기 때문이다. 그렇지만 명상학회지에는 연구자들의 실험 정신과 아이디어로 의미 있는 논문이 나오는데, 특히 명상에 대한 척도 개발과 프로그램 개발 및 효과 검증 등의 연구가 많다.

2019년 한국명상학회의 모습을 보면 명상을 어떻게 공부해야 하느냐에 대한 답이 나와 있다. 존 카밧진의 강의에서 "명상을 잘 할 수 있는 방법은 무엇입니까?"라는 대답에 "practice! practice!! practice!!!"를 강조했었다. 그렇지만 한국에서는 추가되어야 할 내용이 있다. 명상에 대한 과학적이고, 실증적이고, 경험적 이해가 동반되어야 한다는 점이다. 한국에서 명상을 접하는 사람들은 명상을 지나치게 쉽게, 또 그와 정반대로 지나치게 어렵게 생각하는 경향이 있다. 미국에서의 실용적 명상보다는 관념적이고 때로는 종교적 명상을 추구해왔던 이유에서다. 그렇기 때문에 명상은 꾸준하게 하면서도 일상에서 늘 할 수 있는 명상을 해야 하고, 또 명상을 하는 목적을 명확히 하고 실용적으로 접근할 필요가 있다.

미국의 MBSR 프로그램은 3시간씩 8주, 24시간으로 되어 있다. 그리고 마지막 전 주 하루는 종일 명상을 시행한다. 한국에서의 명상 교육도 이를 기반으로 24시간 프로그램으로 진행을 한다. 그러나 4시간씩 6주 동안이 대부분이다. 그만큼 오랜 기간 동안 꾸준히 하는 것을 달가워하지 않는다. 1주를 지나고 나서 지난 주 어떻게 지냈는지를 묻는 질문에도 그다지 열심히 하지 않는 경우가 많으며, 매번 프로그램이 끝나고 그 날의 명상을 점검하는 소감 나누기에도 적극적이지 않다. 이런 점을 극복하는 것이 매우 중요하다.

명상을 처음 접하고 수련을 시작할 때, 한 가지라도 매일 일정한 시간을 내서 해야 하고, 가능하면 긴 시간 동안 꾸준히 해야 하고, 꾸준히 하는 가운데 자신의 명상을 점검해야 하고, 또 다른 사람들의 경험을 공유함으로써 스스로 명상 수련을 열심히 할 수 있도록 독려해야 하는 것이다.

지난 10년을 이끌어 왔던 한국명상학회의 명상 지도자들로 부터도 존 카밧진의 외침을 그대로 들을 수 있다.

practice!
practice!!
practice!!!

03.
깊은 명상

명상에 대하여 명상 전문가 17인의 대담
초창기 명상에 대한 잘못된 인식을 극복한 이야기부터 한국명상학회 10년을 함께한
명상 전문가들로부터 명상에 대한 진솔한 이야기를 들어본다.

산에서 내려온
명상은
어떤 모습인가?

〈산에서 내려온 명상〉 그리고 〈명상! 아직도 절에서 배우십니까?〉, 〈명상을 과학으로 풀어내는 사람들〉 등 이 책을 처음 준비하면서 아이디어를 내었던 가상의 제목들이다. 명상은 이미 산이나 종교시설에서 내려와 일반인과 환자들에게 보편적으로 활용되는 건강과 행복의 지킴이가 되고 있다.

이 책은 그동안 명상에 대한 경험은 있지만 처음 접하기 어려워서 한발 물러섰던 분들, 명상을 하기는 하지만 여전히 어렵다고 느끼거나 혹은 아무 것도 아닌 것 같다고 느끼는 분 그렇지만 명상에 대한 애정이 있는 분들을 위해 만들어 졌다. 이른바 명상 그 두 번째 접근 이라고 할 수 있다. 그래서 2019년 시점에서 10년간 명상의 변화 그리고 현재의 위치에 대하여 가급적 깊고, 넓게 알아보고자 하였다.

명상을 10년 이상 꾸준히 연구하고, 수행하고, 활용하고 있는 사람들로부터 명상에 대한 이야기를 들어보고자 한국명상학회를 초창기부터 같이한 사람들과 대화를 나눴다. 일부는 직접 찾아가서 인터뷰를 했고, 또 일부는 전화나 서면 인터뷰를 통해 가상 대화를 나눴다. 이를 통해 한국명상학회 10년을 맞아 2019년 현재 명상은 한국 사회에서 무엇인가? 라는 주제를 가지고 지난 세월 동안 각자의 분야에서 전문적인 일을 하면서 명상이라는 공통분모를 가지고 있는 사람들이 어떻게 명상을 활용, 발전시키고 있는지에 대하여 알아볼 수 있었다. 그리고 이 책의 지면을 빌려 그 대화의 내용을 생생하게 기록하여 한국 명상의 역사와 현실, 그리고 미래를 돌아볼 기회를 가지고자 한다.

한국에서 명상은 10년 사이에 어떻게 변화하였나? 그동안 한국 명상학회에서는 명상이 종교적이고, 신비적이며, 특정한 사람들만이 할 수 있는 것이라는 편견에서 탈피하고자 노력을 하였고, 학회의 모토 역시 명상의 과학화, 대중화, 그리고 명상을 통한 자아실현과 사회봉사로 삼아 더 많은 사람들이 접할 수 있도록 명상을 펼치고자 하였다. 한국에서의 명상은 그간 더욱 깊어졌고, 더욱 넓어졌다. 명상에 대한 다양한 척도가 개발되었고, 치료에서의 효과성도 밝혀나가고 있다. 명상은 심리센터나 요가센터뿐 아니라 병원과 학교에서도 수행되고 있다. 그 활용범위는 점점 넓어져 가고 있다. 다음은 10년을 이어온 명상 전문가들에게 묻고 싶은 질문들이다.

- 명상을 어떻게 시작하게 되었는지?
- 자신의 분야에서 명상을 어떻게 접목하고 있는지?
- 실제 명상이 어떤 도움이 있었는지?
- 지난 10년간 명상은 어떻게 변화 하였는지?
- 명상 연구는 어떻게 하는지?
- 본인이 특별하게 좋아하는 명상이 있는지? 수행하고 있는지?
- 명상을 하면서 주의해야 할 점은 없는지? 혹여 부작용은 없는지?
- 한국 명상의 미래는 어떨지?

여러 질문을 쏟아 내었다. 명상에 대한 대답은 대화를 나눌수록 뚜렷해진다. 명상의 시작은 기본적으로 스스로의 성찰이었고, 각자의 분야에서 한 단계 더 나아가고자, 부족한 것을 메우고자 시작하였다. 어떻게 보면 자신이 가지고 있는 고통으로부터 벗어나고자 시작한 것이다. 이미 전문 분야는 탄탄하게 정립되어 있다고는 하지만, 아직도 부족한 점이 많은 것이다. 의학에서 보완대체의학과 통합의학으로, 인지행동치료에서 마음챙김이 플러스 되는 것, 요가에서 부족한 마음에 대한 이해, 학생들에게 전해주고 싶은 자기 주도적 삶과 같은 것이 그런 예에 속한다. 그래서 자신의 전공 분야에 명상이라는 방법과 마음챙김이라는 관점을 추가하고 융합하기 시작한 것이다. 예를 들어 침 치료를 시행한 이후에 그 부위에 대한 마음챙김을 통해 침의 효능을 높이는 작업, 자신의 고통과 괴로움뿐만 아니라 행복과 안정 역시 느끼는 작업으로 자신의 내면을 탐색하는 것, 요가에 마음챙김을 추가하여 치유에 까지 이를 수 있는 작업이 그런 노력의 일환이다. 그런 노력의 결과는 효과를 극대화하는 데 도움이 될 뿐만 아니라 정작 명상을 도구로 활용하는 본인에게도 도움이 되었다고 한다.

　지난 10년간의 세월을 돌아보면 사회적 인식의 변화를 뚜렷하게 느낄 수 있는데, 이제 더 이상 명상을 하는 사람이 사회나 학문 분야 혹은 치료자로서 아웃사이더가 아닌 리더로 활동할 수 있게 되었다. 그렇게 명상을 열심히 활용하고는 있지만, 여전히 수행에 있어서 부족함은 늘 따라오는 과제라고 전문가들은 전하고 있다. 연구자로서, 치료자로서뿐 아니라 수행자로서 자신을 만들어야겠다는 생각이 이번 10년을 돌아보면서 많이 들었다고 한다. 그리고 앞으로 더욱 실용적이면서도 명상을 배우려는 사람들의 욕구와 눈높이, 그리고 수행자의 역량을 고려한 프로그램을 만드는 작업이 필요함을 절실히 느끼게 되었다고 한다. 한국 명상의 특성 역시 발굴하고 정리하는 데 힘을 써야 할 필요성을 말하기도 한다. 앞으로 10년 후의 명상을 위하여 필요한 노력에 대하여도 생각해 보았다.

그리고 매우 본질적인 질문을 던져 보기도 하였다. 명상을 연구하고, 활용하고, 수행하고, 늘 마음속에 담아두고 있지만 막상 간단하게 한 문장으로 설명하려고 하면 그렇게 쉽게 풀어낼 수는 없었다.

- 명상이 무엇인지?
- 마음챙김이 무엇인지?

이런 근원적인 질문이다. '명상을 하는 마음' 안에 숨어 있는 명상에 대한 이야기들이다. 그래도 한 번쯤 이를 드러내어 이야기를 해보기로 하였다. 이것은 명상을 처음 접하는 사람에게 각자에게 맞는 하나의 좌표가 되어 명상 공부를 더 열심히 할 수 있는 계기를 마련할 수 있을 것이라는 생각에서 출발한 매우 돌발적이고 난처한 질문이다.

이번 대담에 참여한 각 분야의 전문가들이다. 명상은 매우 다양한 분야에서 활용되고 있다. 한국명상학회 창립부터 심리학, 의학, 한의학, 교육학, 요가학, 체육학 등 여러 분야의 구성원이 함께했다. 이들 전문가들이 명상을 어떻게 활용하고 있는지에 대하여 간단히 살펴보고 본격적인 대담에 들어가 본다.

장현갑

심리학자로서 실험심리를 연구하다가 번뇌를 풀기 위해 명상을 공부한 이후로 한국 명상의 과학화, 대중화에 첫걸음을 딛고, 이를 완성해 나가고 있다. 명상과 관련된 책 저술과 강연을 통해 한국 사회에 명상을 널리 전파하고 있다. 현재 마인드플러스 스트레스 대처 연구소장을 맡고 있으며 최근에 《명상에 답이 있다》, 《명상이 뇌를 바꾼다》를 펴내었다.

이봉건

임상심리학과 교수로 학회 초대 회장을 맡았고, 명상 지도 전문가 제도의 확립과 육성에 힘을 썼다. 심리학자로서 동양의 심신 수련법에도 관심을 많이 가져 전통 수련법을 꾸준히 연마하고 있다. 《심리건강》을 저술하였고 퇴직 후 우울, 불안 및 위기 부부에 대하여 상담과 명상을 접목한 경인심리건강센터를 운영하고 있다.

정애자

임상심리학과 교수로 병원 현장에서 환자와 보호자를 대상으로 명상을 적용하였다. 미국에서 교환교수 생활 중 존 카밧진이 운영하는 메사추세츠대학교 메디컬센터에서 MBSR 과정에 참여하였다. 《MBSR 매뉴얼》을 출간하여 MBSR 원형으로 교육을 하고 있다. 퇴직 이후에 명상과 함께 화가로서 작품 활동도 하고 있다.

김완석

심리학자로 처음에는 산업심리학, 소비자 광고심리학을 연구하였다. 아주대학교 건강명상연구센터를 운영하면서 명상 척도의 개발과 연구 그리고 프로그램 진행으로 명상의 과학화, 대중화에 힘쓰고 있다. 《과학명상》을 저술하여 명상의 과학적 연구를 정리하였고, 〈마인드 다이어트〉 프로그램을 개발하여 운영하고 있다.

전진수

심리학자이자 임상심리전문가, 정신보건임상심리사, 건강심리전문가로 이수심리상담센터에서 문제 심리에서 벗어나 자신을 다스리기 위해서 명상의 기법 가운데 호흡, 마음챙김, 수면을 위한 바디스캔, 생각 감정 내려놓기, 수용하고 내려놓기를 위주로 심리치료에 활용하고 있다. 《건강을 위한 마음 다스리기》를 번역하여 출간하였다.

이화순

특수학교 교사로 재직하면서 장애인에게 특별히 관심을 가지고 명상과 요가를 가르쳤다. 퇴직 후 의미 있는 삶을 계속해서 살기 위해 삶길연구소를 설립하였고, 장애인 주간보호센터, 중독관리 통합지원센터에서 K-MBSR을 기본으로 프로그램을 운영하고 있다. 〈하타요가수련이 행동장애학생의 부적응 행동 감소에 미치는 영향〉 연구를 했다.

CHAPTER 3

조옥경

불교대학원대학교 심신통합치유학과 교수이자 한국요가학회 회장직을 맡고 있다. 몸-마음-영혼의 통합적 치유와 성장에 주로 관심을 갖고, 요가를 활용해서 주 관심사를 연구·교육하고 임상 장면에 적용하고 있다. 켄 윌버의 통합사상에 대한 《켄 윌버의 통합심리학 Integral Psychology》과 요가심리학과 관련한 《마음챙김을 위한 요가 Mindfulness Yoga》 등을 번역하고 소개하는 데 힘쓰고 있다.

박성현

불교대학원대학교 자아초월심리학 교수다. 경영학과를 졸업하고 대기업 사원으로 취직하였으나, 회의를 느끼고 심리학을 공부하고 이어 불교, 명상과 인연을 맺게 되었다. 그리고 불교와 명상은 자연스레 자아초월이라는 주제로 연결이 되었다. 하지만 누구나 일반적으로, 심지어 과학적으로 학습할 수 있는 자아초월심리를 연구하고 있으며, 《자비중심치료 Compassion Focused Therapy》를 역서로 출간하였다.

김정모

영남대 심리학과 교수다. 인지행동치료 전문가로 활동하던 중 아주 어린 시절 불교에 몸담았던 경험을 소홀히 할 수 없었던지, 장현갑 교수로부터 권유를 받아 명상을 본격적으로 연구하게 되었다. 《초보자를 위한 인지행동치료 Making cognitive-behavioral therapy work》를 역서로 출간하고, 이에 대한 교육에 힘쓰고 있다.

윤병수

대구가톨릭대학교 심리학과 교수다. 장현갑 교수의 지도 하에 생리심리학를 전공하였고 명상의 뇌과학에 관심을 갖고 뇌전도 (EEG)를 기반한 명상의 효과에 대한 연구 등을 수행하였다. 명상의 과학적 연구에 대한 열정으로 명상 연구와 교육에 힘쓰고 있다. 심리학 전공 과목인 생리심리학의 동기 및 정서, 현대심리학 등을 기반으로 역서와 저서를 출간하였다.

조용래

한림대학교 심리학과 교수로 인지행동치료전문가이며 현재 한국인지행동치료학회장을 맡고 있다. 주요 연구 관심사는 불안장애, 우울장애, 트라우마 관련 장애 및 중독성장애의 발생, 유지 및 변화요인을 규명하는 데 초점을 맞추고 있으며, 인지행동치료와 마음챙김에 기반을 둔 개입을 주된 심리치료 접근으로 활용하고 있다. 인지행동치료와 마음챙김 및 자기자비에 초점을 둔 다수의 치료개입 연구와 임상실무 경험을 토대로 인지행동치료와 마음챙김 명상을 결합한 프로그램을 개발하고 적용하는 데 지속적으로 노력하고 있다.

조현주

영남대학교 심리학과 교수로 인지행동치료 전문가로 활동하면서 명상을 접목하여 임상에 적용하고 있다. 주요 연구 영역은 자비, 자기비난, 우울장애, 사회불안장애 등이며 임상에서는 자비중심치료에 집중을 하고 있다. 이러한 연구를 기반으로 하여 《자비중심치료 Compassion Focused Therapy》를 번역해 출간하였다.

이인실

소아청소년과 전문의로서 마음챙김 먹기 프로그램과 난임 환자를 위한 마음챙김 프로그램을 운영하고 있으며 유튜브에 명상 가이드 채널로 잘 알려져 있다. 미국 애리조나대학교 의과대학에서 통합의학을 연수한 이후 명상, 특히 명상의 생물학적 기전에 관심을 가지고 있다. 《마음챙김 먹기 Mindful Eating》와 《너를 만나러 가고 있단다 A Fertile Path》를 역서로 출간하였다.

김경의

병원 장면에서 20년 넘게 심리학적 서비스를 제공하고 있는 임상심리 전문가이며, 정신건강의학과, 신경과, 재활의학과, 내과 영역 등에서 심리 문제의 진단을 위한 심리평가 및 심리치료를 전문으로 하고 있다. 마음챙김명상 전문가 협의회시절부터 초창기 맴버로, 장현갑 교수와 함께 《마음챙김 명상 108가지 물음》을 공동 집필하였다.

정선용

경희대학교 한의과대학 신경정신과 교수로 화병과 우울증, 치매 진료를 주로 하는 한방신경정신과 전문의다. 병원에서 화병 환자를 대상으로 명상을 지도하고 있으며, 암 환자 관련 명상의 효능에 대한 연구를 수행하였다. 명상을 환자에게 수행할 때 긴장을 이완시키는 자기 조절방법을 가장 많이 활용하고 있다.

육영숙

성신여자대학교 운동재활복지학과 교수로 체육학 가운데 운동심리학을 전공한 요가 및 명상 전문가다. 대학에서는 스포츠재활심리학, 스포츠카운슬링, 요가, 마음챙김 명상 등을 강의하고, 일반 여대생의 심신건강, 운동선수 스포츠심리상담뿐 아니라 비행청소년, 유방암 수술 후 환우, 우울 환우, 감정 노동자 등을 대상으로 연구하였으며, 주로 몸(Soma)의 움직임을 통한 심신의 변화를 연구하고 있다. 현대인을 위한 신체-심리의 통합적 요가치료 지도서인 《Body & Mind YOGA》를 저술하였다.

김종우

경희대학교 한의과대학 교수이며, 한방신경정신과 전문의로서 스트레스와 함께 화병 등의 정신장애를 전문으로 하고 있고 명상을 병원 장면에서 활용하고 있다. 걷기 명상 등을 여행에 접목하여 걷기 여행을 가이드하고 있다. 한의학 임상 현장에서 활용할 수 있는 《기와 함께하는 15분 명상》을 펴냈으며, 걷기 명상을 여행에 접목한 《마흔 넘어 걷기 여행》을 출간하였다.

이 대담은 김종우 교수의 사회로 진행되었다. 각 전문가들과 서면과 대면 인터뷰를 각각 진행하였고, 대담을 편집하였다. 각각의 주제에 대담을 정리하여 마무리를 지어가는 방식으로 기술하였다. 대담을 진행하는 과정에 여러 명이 같이 혹은 일대일로 진행하였던 관계로 각 전문가들의 견해가 정리되지 못한 점이 있을 수 있다. 그렇지만 도리어 그 분들이 전하는 메시지가 수정 없이 온전히 전해질 수 있도록 하였다. 혹여 정리하는 과정에서 본뜻이 충분히 전해지지 못한 점이 있을 수 있음에 대하여는 사회자의 부족한 능력임을 밝히고 대담을 이어가 본다.

명상을
어떻게 시작했는가?

사회자 한국명상학회가 10년이 되었지만, 실제 명상 연구 모임과 개인

수행 및 연구 등을 고려한다면 거의 20년 가까이 명상을 하셨는데,

20년 전이라고 하면 한국에서 명상을 한다는 것이 매우 드문

작업이었다고 생각이 듭니다. 특히 별도의 전문직이나 교수

생활을 하시면서 각자의 분야가 있었는데, 이런 학문적, 직업적

배경 속에서 명상을 하게 된 계기는 무엇일까요? 가령 심리학자가

명상을 한다면 과학적이지 않다는 비난도 감수하셨을 텐데 명상을

어떻게 시작하게 되었는지에 대하여 먼저 여쭤보고 싶습니다.

이봉건 　　명상에 대한 관심의 시작은 무술이었던 것 같습니다. 73년도 어느 한 여름날 밤, 인천에 있는 헌책방에서 밤 10시에 《사명대사》 전기를 사서 새벽 3시까지 다 읽었습니다. 동양의 무도, 임진왜란에서 빛난 활인검, 무술 이야기가 나왔고, 그때부터 수련과 명상에 관심을 가지게 되었습니다. 대학교 4학년부터는 꾸준히 국선도 수련을 받으면서 불교 무술, 동양의 수행법에 관한 책들을 많이 읽었고요. 그러면서 동양의 수행법을 과학적이고 체계적으로 연구하는 방법이라고 생각된 바이오피드백에 관심을 가지게 되었습니다. 그래서 기와 바이오피드백을 주제로 연구를 하였습니다.

　　그러던 중 2004년도에 한국임상심리학회에서 명상의 임상적 적용에 관심 있는 임상심리전문가들을 모아서 워크숍을 개최하면서 한국 전통에 기반한 K-MBSR을 개발한 장현갑 교수님의 지도를 받고 명상치유전문가 자격을 취득하였습니다. 이후 명상치유전문가협의회를 발족하도록 권고를 받아 초대 회장에 취임하였고, 결국 지금까지 이르게 되었지요.

　　협의회와 학회로 이어지는 시기에는 우여곡절이 많았습니다. 독특하신 분들이 참 많았습니다. 오랜 시간 동안 수련을 하신 분들도 많았죠. 저 역시 젊은 시절부터 여러 수행법을 익혔지만 특이하고 과격한 수련법들을 들고 오는 분들도 있었습니다. 그래서 과학적 명상을 지향하면서 전문가 협의회에서 이를 다듬는 작업을 했고, 결국 기본적인 교육 프로그램의 개발과 이에 기반을 둔 자격증을 만들어 가는 노력으로 지금의 한국명상학회가 만들어진 것 같습니다.

정애자 ───── 원래부터 수련이나 수행에 관심이 많았습니다. 고려대학교 심리학과를 다닐 때 불교 수업을 들으러 동국대학교까지 가서 청강을 했을 정도였습니다. 박사과정 때만 해도 그렇게 열의가 있었지요. 그러나 박사를 취득하고 병원에서 임상심리전문가로 일할 때는 별달리 명상에 관심을 가지고 있지는 않았습니다. 그러던 중 2007년 명상에 관심 있는 연구 모임이 만들어지고, 장현갑 교수님이 워크숍을 진행하면서 명상을 제대로 접하게 되었습니다. 저에게는 또 우연찮게 만들어진 미국에서의 경험이 중요했습니다. 당시 방문교수로 미국에서 공부를 하고 있었는데, 제가 방문한 옆의 대학에서 명상을 병원에서 활용하는 모습을 보게 되었습니다. 존 카밧진이 운영하고 있는 메사추세츠대학교 메디컬센터에서 명상이 적용되는 모습에 놀랐습니다. 이전까지 한국에서 명상을 병원에서 하려고 하면 쉽지 않았었는데 말입니다. 그런데 이곳에서의 명상이 그렇게 까다롭지 않다는 점이 중요합니다. 명상을 지도하는 사람과 배우는 사람이 자유롭게 프로그램을 운영하면서 그 가운데 충분한 대화와 수련이 있었습니다. 그렇게 딱딱하지 않은거죠. 한국의 병원 장면과는 매우 달랐습니다. 그 점을 제가 크게 배운 거죠. 그리고 미국에서 돌아와 저의 병원에도 명상을 할 수 있는 공간을 마련하였고 그렇게 공간이 마련되면서 이후에 정신과, 그리고 암 환자들에게 명상을 적용하기 시작했지요. 이후로 명상이 저의 인생이 되었습니다.

전진수　　　심리학에서 처음 명상을 공부하면서 명상이 심리적 설명에 잘 맞아떨어지는 방법이라는 생각이 들었습니다. 특히 다른 심리 치료에 비하여 낚시에 비유하자면 낚시 바늘로 하나하나 낚는 것이 아니라 그물을 활용하여 한 번에 많은 물고기를 낚는 통합적 치료 방법이라는 데 매력이 있었습니다. 스트레스 관리를 위한 명상 이야기를 할 때, 학부 시절에는 거의 끝에서 다뤄지고 있었는데, 석사를 할 때는 중간쯤, 박사 과정을 할 때는 어느 사이엔가 매우 중요한 개입 방법으로 소개가 되어 있더군요. 교과과정만을 보아도 점차 그 중요성이 확대되고 있는 것을 확인해 볼 수 있었습니다. 특별하게 기억나는 것은 박사과정일 때, 의과대학생을 대상으로 심리학

개론을 강의하게 되었는데, 학생들의 관심이 그렇게 크지는 않았습니다. 그런데 《건강을 위한 마음 다스리기 Mind body Medicine》라는 책을 가지고 강의를 하면서 학생들의 관심이 높아졌습니다. 그 책에는 존 카밧진이 직접 쓴 마음챙김 명상이 잘 설명되어 있었습니다. 명상을 의학이라는 분야에서 다루고 있는 것을 확인시켜 준 것이죠.

이렇게 명상에 대한 공부와 교육을 한참 하고 있을 무렵 명상치유 전문가 협의회가 만들어 지고 이후 명상치유학회가 출범하면서 명상을 제대로 하게 되었습니다. 그리고 2009년에는 상담과 명상을 결합한 센터를 개소하게 되었고요. 처음에는 임상심리 전문가로 심리치료에 전념을 하다가 어느덧 임상 경험이 쌓이면서 이 둘을 통합하여 상담과 심리치료에 응용하고 있습니다.

조옥경 ───── 고려대학교에서 생리심리학을 전공하여 박사 학위를 취득했어요. 그때는 뇌만 알면 인간 정신을 다 안다고 생각했죠. 10년 가까이 공부했어요. 쥐 뇌에 전극을 꽂아서 어떤 부분을 자극을 주고, 어떤 부위를 파괴하고…. 이런 연구를 몇 년을 내리 공부하고 연구했어요. 근데 박사 논문까지 쓰고 난 이후 어느 순간 깨달았어요. 뇌에는 답이 없더라고요. 그럼 어디에 있을까 고민했습니다. 당시 국선도를 하고 있었는데 1년 넘게 하다가 진주에 내려가서 국선도 하려니깐 도장이 없었어요. 요가원에서 요가를 배워 6개월 정도를 했는데 재미가 없었어요. 그러다가 요가심리학을 전공한 인도인 교수님이 직접 오셔서 강의하는 것을 보고 그때 생각이 꽂혔습니다. '아, 저거 공부하러 가야겠다.' 그래서 인도로 갔습니다. 그분과 명상 공부를 본격적으로 했죠. 그렇게 인도에 가서 5년 동안 있었어요. 인도 뿌나대학교에서 요가심리학을 수학하고, 인도 아엥가센터와 미국 히말라야연구소에서 요가 수련을 하고, 열심히 공부하고 수련을 했지요. 한국으로 돌아와 한국 최초, 아니 세계 최초로 대학에 요가학과를 만들었습니다. 이후에 대학을 옮기면서 심신치유학과를 만들었고, 이곳에서 명상과 요가를 연구하고 가르치게 되었습니다.

이화순 ——— 오랫동안 특수학교(시각장애학교)에 근무하면서 학생들에게 단편적인 지식은 가르쳤으나, 그들의 삶의 태도를 통해 오히려 더 많은 것을 배우고 느끼는 기회가 되었습니다. 그들도 우리와 모든 것이 같습니다. 욕구도, 고통도, 삶도, 행복도. 단지 불편한 신체(몸) 외에는 말입니다. 더 불행하지도, 더 행복하지도 않다는 것을 알았습니다. 그들은 그들이 가지고 있는 장애가 그들을 불행하게 한다고 생각하지 않습니다. 단지 그들을 불편하게 하고 힘들게 하는 것은 그들을 바라보는 왜곡된 시선입니다. 아니 그 시선에 짓눌린 그들의 상처받은 자존감 때문이라고 할 수 있습니다. 이들의 상처받은 마음을 돌보아 줄 수 있는 것이 무엇이 있을까 고민했습니다. 상담에 관련되는 공부를 하였고, 수업이 끝난 후 상담실에서 학생들과 함께 지냈습니다. 그러나 상담만으로 상처받은 학생들의 마음을 돌보는 것에도 한계가 있었습니다. 다시 새로운 자극이 계속 그 아픈 상처를 건드리는 것이었죠. 아이들에게 스스로 자신을 인정하고 자신을 사랑하고 지탱할 수 있는 내면의 힘을 키우고, 자신의 상처받은 자존감을 잘 돌볼 수 있는 방법을 가르쳐 주고 싶었습니다.

이런 바람으로 자연치유력, 우주의 특별한 에너지에 대한 관심을 가지게 되었습니다. 몸과 마음이 어떻게 연결되는지? 장애인은 왜 이 세상에 존재해야 하는지? 같은 것 말입니다. 자연스럽게 요가에 관심을 갖게 되었고, 요가가 바로 명상이라는 것을 깨달았습니다. 원광디지털대학교 요가명상학과를 졸업하고, 자연스럽게 K-MBSR 프로그램을 만나게 되면서 명상의 매력에 푹 빠지게 되었습니다.

윤병수   명상을 하게 된 근원적인 이유는 아마도 어릴 때부터 동양사상에 관심이 많았기 때문일 거라고 생각합니다. 고등학교 때 《논어》, 《명심보감》, 《노자》 등의 책을 읽었으니까요. 동양사상에 대한 관심은 이후 한의학에 대한 관심으로 이어져, 동의학 혁명, 통속한의학원론, 침구학 등의 책을 읽고 수지침도 배우러 다니기도 했었습니다. 한의학의 전체 14개의 경락은 정서 반응과 밀접하다는 것을 알고 생리적 반응으로써의 경락반응과 정서와의 관계를 규명하는 것과 정서의 생리적 구분에 대해 관심을 가지기도 했었지요. 이러한 흥미의 배경이 자연스럽게 명상을 받아들이게 한 것 같습니다.

직접적으로 명상에 입문하게 된 것은 지도 교수였던 장현갑 교수님의 영향이 컸습니다. 영남대학교 심리학과 학부 시절 때부터 수업 시간에 선생님으로부터 동양철학과 명상에 대한 이야기를 자주 들어 명상에 대한 기본적인 이해와 친숙함이 있었습니다. 석사과정을 마친 후 학생생활연구소 연구원으로 있으며 스트레스 관리 프로그램을 만들어 운영을 하고 있을 때 선생님의 권유로 태극권과 명상을 배웠는데 이때 스트레스의 관리 방법으로서 명상의 유용성과 명상의 심신치유적 효과에 대한 과학적 믿음이 명상을 생활 속에서 실천하게 된 계기가 되었습니다. 그때가 1990년도였는데 그 당시 외국에서 명상에 대한 연구 논문들이 많이 나오기 시작하는 시점이라 일부에서는 명상에 대한 편견이 있었지만, 본인이 명상 수행을 한다는 것에 대한 비과학적 비난은 크게 없었던 것 같습니다. 이후 뇌과학적 관점에서 명상의 과학화에 기여할 수 있겠다는 생각으로 명상치유전문가 협의회에 참석하여 한국명상치유학회, (사)한국명상학회로 이어져 오늘날에 이르렀네요.

김정모　　　　장현갑 교수님이 한창 마음챙김을 공부할 때, 2003년 쯤 "자네도 명상 하나?" 라고 물어본 적이 있었습니다. "명상이 좋은 건지는 알겠는데 개인적으로 수련을 하지는 않습니다."라고 넘어갔죠. 당시에 저는 순수하게(?) 임상심리학자였습니다. 그런데 2005년에 장현갑 교수님이 마음챙김 기반 인지행동치료(MBCT) 책들을 읽으시면서 명상과 함께 인지행동치료가 나오니 저에게 맞겠다고 추천해 주셨습니다. 저자 중에 존 티즈데일이라는 사람이 있었는데, 제가 석사논문을 쓸 때 이분 논문을 많이 인용을 했었습니다. 그래서 자연스럽게 그 책을 숙독하게 되었고 불과 일주일 만에 번역하고 요약을 할 정도로 빠져 들었습니다. 이후에 위빠사나 명상을 하게 되었는데, 보리수선원의 붓다라끼다 스님께 2박 3일 동안 명상을 배웠고, 끝나고 나오면서 "아 이거

구나." 하는 생각이 들었습니다. 나에게도, 내담자에게
도 도움이 정말로 될 수 있겠구나 하는 것을 직접 겪어
보고서 더 생생히 알게 된 거죠.

조용래　　　　제가 처음 마음챙김 명상을 알게 되고 본격적
인 관심을 갖게 된 것은 미국에 있는 동안이었습니다.
2001년 1년간 연구년으로 미국에 체류하는 동안과 그
이후에 AABT(Association for Advancement of Behavioral
Therapies: 지금의 ABCT, Association of Behavioral and
Cognitive Therapies) 연차 학술대회에 몇 차례 참석하여
마음챙김 명상이 심리치료, 특히 인지행동치료 분야에
서 대세를 이루고 있으며, 다수의 인지행동치료자와 행
동치료자들이 실제 임상 현장에 이를 적용하고 연구를
진행하고 있음을 눈으로 직접 확인하였습니다. 특히, 존
카밧진을 비롯한 세계적인 대가들의 기조연설과 워크
숍 및 심포지엄에 참석하여 마음챙김 명상에 대한 관심
을 갖게 되었고요. 2003년 첫 번째 학술이사를 맡고 있
던 한국임상심리학회와, 소장을 맡고 있던 한림대학교
산하 학생생활상담센터에서 명상을 연구하시는 몇 분의
교수님을 초청하여 특강을 들었습니다. 그리고 2005년
에 두 번째로 한국임상심리학회 학술이사를 맡고 있던
시기에 장현갑 교수님을 초청하여 우리나라 최초로 전

문가 대상 마음챙김 명상에 관한 집중 워크숍을 진행하였던 것을 계기로 마음챙김 명상에 본격적으로 입문하게 되었습니다.

박성현 —— 저는 경영학부를 졸업했습니다. 이후 회사를 몇 년 다니다가 회사 생활에 대한 염증이 생기기도 했고, 금융회사를 다녔는데 IMF를 맞아 사정이 힘들어지기도 해서 그만두었죠. 그 이후에는 시민단체 활동을 하였는데, 그 단체도 와해가 되어서 심리적으로 소진되는 상태가 반복되었습니다. 그러던 중 신문사에서 진행하는 심리학 프로그램을 접했습니다. 〈나를 찾아 떠나는 여행〉 뭐 이런 엇비슷한 뉘앙스의 주제였던 것 같습니다. 그 프로그램을 접해서 공부하다 보니, 이 공부를 계속 해보고 싶다는 생각을 하게 되었습니다. 집단 상담에서 지금의 연을 맺게 된 지도교수님을 만나게 되었고, 상담심리학 전공을 하면서 프로이트, 로저스 인지행동치료 등을 배우게 되었는데, 지도 교수님은 불교와 상담을 어떻게 통합할 것인가에 대해서 화두를 던져주었고 그에 대해 고민해보라 말씀하셨습니다.

여러 연구를 배우고 또 저널을 읽던 중에 자아초월 심리학(Transpersonal psychology)을 처음 접하게 되었습니다. 처음에는 도무지 무슨 소리인지 모르겠다는 생각만 있었어요. 정신분석도 잘 모르겠는데 이제 정신분석과 불교, 명상까지 비교하니까 말입니다. 그러던 중 석사 3학기 경에 명상을 한번 해보겠다 마음을 먹고 명상센터에 가서 6박 7일짜리 명상을 했습니다. 처음에는 뭣도 모르고 가서 13시간씩 좌선하고 하니까 죽을 뻔 했죠. 나중에 4일정도 지나게 되니까 마음이 차분해지는 경험을 했습니다. 그때 얻었던 몇 가지 중요한 깨달음 중 하나가 '내 마음, 내 생각, 내 감정을 내가 컨트롤할 수 없구나.' 였어요. 또 우리가 컨트롤 할 수 없는 마음이 있는데, 거기서 가르쳐 준 것은 오히려 그 것을 컨트롤하려고 하지 말고 없애려하거나 붙잡으려고 하지 않고 그저 알아차릴 수 있도록 하잖아요. 알아차림을 하게 됐을 때 그로부터 자유로워지는 경험을 했던 것 같아요. 그때 '치료적으로 명상이 활용될 수 있는 방법이 될 수 있겠구나.' 라는 생각을 하게 되었습니다.

박사과정 때는 무슨 연구를 할까 고민하다가 2002년에 박사과정에 들어갔었는데, 마침 같은 연구실에서 다른 선생님은 수용전념치료(ACT)를 가지고 연구를 했고, 저는 마음챙김이 본격적으로 연구가 시작되는 시점이라 그 관련 연구들을 읽고 하면서 '이 주제가 나에게 잘 맞구나, 실제적으로도 잘 적용이 되겠구나.' 싶었습니다. 이후로 박사 논문으로 척도 개발을 하면서 본격적으로 명상 연구에 빠져들었다고 할 수 있습니다.

조현주 ─── 저는 원래 학문의 최신 트렌드에 관심을 가지고 한 번씩 실험적으로 적용해 보는 성격입니다. 정통 임상심리학자로 인지행동치료 전문가이기도 하고요. 그런데 최신의 심리치료의 흐름이 마음챙김을 심리치료에 적용하면서 소위 제3의 인지행동치료라고 하는 수용전념치료, 마음챙김 기반 인지치료 등이 소개되자, 자연스럽게 명상에 관심을 가지게 되었습니다. 임상심리학자들은 과학자─실천가의 모델에 기반하여 임상 훈련을 받기 때문에, 증거기반한 구조화된 심리치료 프로그램을 선호합니다. 그러나 마음챙김 기반 심리치료를 활용하려면 먼저 명상을 배워야겠다고 생각한 것이 본 학회에 발을 들인 계기가 되었습니다. 10년 전만 해도 증거기반 심리치료가 아닌 명상에 관심을 가지는 것은 마치 비전문가의 길을 가는 것처럼 여겨져 주변에서는 고개를 갸우뚱하였지만, 당시 저는 일단 경험해보고 판단하자는 생각이었어요. 비록 심리치료 교과서에 소개되는 증거기반 심리치료 이론들은 20여 개 남짓하지만, 세상에는 400여 개가 넘는 심리치료들이 있고 이러한 접근들이 언제 이론으로 정립되어 치료효과가 뛰어나다고 학문적으로 검증되어 교과서에 실릴지는 아무도 모릅니다. 명상도 그중의 하나라고 생각했습니다. 그리고 실제로 체험을 해 보니, 마음이 편안해지고 즐거운 경험을 하게 되면서, 점차 명상의 기제나 방법들에 대해서 학문적 호기심을 가지게 연구하게 되었습니다. 10년 후 오늘날, 명상이 여러 심리영역에서 효과적이라는 연구들이 쏟아져 나오고 있는 실정입니다.

김경의   학부 때 생물심리학에 관심이 많았고, 대학원에서는 임상심리학을 전공하였습니다. 그런데 명상에 대하여 생물심리학을 전공하신 분으로부터 K-MBSR를 소개받았기 때문에, 과학을 떼어놓고 생각하지는 않았던 것 같습니다. 장현갑 교수님도 처음에는 생물심리학을 전공하였으니까요. 지금도 비과학적인 측면을 어떻게 하면 과학적으로 입증할 수 있을까를 고민하는 입장입니다.

공부를 마치고 병원에서 근무하면서도 스트레스 감소를 위한 과학적인 접근법으로 명상을 이해하려고 했고, 마음챙김을 통해 스트레스 관리가 가능하다는 것으로 체험하였으며, 명상을 하나의 건강관리방법으로 사용 가능함을 이해하였습니다. 그래서 저는 '명상은 과학이다!'라고 생각하고, 가능하다면 과학적인 인지행동치료 방법으로 접근하려고 하고 있습니다.

육영숙 ———— 한국명상학회가 10년이 되었네요. 제가 마음챙김 명상을 하게 된 배경은 요가 수련에서부터입니다. 30대 중반에 경추 2, 3번과 5, 6번이 좁아져 통증으로 무척 시달렸었는데, 수술 단계는 아니어서 다양한 치료 요법을 쓰다가 영 호전이 되지 않아 고생을 하던 중 요가 지도자 과정을 수련하게 되면서 몸이 이완된 경험을 했죠. 특히 호흡 명상을 통해 마음의 안정을 찾게 되면서 목의 디스크 통증이 완화되었습니다. 제가 수련한 요가에서는 프라나(호흡)와 수식관 명상을 매우 중요시하였는데, 명상시간에 꾸준히 떠오르는 생각이 있었습니다. 저와 같은 근골격계 질환 또는 특별한 이유 없는 막연한 불안감을 갖고 있는 현대인에게 요가와 명상이 매우 중요하겠다는 생각과 함께 연구 주제가 떠올랐고, 그 후 요가를 통한 심신의 변화에 대하여 연구하기 시작했습니다. 특히 프라나, 호흡명상에 대해 연구를 하던 과정에 마음에 대한 궁금함을 갖게 되었고, 때마침 한국명상학회의 마음챙김 기초 과정을 알게 되어 2008년도 이수하게 되었습니다.

그 후 한국명상학회의 지부회 모임, 정례회, 학술대회, 집중 수련 등에서 마음챙김을 꾸준히 수련하게 되었고 하타요가 수업이나 연구에 마음챙김을 적용하기 시작했습니다.

정선용　　　　　한방신경정신과에 근무하면서 우울, 불안, 불면, 화병 등 신경증 환자들도 진료를 하지만, ADHD나 틱 장애 환자들을 위한 학습능력 클리닉도 함께 운영하고 있습니다. 수련의 시절부터 소아정신과에 관심을 가지던 중 뉴로피드백(Neurofeedback)을 먼저 접하게 되었습니다. 뉴로피드백은 우리의 뇌파를 이상적이라고 생각되는 파형으로 훈련시키는 방법인데, 그 당시 별명이 '뇌파 기계를 이용한 명상'이었어요. 뉴로피드백으로 학위 논문을 작성하기도 하고, 클리닉에서도 많이 적용을 해서 효과를 보았는데 '기계에 의지할 것이 아니라 직접 명상을 해봐야겠다.'라는 생각이 들었습니다.

　　　　　마침 한국명상학회에 가입해서 기초교육을 받으면서 명상에 본격적으로 입문하였습니다. 그전까지는 이완이 필요한 환자에게 점진적 근육이완법이나 자율훈련법을 시행하였는데, 단순 신체 이완을 넘어서는 명상을 교육받을 수 있었습니다. 실제 명상을 배우면서 신체가 이완되는 것도 느끼지만, 생각의 흐름이 보다 편안해지는 걸 느낄 수 있었습니다. 그러면서 환자에게도 보다 적극적으로 권하게 되었습니다.

이인실　　　　　2009년 애리조나대학교의 통합의학 전임의 과정에서 처음 존 카밧진과 앤드류 와일 박사의 명상 프로그램을 간접적으로 접하였습니다. 그 당시에는 사실 그것이 마음챙김 프로그램인지도 몰랐었습니다. 한국에 들어와서 명상에 대하여 관심을 가지고, 한국명상학회를 만나고 난 후 K-MBSR 프로그램과 한국에서 개설된 MBSR 프로그램에 참여하였고 그 때부터 간헐적이기는 하지만 본격적으로 명상을 시작하였습니다.

우리 모두가 고통을 느끼고 이를 해결하려고 애쓰다가, 정통 서양 의학에서 해결책을 찾지 못하거나 소위 말하는 '미병' 상태를 해결하려고 애쓰다 보니 시작하게 된 것 같습니다. 현재는 많이 변화하고 있기는 하지만, 아직도 명상이 병원 현장에서는 그렇게 많이 활용되지 못하고 있습니다. 아마도 미국처럼 점차 그 활용 범위가 더 넓어질 것이라 생각합니다.

김완석　　　　　산업심리학 가운데 소비자광고가 전공이었습니다. 그러나 그 분야가 중립적인 연구가 어렵고, 기업 입장에서 소비자에게 접근하는 방식이 광고라는 특성이지만 기만적 접근이라는 생각에 그 분야에 대한 회의가 있었습니다. 그러던 중 통풍이라는 병을 앓게 되었지요. 평소 활발한 사람이 통풍이 걸리니 무척 답답했습니다. 걷기나 달리기 같은 활동에 제한이 많았으니까요. 그래서 시작한 것이 요가입니다. 요가를 시작하면서 몸에 대한 통제력을 스스로 확인하게 되었습니다. 의식이나 감정이 행동에 미치는 영향을 해석하는 것이 아니라 이 순간 느껴지는 것이 어떤가를 관찰하는 것이었습니다. 요가와 몸에 대한 접근은 사실 심리학의 관점과는 정반대의 접근 방식이었는데, 요가와 종교에 관심을 가지면서 전혀 다른 관점에서 심리학을 다시 접하게 되었지요. 그래서 불교대학원대학교 요가치료 박사과정을 다시 밟게 되었습니다. 이후 심신통합 치유를 공부하면서 장현갑 교수님도 만나고 한국명상학회에서 본격적으로 활동을 하게 되었습니다.

광고심리학은 실재하는 대상을 좀 더 이상적인 것으로, 긍정적인 이미지로 포장하는 것인데, 명상은 정반대로 실제를 바라는 것입니다. 광고는 포장, 명상은 포장에 현혹되지 않고 본질을 깨닫도록 하는 것이었기에 저의 연구 분야뿐 아니라 인생에 큰 전환점이 된 것이죠. 전공 분야를 바꾸는 것에 어려움이 있었지만, 당시 심리학 분야의 여러 전문가들이 임상심리에서 생리심리로, 또 그 반대의 경우도 있어서 변화를 인정해 주는 분위기였습니다. 결국 건강심리학 분야를 새롭게 구축하게 되었습니다. 건강심리는 임상심리와 차별점이 있습니다. 임상심리는 정신장애를 주 대상으로 하고 있지만, 건강심리는 신체질환자를 주 대상으로 하고 있죠.

명상 역시 건강심리적 측면에서 접근하고 있습니다.

장현갑 —————　저는 1965년에 대학원을 진학하며 생리심리학을 전공했습니다. 그 당시만 해도 거의 불모지와 다름없었지요. 맨땅부터 시작했던 공부였습니다. 해부학과 생리학 원서를 닥치는 대로 읽고, 밤낮으로 쥐의 뇌를 절제하고 전기 자극을 주면서 실험했습니다. 해마와 편도체의 기능을 처음 밝혀냈던 연구, 불리불안에 대한 연구는 세계적으로 주목받고 인정받을 만한 성과를 수차례 내기도 했습니다. 그런데, 어느 날에 돌연히 우울감, 불안감이 저를 휩싸고 있는 것 같았습니다. 당시 세계적으로 권위 있는 의사에게 정신분석 치료를 받으면서도 '왜 내가?'라는 의문이 떠나지를 않았습니다. 소위 말해서 성공한, 잘나가는 인생이었는데 내가 우울할 이유가 어디에 있는가 라는 자책이자 본질적 질문이었습니다. 정신분석치료를 해주셨던 의사 선생님께서는 '도(道) 정신치료' 라는 동양적 치료법을 전파한 분이셨습니다. 어느 날 제게 그 분이 물어보셨습니다. "자네는 뇌과학을 전공하고 있으니, 명상이나 참선 같은 정신수련이 뇌와 몸에 미치는 영향을 과학적으로 연구해보면 어떻겠나." 하고 말이죠. 우연한 계기로 바로 이듬해에 영남대학교 총장님이 심리학과를 만들면서 제의를 해왔고, 저는 명상이나 참선 같은 정신 수련법의 과학적 효과와 기전을 밝힐 수 있도록 연구 장비를 제공해달라고 요청을 했습니다. 그렇게 명상 연구와 저의 인연이 시작되었습니다. 이후로 허버트 벤슨 박사의 이완반응 등 여러 가지 명상과 자기조절훈련에 대한 연구를 거듭했습니다.

1993년 8월 중순 일본 도쿄서 열린 국제 건강 심리학회에서 MBSR을 만든 존 카밧진을 처음 만났고, 그의 저서를 본 후에 '내가 해야 할 일이 바로 이것이다.'라는 생각이 들었습니다. 저는 그 길로 《마음챙김 명상과 자기치유 Full Catastrophe Living》라는 제목으로 그의 저서를 번역했습니다. 2009년에는 심리학을 공부하는 사람들을 대상으로 MBSR을 가르쳐달라고 초빙되어 명상 지도를 본격적으로 시작하며 일련의 과정을 수료한 사람들에게 인증서를 수여하였고, 그것이 한국명상학회 명상지도전문가 과정의 시초가 되었습니다.

최근에는 강연을 열심히 하고 있습니다. 바로 명상이 우리 사회에 뿌리 내리고 넓게 활용하기를 바라기 때문에 그렇습니다. 그리고 명상에 대한 연구가 깊어지고, 병원이나 학교에서 등 활용이 넓어지기를 바랍니다.

명상을 하게 된 계기를 보게 되면, 다양한 전공만큼이나 다르네요.
그렇지만 몇 가지 공통적인 것도 있는 것 같습니다. 일단, 자신의
영역에 명상을 얹어서 펼쳐나가고 있다는 생각이 드는데,
그 동기는 동양, 전통, 무술 등에 대한 흥미와 연구자의 새로운
영역에 대한 호기심과 열정이지 않았나 생각이 됩니다. 그리고
한국명상학회에는 심리학자 분들이 많습니다. 이 점은 한국
명상의 특징이라고 생각이 됩니다. 마음의 수련, 그리고 이러한
것에 대한 학문적 접근이 매우 중요한 한국 명상의 특징이라고
할 수 있겠습니다.

다음에는 자신의 분야에서 명상을 어떻게 접목하고 있는지에
대하여 질문해야겠네요. 명상이 날개를 다는 모습을 보고
싶습니다.

자신의 분야에서
명상을 어떻게
접목하고 있는가?

사회자 명상을 시작한 계기를 들어보면, 역시 학문에 대한 열정이

대단하신 것 같습니다. 자신의 전공 분야에서 안정적으로

지내기보다는 새로운 길을 개척해나가고 더 넓은 배움과 깨달음을

향해 발을 내딛는 호기심과 열정을 강하게 느낄 수 있었습니다.

그렇다면 실제 자신의 분야에 어떻게 명상을 접목시켰는지

알아보았으면 합니다. 이미 확립된 자신의 학문 분야에 새로운

것, 특히 명상과 같이 다소 애매모호하거나, 혹은 수행 같은

개인 편차가 심한 것을 자신의 분야에 융합하는 것이 쉬운

일이 아니었을 텐데 어떤 점을 포인트로 하여 접목하였는지

궁금합니다.

이봉건

명상을 접한 이후에 저의 전공 분야인 임상심리와 연관시키는 노력을 했습니다. 그동안 꾸준히 해왔던 저의 수행을 심리학 분야에 심고 싶었습니다. 명상치유전문가협의회 이후에는 이런 노력을 여러 선생님과 함께 할 수 있었습니다. 명상의 심리 분야의 확장성은 무궁무진하다고 봅니다.

내담자를 도와주는 직종에서는 명상을 여러 방면으로 적용해볼 수 있습니다. 심신수련을 기반으로 하면 종래 심리적 문제가 있는 내담자에 대하여 적용할 기법으로서, 효과 증거가 수립된 인지행동적 요법뿐만 아니라 명상에 기반을 둔 여러 기법으로 활용할 수 있습니다. 한국형 마음챙김에 기반한 스트레스 감소프로그램(K-MBSR), 마음챙김에 기반한 인지행동치료(MBCT), 수용전념요법(ACT), 故 이동식 선생님이 수립하신 도(道) 정신치료까지도 확장됩니다.

저는 심리치료의 현장에서도 명상을 사용하기도 합니다만, 개인별로 지도를 많이 하고 있지는 않습니다. 주로 집단적인 장면, 집단 상담을 하거나 평생교육원 강의, 학교에서 시행합니다. 집단 치료의 경우에 적극적으로 적용하고 있는데, 그 시너지 효과가 또한 놀랍습니다. 명상 후에 소감 나누기를 하면 자기 이야기도 하고, 또 다른 분들의 이야기를 들으면서 효과도 보고 좋아졌다고 하는 경우가 많습니다. 개인 치료를 시행 할 때는 수용전념요법을 적용하는 편인데, 이 방법은 동양의 지혜를 잘 과학화시킨 것 같습니다. 그렇게 보면 동양의 전통 수련법, 서구의 명상법, 그리고 인지행동 치료과 같은 심리치료는 서로 융합하여 발전할 수 있다고 봅니다. 제가 지금 운영하고 있는 센터에서도 이러한 작업이 진행되고 있습니다. 사람에 따라, 모임의 성격에 따라, 그들에게 맞는 프로그램을 넓게 운영할 수 있다는 것이 명상의 장점이라는 생각이 드는군요.

정애자　　　　명상 수행을 통한 교육은 치료라기보다는 예방 프로그램으로 적용하고 있습니다. 이미 발병한 이후의 정신과 환자들에게는 적합하지가 않습니다. 실제 병리적인 사람들을 보면 명상이 쉽지 않다는 것을 환자를 보신 분들은 잘 아실 겁니다. 이러한 점은 제가 공부했던 미국에서도 비슷합니다. 통증을 호소하는 사람, 암 환자들이 힘든 치료를 견디면서 나타나는 여러 증상을 다룰 때 그렇게 심리적 개입이 많은 것이 아닙니다. 꾸준하게 일상에서 명상을 할 수 있도록 도와주는 겁니다. 물론 이런 고통과 연관된 불안과 우울을 다루고 있지만, 이것이 메인은 아닙니다.

　　병원에서는 환자, 보호자들에게 명상을 했는데, 아

예 오픈해서 따로 비용을 받지 않고 했습니다. 환자는 딱히 질환 구분이 없이 왔습니다. 주로 자기가 오고 싶어 하는 환자가 왔다고 하는 게 정확한 표현인 것 같아요. 제가 프로그램을 진행 한다고 하면 간호사들이 안내해주고 환자들 아무나 와서 하고 나눔도 해 주고요. 집단치료를 병동에서 프로그램으로 진행하는데, 거기에 명상도 섞어내곤 했습니다. 이런 장면은 명상의 특징일 수도 있습니다. 그야말로 내담자 중심의 프로그램이라고 할 수 있죠.

기본적으로는 예방 프로그램이라고 말씀을 드렸지만, 스트레스를 받아서 발병 전 단계에 처해있는 위험군에게는 아주 효과적일 수 있습니다. 서울에서 전주까지 내려온 환자가 있는데, 직장에서의 스트레스로 인해서 다른 사람이 나를 욕하나, 해치나 하는 편집적인 망상장애에 빠지기 직전의 수강생도 있었습니다. 명상을 몇 주간 지속하고 나서는 다시 자신을 되돌아보고, 내가 왜 그랬지? 하고 웃을 수 있게 되었지요. 이 분이 아마도 망상장애로 넘어간 상태에서 저에게 왔다면 힘들었을 것입니다. 그렇지만, 아직 자신을 돌볼 힘이 남아 있는 상태에서 명상을 적용하면서 더 이상 병의 진행을 막고 회복의 단계로 접어들었지요. 또 기억나는 사례로 군인이 적응을 못해서 병사용 진단서를 발급받으려

고 왔는데, 와서 치료받고 퇴원할 때 요가 지도자가 되
겠다고 다짐을 하면서 명상 수련을 마친 적도 있었습니
다. 병 고치러 왔다가, 아예 병을 고치는 사람으로 전환
을 한 것이죠. 명상에 이런 힘이 있습니다.

윤병수　　　　　제 전공이 생리심리학, 즉 뇌과학이었기에 명상의
현장 접목에 대해 초기에는 생각하지 않았고 단지 명상
의 뇌과학적 효과에 대한 연구에만 관심을 가졌습니다.
서구사회에서는 명상이 과학이 되었기 때문에 저도 명
상의 과학화를 위해 뇌과학적 접근이 우선적으로 필요
하다고 생각했죠. 그래서 명상의 효과에 대해서는 항상
뇌과학적 근거 기반에서 생각하고 설명하려고 노력하
고 있습니다. 명상 관련 개념들이 매우 포괄적이고 명상
경험의 개인차 또한 많아 명상의 효과에 대한 설명이 모
호하기도 하고 오남용 될 가능성 또한 높을 수가 있습니
다. 그래서 명상의 과학적 근거에 기반한 설명이 필요한
거죠. 한편으로는 명상에 대한 과학적 정의, 개념, 설명
등이 명상에 대한 의미를 단순화 및 획일적으로 만든다
는 생각을 할 수 있지만 과학적 근거 기반 설명은 개인
적 경험 편차에 따른 비과학적 설명 위험성을 낮출 수가
있습니다. 물론 과학적인 것이 모든 진리를 의미하는 것
은 아닙니다. 과학은 항상 드러나는 현상 뒤에서 객관적

으로 설명하는 것이므로 현상보다 앞설 수는 없습니다. 하지만 과학적 설명은 현상을 명료화시키고 주관적 편향을 줄여 객관성을 높인다는 측면이 있어, 특히 명상을 설명할 때 중요한 점이라고 생각합니다.

요즘은 명상을 현장에 접목하여 활용하고 있습니다. 현재 국책 사업인 '지역행복생활권 선도사업'을 맡아 수행하고 있는데, 이 사업은 지역 주민의 정신 건강을 위해 그 위험성을 조기에 발굴하여 조기 심리적 지원을 통해 정신 건강을 도모하고자 하는 것입니다. 이러한 심리적 지원을 위해 대구가톨릭대학교에 ICT 기반 '마음행복톡톡 상담센터'를 설립하여 운영 중입니다. 본 센터를 찾아오시는 분들에게 심리 검사와 개인 상담을 지원하고 집단 프로그램 등에 참여하도록 하여 개인의 심리적 문제를 해결하도록 지원하고 있습니다. 현재 본 센터에서 개인 상담을 할 때도 명상을 활용하고 있고 주민들의 스트레스 감소를 위해 명상 프로그램도 운영하고 있습니다. 하지만 정신 건강 문제는 근본적으로 개인의 관리 문제입니다. 이것을 실패한 분들에게 공적인 지원을 통해 정신 건강을 도모하지만 정신 건강을 위한 자기 관리 방법을 갖는 것을 더 본질적인 해결책으로 보고 있습니다. 정신 건강을 위한 방법으로 명상의 유용성은 과학적 연구를 통해 잘 알려진 사실이라 센터에서도 노력을 많이 하고 있습니다. 지역 주민의 정신 건강을 증진시키기 위해 명상의 유용성을 알리고 명상 경험과 훈련의 기회를 제공하고자 노력하고 있습니다. 2018년 11월에 이틀간 〈ICT 기반 정신건강 자가 관리를 위한 명상의 활용〉이라는 주제로 심포지엄과 명상 체험 한마당을 개최하였고 이번 해에도 '메디 & 피크닉(명상 소풍)'이라는 행사를 통해 자가 관리를 위한 명상을 알리고 있습니다.

김완석　　　건강심리 분야에 입문하고 명상을 공부한 이후 MBSR이 미국에서 확산되고 있을 무렵 존 카밧진이 진행하는 MBSR 정규 교육 프로그램에 다녀왔습니다. 이때 이미 미국의 많은 심리학자들도 심리치료의 방법으로 명상을 다루고 있는 것을 보고, 이것이 학문으로도 가능하겠다고 생각했지요. 처음에는 명상심리라는 것으로 타이틀을 만들고는 싶었지만, 건강심리를 만들어서 명상을 여기에 포함하여 접근을 하게 되었습니다. 2012년에는 학교 내에 '건강 명상 연구센터'를 만들었습니다. 쉽지 않았습니다. 학교에서는 잘 만들어 주지 않아 연구재단에 명상이라는 이름으로 제안서를 올렸는데 실패하고, 다음해 명상을 빼고 한글로 '마인드풀니스'로 과제 신청을 하여 지원을 받게 되었습니다. 명상보다는 마인드풀니스가 평가자의 마음을 움직인 것 같습니다. 이때부터 공간과 시설이 생겨 본격적으로 대학원생도 뽑고 연구를 시작하게 되었습니다. 센터에서는 건강심리와 명상을 연계하여 연구하는데 주로 신체질환자, 만성질환자들을 대상으로 연구를 하고 있습니다.

2013년도 교양과목으로 명상을 정식으로 개설하게 되었는데, 처음에는 인식이 좋지 않았지만, 이를 극복하여 지금은 2년은 기다려야 들을 수 있는 인기 과목이 되었습니다.

전진수　　　　심리학 분야 가운데 인지심리학은 마음챙김 명상에서 다루고 있는 불교적 관점을 심리적으로 어떻게 설명할 수 있는지에 대하여 매우 명쾌하게 해석을 할 수 있습니다. 이렇게 인지심리로 설명이 잘 되는 것을 확인하고 나서, 불교에서 다루는 마음에 대하여 공부를 할 흥미를 가지게 되었습니다. 신경심리검사를 하면서 명상이 신경과학적 해석으로도 접근이 가능하다는 것을 알게 되면서 명상에 대하여 자연스럽게 받아들일 수 있었습니다. 인지심리학의 지식이 마인드풀니스의 메커니즘 이해에 도움이 되었다고 할 수 있겠죠.

저는 명상에 대한 심리적, 과학적 이해가 그래서 중요하다고 생각합니다. 존 카밧진의 MBSR과 동양의 신수심법(身受心法)은 맥락을 같이 합니다. 먼저 감각에

대한 마음챙김으로부터 시작하여 느낌과 마음으로 이어
지고 궁극적으로 진리에 가까워 가는 과정이라고 할 수
있죠.

조옥경   요가 전문가인 저는 마음챙김 요가를 기반으로 심
신치유 분야에서 활동하고 있습니다. 마음챙김 요가를
통해 지금 이 순간 몸과 마음이 통합될 수 있도록 안내
하고 있습니다. 그런 점에서 명상이 심리상담과 교육 현
장에 걸쳐 있다고 할 수 있겠습니다. 저는 인도에서 5년
간 공부를 하고 2000년에 귀국을 했습니다. 그 후 울산
근처 대학에서 요가학과를 처음 개설하면서 요가심리
학을 가르쳤고, 그때부터 명상을 지도하게 되었습니다.
2002년부터 지금 재직하고 있는 서울불교대학원대학교
에서 요가심리학을 꾸준히 교육해왔는데, 명상은 라자
요가와 요가심리학의 핵심 방법입니다. 지금은 요가치
료학과에서 생리학, 심리학, 철학, 아유르베다를 가르
칩니다. 요가는 경전이 있으니까 이에 맞춰 공부를 하면
됩니다. 치료 쪽 분야에서는 요가와 아유르베다를 접목
해서 하죠. 또한 거기서 운동 처방을 합니다. 그러다 보
니 심신치유 분야로 자연스럽게 이어지고 있습니다.

명상을 마음 수련이라고 생각할 수 있지만, 꼭 그
렇다고 할 수만은 없습니다. 인도의 아유르베다 의학이

나 요가를 보더라도 그렇습니다. 몸을 어떻게 다루는가 역시 매우 중요합니다. 명상만 하더라도 호흡과 정좌, 심지어 걷기까지 몸에 대한 이야기가 많이 나오지 않습니까? 존 카밧진 역시 처음에는 요가 전문가였습니다. 그래서 명상과 요가는 함께 만나서 그 치유력을 더 키울 수 있다고 봅니다. 저 역시 강조하는 마음챙김 요가는 바로 명상과 요가의 멋진 만남입니다.

육영숙　　　대학에서 교과목으로는 〈마음챙김과 심리복지〉라는 교양과목을 개설, 강의한 바 있고, 현재 〈마음챙김과 심리기술〉 교과목을 개설하고 있습니다. 이것은 전공교과인데, 마음챙김을 8주간 교육하고, 스포츠심리기술훈련을 배웁니다. 즉 선수에게 적용할 수 있도록 구성되었습니다.

연구에서는 마음챙김 기반 하타요가 프로그램을 일반 여대생, 유방암 수술 후 환우, 감정노동자, 발달장애인 부모 대상으로 적용하여 연구하였고, 마음챙김 기반 스포츠심리기술 프로그램을 개발하여 컬링, 쇼트트랙 선수, 재활 중인 주니어 야구선수에게 적용한 바 있습니다. 저는 스포츠 선수 상담 프로그램에 마음챙김을 기반으로 적용하고 있는데, 프로그램 초기에는 선수들이 가만히 앉아서 명상하는 그 자체를 매우 힘들어하는 경우가 꽤 있었습니다. 그런데 점차 해보고 "호흡 명상을 하고나니 마음이 편해졌다.", "야구 연습할 때 호흡을 챙기면서 루틴대로 했다.", "스포츠 경기에서 수단과 방법을 가리지 않고 했듯이 삶에서도 그랬다. 그럴 필요 없었는데…." 등의 알아차림이 적용된 사례를 만나고 있습니다.

이인실   저는 유튜브를 통하여 사람들이 명상을 실천할 수 있도록 돕고 있습니다. 처음에 명상을 수련하면서, 명상 안내용 음성 파일이 그렇게 많지는 않아 아예 저의 목소리로 녹음을 하고 올렸지요. 그리고 당시 가능한 모든 스크립트를 종합해서 가장 적절한 내용으로 만들었습니다. 또 이 내용을 무료로 배포를 하면서 정작 명상을 통한 심신의 관리가 가장 필요함에도 비용 문제를 비롯한 여러 요인으로 명상을 접하기 어려웠던 청소년들에게도 큰 도움을 줄 수 있었습니다. 제가 소아청소년과 전문의니까 당연히 해야 할 일이었죠. 그리고 한 마디 더 드린다면 누가나 자신이 실제로 가이드를 녹음하여 들으면서 명상을 하는 것 역시 좋은 방법이라고 생각합니다.

저는 명상을 비만 환자에게 권하였습니다. 마음챙김 먹기가 주된 내용이죠. 그리고 요즘은 난임 환자들에게 가르치고 있습니다. 마음챙김 프로그램을 실시하여

본 결과 각자 상황이 힘든데 거기에 마음챙김이라는 쉽지 않은 훈련을 하라고 권하는 것 자체가 매우 부담스럽고 어려운 일인 경우가 많았습니다. 약을 먹는 일보다는 훨씬 노력이 들면서 효과는 즉시 나타나지 않는다는 것과 역설적이게도 모든 과정이 끝나봐야 자신에게 적합한 일이었는가를 알게 된다는 것도 힘든 점 중에 하나라고 생각합니다. 명상을 안내하는 사람도 이런 점을 항상 마음챙김해야 할 것입니다. 환자보다 먼저 지쳐버리면 안 되니까요.

그리고 명상에 대한 과학적, 의학적 이해를 위해 자연스럽게 여러 논문을 찾아보고 있습니다. 뇌과학의 경우, 이제 특정 뇌 부위의 활성화에 그치는 것이 아니라 뇌 전체 네트워크에 대하여 다루고 있습니다. 명상이 뇌 전체를 폭넓게 그리고 역동적으로 활용하고 있는 것을 알 수 있습니다. 또한, 스트레스 기전이나 자율신경계의 문제 등도 규명되어야 할 과제라고 생각됩니다.

김경의　　　　임상심리학자로서 병원에서 오랜 기간 동안 근무를 하면서, 명상을 병원 장면에서 적용하고 있습니다. 특히 인지행동치료 측면에서 명상을 접목하여 진행합니다. 한국명상학회의 미래를 위해서는 의료 장면에서는 치유적인 부분에 대한 이해와 적용이 필수였으면 합니다. 의료 장면에서 명상의 단독 적용은 어려운 현실이지만, 인지행동치료적 상담에서 적용되는 경우는 많습니다. 하나의 예를 들어 보죠.

충동조절기능의 약화와 초조정서로 인해 대인관계에 어려움을 겪는 어르신이 계셨는데, 방향감각 상실로 밖에 나가 산책로에서 이탈하는 행동이 있어 보호사가 항시 뒤따라가면서 살펴야 했어요. 그런데, 걷기 명상과 호흡 명상을 통해 걸을 때의 발의 감각을 알아차리면서 보호사보다 더 천천히 걷고, 초조한 마음이 일어날 때마다 호흡에 집중하며 숫자를 세거나 명명하는 식으로 명상을 수행하면서, 좀 더 차분해지고, 조급한 행동이 많이 줄어들어서 퇴원하셨습니다. 그 후 간간히 잘 지내고 있다고 연락주시면서 "선생님 말씀해주신 대로 잘 챙겨서 행동하고 있고, 늘 감사하다."며, 마음챙김과 감사를 표현하는 사례가 있습니다.

박성현 _____ 내담자에게 명상을 쓰는 것은 가라앉히는 것이라 할 수 있습니다. 먼저 마음을 가라앉히고 이야기를 해보는 것, 완전히 다른 의식 상태에서 자기의 경험을 이야기하는 것이 되겠죠. 내담자가 흥분하고 분한 상태에서 자기 경험을 이야기할 때와 가라앉힌 상태에서 자기 경

험을 이야기할 때는 전혀 다른 맥락이 발생하면서 훨씬
더 많은 통찰(Insight)이 생깁니다. 따라서 반복해서 일어
나고 있는 생각들을 어떻게 내려놓을 것인가를 연습하
는 데에 명상적 방법들을 쓰게 됩니다.

이를 위해 기본적으로 호흡법을 가르칩니다. 명상
을 오랫동안 앉아서 할 수 없기 때문에, 수용전념요법
(ACT) 계열을 활용합니다. 바디스캔을 시킬 때도 있고,
생각이 사실이 아니라고 생각하며 생각이 흘러가는 것
을 바라보고. 이름 붙이기를 하는 등 이런 훈련들을 상
황에 맞춰 적용하고 있습니다.

조용래　　임상심리전문가로서 저의 주된 치료적 접근은 인
지행동치료입니다. 2000년대 초반 마음챙김 명상을 배
우고 실습해 온 이래로 열 편이 넘는 치료적 개입 논문
을 통하여 마음챙김 명상 및 이에 기반을 둔 심리학적
개입의 효능과 작용기제 및 가정에서의 명상 실습의 역
할을 규명해 왔고, 최근 인지행동치료와 마음챙김 명상
을 결합한 프로그램 개발 및 적용에 힘쓰고 있습니다.
이와 관련하여, 최근 발로우 교수 등이 저술한 정서장애
에 대한 단일화된 범진단적 치료 프로토콜의 치료자용
가이드와 워크북 번역서 두 권을 발간하였고, 자연재난
경험자들을 대상으로 마음챙김 명상이 추가된 인지행동

치료의 효능 또한 연구했죠. 그뿐만 아니라 마음챙김 명상의 교육, 실습 및 현장 적용을 통하여 심리치료의 본질과 핵심요인에 대한 통찰을 얻고, 심리치료자로서 저의 역량을 강화하는 데 도움을 받고 있습니다.

이화순　　　특수학교 교사로 학교에 재직 중일 때는 학생들에게 수업 시작하기 전 5분 정도 적용하였습니다. 특히, 시각장애 학생의 경우 명상 프로그램 적용에 전혀 무리가 없었으며 일반 학생들에게 보다 더 절실하게 필요하다고 생각했습니다. 그들도 잘 따라왔고요. 행동장애 학생들을 위한 요가와 명상 프로그램을 적용하여 부적응행동 감소에 미치는 효과를 직접 검정하기도 하였습니다. 사실 장애인들의 경우, 이런 프로그램이 더욱 필요합니다.

지금은 삶길연구소를 개설하여 명상이 필요한 사람들에게 명상을 소개하고 있습니다. 특히, 특수교사, 사회복지사, 치매 어르신을 돌보는 후견인 등, 명상을 경험하기 어려운 사람들에게 자신을 돌볼 수 있는 기술을 전달하고 싶습니다.

정선용　　　저는 명상을 임상 진료의 현장에서 적용하고 있습니다. 클리닉 외래로 직접 내원한 환자뿐 아니라 입원 환자를 대상으로도 진행하고 있고, 다른 과에 입원하면서 기저의 스트레스 상태에 대한 상담, 현재 앓고 있는 질병으로 인한 고통으로 인해 발생하는 심리적인 불안정을 호소하여 의뢰된 환자에게도 진행하곤 합니다.

불안장애가 있는 환자들은 특히나 이완이 필요합니다. 일단 환자에게 호흡이 감정 상태와 많이 연관되어 있다는 설명을 하고, 호흡부터 가다듬게 합니다. 호흡이 가다듬어지게 되면 몸과 마음이 많이 이완되는 것을 느끼게 되고, 그러면 좀 더 불안이 완화되는 것을 환자들이 느끼게 되죠. 물론 몸에 익히는 것이기 때문에 어느 정도 익숙해질 때까지는 시간이 걸리고 그 사이에는 한약과 침, 뜸 치료를 시행합니다. 어떻게 보면 치료의 효과를 높이기도 하고, 어떻게 보면 재발을 방지하는 역할을 명상이 충분히 하고 있습니다.

또한 우울함이 있는 환자들은 우울한 사고에 빠져서 헤어 나오질 못하는데, 이런 분들은 명상을 권할 때, 이렇게 설명합니다. 우울이라는 우물에 빠져서 우물 속 개구리처럼 딱 우울한 생각에만 집중되어서 벗어나질 못하는데, 막상 우물 밖으로 나와 보면 세상이 참 넓고 우울한 거 외에도 많은 것들이 있다는 걸 알게 된다고. 명상이라는 것이 우물 안에서 밖을 볼 때 그 좁은 시야, 우울이라는 것에만 집중되어 있는 시야를, 우물 밖에 나왔을 때 넓어지는 것처럼 그 시야를 넓혀 주는 거라고 설명합니다. 판단하지 않고 받아들이게 되면 그렇게 되죠. 그런데 임상에서 보면 불안할 때는 효과가 좀 빠른데, 우울에서 효과를 발휘하려면 좀 시간이 더 걸리는 것을 느낍니다. 그래서 당장 효과가 없더라도 꾸준히 해 주면 좋다고 설명해 드립니다.

김종우　　　　　병원에서 같이 근무하면서 느낄 수 있는 겁니다. 환자의 경우, 명상이 어려울 수 있지만 사실은 그렇지 않습니다. 환자분들은 매우 절실합니다. 그렇기 때문에 명상을 배우려는 의지만 있다면 매우 효과적으로 반응을 할 수 있습니다. 자신의 증상, 특히 통증이 조절되는 것을 경험하면서 눈물을 쏟는 경우도 있습니다. 마약성 진통제 같은 것으로도 조절이 되지 않았었는데 명상으로 조절이 된다고 말입니다. 그리고 환자를 위한 명상은 그렇게 고강도는 아닙니다. 자연스러운 호흡법, 특히 바디스캔은 환자들이 매우 좋아하는 방법입니다. 거기에 침 치료가 더한다면 환자는 더욱 안정된 상태를 느낄 수도 있습니다.

사회자　명상이라는 부분은 매우 넓은 영역인 것 같습니다. 처음에 명상을 자신의 분야에 적용하면서 어려움이 있었겠지만, 아주 잘 융합이 되고 있는 것 같습니다. 자신의 영역도 더욱 빛이 나는 것 같군요. 아마도 명상이 가지고 있는 포괄적이고 통합적인 힘이 아닌가 생각이 됩니다.

그렇다면 이젠 실제로 명상이 어떤 도움이 되었는지도 알아보고 싶네요. 자신에게, 내담자에게, 혹은 환자에게 명상은 구체적으로 어떻게 도움이 되었을까요? 이렇게 지도를 받는 사람뿐 아니라 실제로 명상을 지도하는 사람에게도 도움이 된다고 알고 있습니다.

실제로 명상이
자신과 타인에게
어떤 도움을 주었는가?

사회자 명상을 자신의 영역으로 끌어들여 자신의 분야를 더욱더 견고하게

다지고, 또 여러 사람들에게 큰 도움을 주고 있는 것 같습니다.

그렇다면 실제 사례를 들어주실 수 있을까요?

자신에게 도움이 되었던 명상, 그리고 명상을 다른 사람에게

지도하고 나서 그 사람이 변화하는 모습 같은 것 말입니다. 명상은

매우 실용적인 방법이기 때문에 여러 객관적인 연구도 있지만,

실제 어떤 도움이 되었는지도 사례를 통해 알고 싶습니다.

장현갑   저에게 1997년은 끔찍한 한 해였습니다. 교통사고로 아내와 자식을 잃고, 스스로도 끊임없는 재활의 고통 속에 몸부림치던 한 해, 그간 공부하고 수행해왔던 명상적 순간들을 이어나가며 스스로를 끝없이 알아차리고 갈고닦아냈습니다. 그전까지 명상을 공부하는 길을 걷지 않았다면 그 순간에 저는 무너졌을 것이라 확신합니다. 고통을 온전히 나의 것으로 받아들이는 과정은 뼈를 깎는 듯했지만 저를 무너뜨리지 않았습니다. 그저 있는 그대로의 순간순간을 재활을 위해 최선을 다했으며, 그 과정 속에서도 제가 번역했던 존 카밧진의 저서 《마음챙김 명상과 자기치유 Full Catastrophe living》를 마음으로 다시 새겼습니다. 재활에 성공하고 복직을 한 후에는 이런 프로그램을 더 많은 고통받는 사람들과 공유하겠다는 일념하에 달렸습니다. 2004년부터 2008년까지 환자 치료에 직접 활용하여 성과를 보았고, 교사들을 대상으로 한 프로그램에서는 누적하여 총 1,400여 분을 모셔서 함께 했습니다.

우리 모두는 고통스러운 시대에 살고 있습니다. 그리고 그 고통을 누구도 해결해줄 수 없을 것이라는 절망 속에 쉽사리 빠지기도 합니다. 명상은 이제는 사회적 명상이 되어야 합니다. 병원, 심리 및 상담 센터뿐 아니라 기업이나 학교에서 적극적으로 활용되어야 할 것입니다. 고통받는 내담자와 환자뿐만 아니라 일상을 살아가는 수많은 사람들이 함께 누릴 수 있었으면 합니다.

조현주　　　　우울, 불안, 자기 비난이 있는 대학생들에게 명상을 기반한 심리치료 프로그램들은 각각의 증상을 개선하고 심리적 안녕감을 주는 데 효과적이었습니다. 그리고 개인 상담을 할 때 충격적 사건을 다루면서 내담자가 정서적으로 과각성되었을 때 들숨과 날숨에 집중하게 하여 이완을 유도하기도 합니다. 또한 자기비난과 수치심이 심한 내담자들에게 자비심을 확장하는 훈련은 자신을 존중하고 심리적 안녕감을 느끼는 데 탁월한 효과가 있습니다.

　　　　개인적으로 도움이 되는 명상은 호흡 명상, 정좌 명상(위빠사나 명상), 걷기 명상, 자비 명상으로, 일상에서 틈틈이 활용하려고 의도적으로 노력하기도 합니다. 명상하면서 도움이 되는 것은 내 마음의 작용을 더 선명하게 이해하는 것이고, 그러면서 다른 사람의 마음도 더 잘 보이고 알아차리게 된 것입니다. 그래서 전보다 말과 행동에 조금 더 신중을 기하게 되기도 합니다. 그러나 바쁜 일상생활에 묻히다보면, 그런 알아차림이 둔해지기도 하고 무시하게 되기도 하죠. 현대인들이 일 중심으로 살아가다 보면 늘 깨어 있는 자세로 산다는 것은 쉽지 않은 것 같습니다. 그러나 틈틈이 일상에서 알아차림을 늘려 나가는 것이 명상의 유익한 효과를 얻는 것이라 생각합니다.

이봉건　　사람의 일을 정무(正務)와 급무(急務)로 구분하여, 정무는 살아가는 데 가장 중요하고 꼭 해야 할 일이고 급무는 살아가는 데 당장 급히 필요한 직업 같은 일이라는 말을 들었습니다. 즉 돈을 벌어서 먹고사는 일을 해결하면서 심신 수련 같은 인생의 정무도 함께 할 수 있는 일이면 참 좋겠다는 생각이 들었습니다. 이래서 자신의 심신단련을 기반으로 하는 직업을 가졌으면 하고 바랐습니다.

심신 단련을 통해 기혈소통이 되니 자신의 몸과 마음이 건강해지고 웬만한 병에 걸리지 않으면서, 집중력과 통찰력, 아이디어가 올라오니 이를 써서 급무를 수행하면 남에게도 도움이 되고 소정의 수입도 발생하니 참으로 의미 있는 활동이라고 하지 않을 수 없겠습니다. 명상은 나의 건강뿐 아니라 나의 삶을 책임지고 있지요.

전진수　　심리상담센터에서의 과정을 보게 되면 기본이 상담이 위주고, 명상을 절충적인 기법으로 다양하게 활용하고 있습니다. 명상을 처음부터 하지는 않습니다. 센터에 온 내담자에게 명상을 바로 설명하고 이를 따라 하라고 하면 도리어 이상하게 생각하기도 합니다. 그래서 치료적 동맹 관계를 확실하게 만들고 나서, 불안할 때 호흡 집중, 감각이나 정서의 알아차림, 정서를 컨트롤하는 생각 다루기를 해 봅니다. 명상과 심리치료가 결합된 ACT나 MBCT 기법 등을 절충적으로 활용하고 있는데, 불면에는 바디스캔과 이완을 위한 호흡법을 자세하게 가르치게 됩니다. 이런 시간을 보내고 나면 명상을 일상에 적용할 범위가 넓어지게 되고, 자신의 생활 속에 녹아내리게 됩니다. 이른바 명상의 생활화죠. 이후에는 센터에서 다루고 있는 여러 문제, 우울이나 강박 같은 어려운 심리적 문제나 진로 문제, 가족 문제에 까지 그 영역에 맞춰서 확대해 나갈 수 있습니다.

조옥경　　　저 개인적으로는 지난 10년 동안 개인 수행이나 교육에 있어 많은 변화를 겪었고 성장도 했다고 생각합니다. 현재는 마음챙김이 주된 명상으로 소개되고 있지만 실제로 명상이 진전되기 위해서는 마음챙김 하나만으로는 부족한 것 같습니다. 마음챙김은 주의력의 심화 및 확신에 중점을 두는데, 우리의 삶에는 따뜻한 가슴과 열정적이고 에너지 넘치는 활력이 필요합니다. 그것을 위해서는 다른 명상법도 병행해야 한다고 생각합니다.

명상이 상담자들 자신에게도 굉장히 도움이 된다고 생각해요. 상담 관계가 가장 중요하잖아요. 제일 중요한 것이 신뢰. 그리고 내담자에 대한 공감인데, 내담자 마음의 입장에서 공감할 수 있어야 하잖아요. 상담자에게 두 가지 능력이 필요하다고 알려져 있는데요, 자기의 지식이라든가 욕망이라는 것을 가지고 판단하려고 하는 그런 마음을 내려놓아야 내담자 속으로 들어갈 수 있다는 거죠. 그러려면 자기 마음을 볼 수 있어야 해요. 저 사람을 만나면서 내 안에서 무슨 일이 일어나고 있구나. 알아차리고, 내려놓거나, 통찰이 올라오면 약간 제쳐놓고 상담에 임할 수 있는 능력이 필요합니다.

또 하나는 내담자의 마음을 들을 수 있어야 하잖아요. 현존한다고 하죠. 온전하게 사람하고 만나주는 것. 이런 능력을 키우려면 전이·역전이 문제라고 이야기를 하게 되는데, 예를 들어 이렇게 적용할 수 있겠죠. 주된 상담자로 들어갈 때 내 마음이 복잡하면 5분 정도 내 마음을 안정시키고, 떠나고 나서는 간단하게 자비 명상을 합니다. 이런 마음가짐으로 임하게 되었을 때 발생하는 치료적 관계, 가깝지도 멀지도 않은, 그럼에도 따뜻하게 내담자의 감정을 알아차리게 되고 내담자의 마음에 깊이 공감할 수 있어요. 이것이 바로 명상을 상담자가 직접 수행할 때의 효과라고 생각합니다.

이인실　　　　　개인적으로는 도움이 된 것이 확실하다고 생각합니다. 일단 마음챙김이라는 방공호를 하나 가지고 있다는 것만으로도 의미가 있다고 생각합니다. 내 안에 본성이자 미덕을 가지고 있다는 것을 아는 사람과 그렇지 못한 사람의 차이는 크니까요. 그리고 그 본성을 마음챙김을 통해 파악하고 조절할 수 있다는 점이 명상이 나에게 주는 가장 큰 도움이죠.

　　명상을 처음 공부할 때, 호흡 알아차림이나 바디스캔을 많이 공부하게 됩니다. 이 둘은 너무나 훌륭한 방법이에요. 최고의 이완과 집중을 동시에 가져다주는 바디스캔, 그리고 최고의 자기 조절력을 가져다주는 호흡 알아차림이자 정좌 명상이니까요. 그런데 프로그램에서 중요한 것은 MBSR 8주 프로그램 전체에 대하여 그 맥락을 이해하고 어떻게 명상을 일상에서도 접목시키는 것인가를 알려주는 것이 큰 의미가 있다고 생각합니다. 예를 들어 바디스캔을 하면서 그것을 우리 삶에서 만나는 일에도 대입할 수 있다는 것을 알려주는 것입니다. 저도 MBSR 프로그램을 운영하면서 왜 8주의 기간이 필요한가, 그 과정에서 무엇을 하고 있는지를 전체 맥락 가운데서 이해하게 만들고자 노력하고 있습니다.

육영숙 〈마음챙김과 심리복지〉 교양 교과목을 강의했을 때, 명상 실습 시간에 학생들이 고요하게 성성적적한 모습으로 깨어 앉아 명상에 몰입하는 모습을 보고 있을 때 저 역시 몰입이 잘 되어 명상 지도를 효과적으로 해낼 수 있었습니다. 그 수업에 참여했던 학생들이 학기 말 과제 발표를 통해 들어보거나 수강 후기를 보면, 막연했던 미래에 대한 불안감이 줄었고 심신의 안정감을 찾았으며 특히 자신의 꿈이나 진로를 명확하게 찾을 수 있다고 하더군요. 예를 들면, 컴퓨터공학과 학생인데 다른 전공을 혼자 생각해왔으나 부모님께 말씀드리지 못하고 한 해 두 해 학교를 그냥 다니고 있었는데, 마음챙김 후 용기 내어 상의 드리고 진로를 찾아간 경우가 있었어요. 그런데 그 학생은 중학교 때부터 잠잘 때 이유 없이 눈물이 나고 아파트 아래를 내려다보면서 떨어지는 생각을 하곤 했다더군요. 명상 시간을 통해 자신이 우울감이 매우 높았다는 것을 알아차리게 되었고, 일상의 소소한 감사를 찾았고, 명랑한 생활을 하게 되어 무척이나 기뻤고 보람을 느꼈습니다. 그 학생이 지난해 가을 결혼한다는 소식을 전해와 무척이나 반가웠습니다. 저는 명상으로의 입문을 안내했을 뿐인데, 학생들 스스로 자신의 삶에 잘 적용하여 긍정적으로 변화되어 가는 것을 볼 때 무척이나 고맙고, 오히려 제가 더 성장하는 경험을 하곤 합니다.

또한 지난 8월 중순 학생들과 봉사활동으로 생존하고 계시는 위안부 어르신을 찾아뵙고 마음챙김 요가 동작과 호흡 명상을 봉사해드린 바 있습니다. 한 어르신께서는 치매도 있으셨고, 무척 야위셨는데 만나 뵙자마자 그 당시의 충격, 고통, 전쟁 상황을 계속 말씀하셨고 현재 이 순간에는 잠시도 머물지 못하고 계셨습니다. 계속 과거의 말씀에 반복적으로 집중하시고, 금방 '어디서 왔지? 누구지?'라고 반복 질문을 하시는 어르신을 뵈면서 생각하고 갔던 모든 프로그램을 내려놓고, 매우 간단한 움직임, 즉 호흡을 관장하는 가슴과 복직근의 수축과 이완, 감정이 숨어있는 핵심 근육인 장요근인 고관절 움직임에 호흡을 연결하여 한두 개 동작을 시도해 드렸습니다. 처음에는 상체를 들어 올려드리고, 다리를 접어드려야 했는데 이내 곧 몸에 주의를 두셨고 어렵게 스스로 몇 차례 움직였으며, 호흡도 깊게 따라 하셨습니다. 그러자 곧 반복되던 말씀을 멈추셨고, 얼굴의 떨림이 가라앉더니 얼마 후 긴 한숨을 푹 쉬셨으며 안정된 평안하신 모습을 볼 수 있었습니다. 동작을 마치신 후 "휴… 마음이 편안하다."고 하셨고, "어? 나도 이렇게 움직일 수 있네?"하시는 모습을 보면서 신체에 주의를 차단하고 계셨던 것을 알 수 있었습니다. 그런데 이내 곧 마음의 흥이 나서는 함께 아리랑을 부르고 춤을 추자고 권하셔서 함께 했던 기억이 납니다. 꼼짝 안 하신다는 어르신께서 춤을 다 추셨습니다. 짧은 만남의 시간으로 다시 또 뵙기가 쉽지 않다는 현실에 아쉬웠지만, 위안부 어르신께서 몸동작과 호흡에 마음챙김할 수 있는, 그래서 마음의 평안을 잠시라도 느끼게 해 드렸던 것이 이내 가슴에 남습니다.

김경의   처음 명상에 입문했을 때, 함께 참여했던 건강심리 전문가들과 나눈 이야기 중 하나는 "우리가 노후보험 하나를 확실하게 들은 것 같다!"였습니다. 그 당시 제 나이는 비교적 젊은 30대였음에도 명상이 저한테 전하는 강한 매력이 있었다는 말이에요. 그 이전에는 막연하고 비과학적이고 신비로운 것으로만 알았던 명상이 기초교육 이후, 다르게 각인되었던 것입니다. 이에, '스트레스를 줄이는 과학적인 방법으로서 명상을 활용해볼 수 있겠다!'는 생각이 들었습니다. 그것도 스스로 혼자 해결해볼 수 있다는 것이 큰 매력이었습니다. 임상가들이 치료에서 자기분석이 필요할 때 다른 치료자에게 받게 되지만, 명상은 치료자 스스로 탐색과 통찰을 통한 성장이 가능하다는 이점이 있습니다.

명상을 통해 저는 스스로의 문제에 대한 알아차림

이 빨라졌고, 환자에게도 문제 이해나 통찰을 얻도록 하는 데 손쉬워진 면을 느꼈습니다. 또 심리치료에서 통찰을 위한 시간적 노력이 많이 드는 편인데, 마음챙김을 통해서는 손쉽게 그리고 빠르게 접근이 가능하기도 했고요. 마음챙김 명상은 개인적인 일상생활의 스트레스 관리뿐만 아니라, 치료자로서 환자를 위한 스트레스 감소와 웰빙을 위한 접근에 많은 도움을 주고 있습니다.

무엇보다 제가 30대에 접했던 '마음챙김 명상'은 제 나이와 함께 10여 년이 흘러 중년이 되었고, 이제 장년을 준비하고 맞이해야 하는 시점에서 생각해보면, 처음에 들었던 명상 노후보험을 지금 '조금씩 타고 있는' 것 같아요. 제 주변에는 지금 여러 가지 일들이 복합적으로 일어나고 있는데, 그 안에서 명상을 통해 스트레스를 있는 그대로 바라볼 수 있고, 힘든 것을 알아차리고 인정하며, 건설적인 방향으로 내려놓기를 하는 저의 모습을 알아차리는 등 상위인지적인 알아차림을 하고 있습니다. 애쓰지 않고 인내하면서 힘듦의 실체를 있는 그대로 바라보다 보면 없어지는 것을 확인하면서 수용을 생활화하는 심적 평안함과 함께 할 수 있을 뿐 아니라 몸의 건강에도 부담을 덜 주게 되어 잘 지낼 수 있는 것 같습니다.

정선용

환자들도 이전에는 "명상을 왜 하나, 그냥 치료를 받고 싶다."라고 말씀하시는 분이 많았다면, 요즘에는 다른 질병을 치료하기 위해 타과에 입원해 있으면서도 명상을 통한 심신 치유를 희망하는 분들이 계셔서 의뢰를 받아 함께 명상을 진행하고 있습니다. 실제로 단체 명상을 오후 5시마다 진행하는데, 한 병실에서 여러 환자가 우르르 오는 경우가 많습니다. 옆 사람이 명상을 지도받고, 스스로 적용해서 효과를 보는 것을 직접 목격하고 덩달아 배워보고 싶다고 생각하는 것이죠. 결국 명상을 한 사람 두 사람 실천하게 되면서 스스로가 변화하는 것을 보여주고, 그 모습을 본 사람들이 또 명상을 배우고 싶어 하거나 긍정적인 이미지를 가지게 된 것이 아닐까 싶습니다.

환자에게 적용되는 전형적인 사례를 조금 더 구체적으로 말씀드리면, 통증 환자 가운데 안면 마비 통증이나 두통을 앓고 있는 분들이 바디스캔을 통해 통증이 변화하고 때로는 줄어드는 모습을 보게 됩니다. 암 환자가 밥을 먹지 못하다가 먹기 명상을 통해 식욕을 회복하는 모습은 매우 의미가 있기도 하고요. 그동안 입안이 까칠까칠하고, 또 조금만 먹으려고 하여도 메슥거렸던 분이 먹기 명상을 하면서 입에 침이 돌고, 음식을 자연스럽게 넘기는 모습을 볼 수 있습니다.

이화순　　　　명상을 처음 시작할 때는 특수교육 대상 학생들에게 실시했습니다. 5분도 차분하게 제 자리에 앉아 있지 못하던 아이들이 차츰 변화되는 모습을 보았을 때, 명상 수련이 우리 몸을, 마음을 어떻게 변화하게 하는지에 대해 새롭게 바라보는 계기가 되었습니다. 명상은 장애인들에게는 정말 필요합니다. 자기 조절 능력을 키우는 것은 그다음 교육으로 넘어가기 전에 가져야 할 기본 능력이니까요.

　　이제 나이가 들면 들수록 내가 지금까지 공부한 것 중 나의 노후에 가장 도움이 되는 공부가 바로 명상 공부라는 생각이 듭니다. 명상은 나를 자연의 일부임을 알게 해 주었습니다. 나는 아무것도 아니면서 또한 우주의 전부라는 것을요. 예를 들면, '아프면 아프구나, 슬프면 슬프구나, 마음이 괴로우면 괴롭구나…' 이것이 바로 자연이라고 받아들이게 되었습니다. 우리 인간은 자연의 일부라는 것을 명상을 통해서 알았습니다. 삶 자체가 바로 명상이라는 것을. 명상 수련은 바로 사는, 잘 사는 방식을 알려 주는 것이 아닐까 싶습니다. 이것은 다시 말하면, 잘 살다가 잘 늙고 잘 죽는 방법이 되기도 합니다.

김완석　　　　개인적으로 본다면 혼자 있는 것을 어렵지 않게 만들어 주었습니다. 원래는 혼자 있는 것이 너무 힘들었어요. 그래서 괜히 나가서 커피숍 같은 곳이라도 갈 정도고, 일을 끊임없이 함으로써 자신의 불안을 메꾸려 했던 것 같습니다. 명상은 이런 현상을 해결해 주었고, 지금은 혼자서도 불안 없이 잘 보낼 수 있습니다. 또 요가를 통해 신체 건강에도 큰 도움이 되었습니다. 통풍 같은 질병도 잘 조절을 할 수 있었고요. 지금도 정좌보다는 하타 요가를 꾸준히 하고 있는데, 아침에 일어나면 30분 정도를 수행하고 나면 건강한 아침을 맞이할 수 있습니다. 명상의 효과는 매우 다양해서 객관적으로 무엇일까 생각해 보았는데, 자기 이해, 내면 탐색보다는 일단 자기 조절력이 확실히 좋아지는 것 같습니다. 자기 상태를 알아서 결국 조절에까지 이를 수 있는 거죠. 그래서 명상 과목도 〈마음챙김과 자기 조절〉로 개설하였습니다.

　　　　명상의 영역이 넓어져 가고 있습니다. 명상센터에서 벌어지고 있는 것을 보아도 이전에는 명상이 명상을 연구하고, 명상을 활용하는 사람들이 주로 명상센터에서 강의를 들었는데, 이제는 자신에게 직접 도움이 되는 것을 찾고, 또 수련하는 사람들이 강의를 듣습니다. 주목할 점은 특히 젊은 사람들이 명상에 참여하는데, 이들은 유료 명상 앱에 기꺼이 비용을 지불합니다. 명상이 그저 공짜로 하는 취미가 아닌 자신에게 직접 도움이 되는 것으로 인정받고 있다는 것을 알 수 있습니다.

김종우   10년도 지난 때에 힐링캠프 시간에 늘 명상을 적용하였습니다. 힐링캠프는 병원이 아닌 자연에서 질병을 예방하고 치료하자는 것을 모토로 삼았습니다. 지금은 한곳에 머무는 캠프를 넘어 여행을 다니면서 건강 관리를 하는 모임으로 발전을 하였습니다. 이때 명상은 자신을 찬찬히 돌아보고, 건강하지 못한 마음, 식사, 수면, 행동 습관 등을 교정하는 작업을 진행할 때 꼭 필요하였습니다. 바로 알아차림이라는 것이 중요하기 때문입니다. 자신의 모습을 실시간으로 알아차림하는 것은 건강 관리의 핵심입니다. 힘들 때 힘들어하고, 또 회복을 할 때는 어려움을 딛고자 하는 의도를 가지고 더 열심히 하는 모습이 명상에서 추구하는 모습입니다. 이렇게 명상을 배우고 나면 일상생활을 잘 할 수 있습니다. 마치 연기자가 그 상황에 몰입하듯 자신의 삶에서 완전히 몰입하면서 살아갈 수 있지요. 밥은 맛있게 먹고, 일은 열심히 하고, 쉴 때는 완전한 이완 상태를 만들고 하는 것이 가능하죠.

사회자	명상의 효능에 대한 다양한 사례를 들어보았습니다.

명상에 대하여는 사례 중심 연구가 필요한 것 같습니다.

사실 명상을 통해서 건강이 회복되고, 또 삶이 행복해졌다는 이야기는 많이 듣습니다. 그렇지만 집단에 대한, 과학적 연구를 통한 자료에서는 그 효과를 제대로 밝히기 어려운 경우가 많은 것 같습니다. 아무래도 명상은 자발적으로 명상을 수행한 사람에게 더 효과적인 것 같고, 이러한 사람의 특성 역시 매우 중요한 연구 주제가 될 수 있다고 생각합니다.

명상을 꾸준하게 실천을 하고 있으신데, 지난 10년간 명상은 어떻게 변화를 하였는지도 궁금합니다. 자신의 분야에서 혹은 사회적 시선에서 어떤 변화가 있었는지요?

지난 10년간 명상은
어떻게 변화하였는가?

사회자 10년이라는 세월 동안, 명상을 같이 할 수 있어서 좋았습니다.

처음 모임을 할 때와는 달리 이제 명상을 한다면 깨어있는

사람, 앞서가는 사람으로 평가를 받고 있는데, 10년 전만 해도

비과학적인 인물, 산속으로 들어갈 사람 등으로 평가를 받기도

했지요. 한국 사회에서의 명상의 변화 10년을 어떻게 보고 있는지

궁금합니다.

장현갑　　　　1986년, 존 카밧진의 스승인 숭산 스님을 미국에서 뵐 기회가 있었습니다. 미국에 대한 인상을 물으시는 스님께 그때의 저는 "물질 위주의 서양 문명은 정신 위주의 동양 문명을 적절히 섭취하여 융합함으로써 새로운 패러다임의 인본적인 문명으로 태어나야 할 것"이라고 역설하였고, 숭산 스님은 미소로써 화답하였습니다.

30년이 흘렀습니다. 서양 사람들이 명상에 열광하고 있습니다. 임상의료 분야, 학교 장면, 산업체 장면뿐 아니라 군대에서도 MBSR이 급속하게 보급되고 있고, 최근에는 마약성 진통제에 대한 대안적 통증 조절기전을 찾기 위해서도 명상의 효과가 거론되고 있습니다. 이렇게 명상이 급속하게 사람들의 머릿속에 각인되고 있는 것은 뇌과학, 스트레스 이론으로 명상의 기전이 이해하기 쉽게 연구되고 홍보되고 있기 때문이라 생각합니다. 이렇게 명상을 과학적으로 이해하려는 노력이 필요한 것입니다. 명상이 효과 있다는 것에 그치지 않고, 그 효과의 기전에 대한 설명이 높아지면서 명상은 사회적으로 받아들여지게 된 것입니다.

결국 명상이 직접적으로 필요한 사람, 예를 들어 심리적 외상을 입은 사람, 군대에서도, 통증이 있는 환자 혹은 암을 극복하고 있는 사람들이 직접적으로 명상의 도움을 받으면서 더욱 실증적 효능을 확인하고 또 더 많은 사람들을 명상의 길로 인도해냅니다. 한국 사회의 명상은 한국명상학회가 그 일을 함께 해왔다고 생각합니다. 이제는 명상이 펼쳐질 시대가 되었습니다. 더 많은 연구자, 수행자, 지도자가 함께 손을 맞잡고 나아가야 할 때라고 생각합니다.

김완석　　　명상 자체에 대한 사회적 관심은 많은 변화를 가져왔습니다. 대기업에서도 명상을 직원을 위한 건강 관리 프로그램으로 만들어 진행을 하고 있는 것을 보면 알 수 있습니다. 카이스트 명상과학연구소 같은 것도 의미 있습니다. 카이스트에서 연구소를 만드니 매스컴에서 크게 다루었습니다. 과학을 다루고 있는 카이스트에서 명상 연구소를 만드는 것이 사회의 통념을 깨는 데 큰 역할을 했다고 봅니다. 이와 같이 매스컴에서도 많이 다루고 있고, 이것이 곧 탈 종교적 이미지도 가질 수 있어서 명상에 대한 이미지는 많이 좋아지고 있는 것 같습니다. 그렇지만 기업이 명상을 도입하는 것에 대하여 생각해 볼 거리가 있습니다. 기업이 명상을 하는 목적을 단지 직원들이 짧은 시간의 휴식에 취하는 방법으로 한정시키지 않았으면 합니다. 미국의 실리콘밸리 기업들이 명상을 프로그램으로 운영하는 이유는 개인이 가지고 있는 자율성을 키우는 것이 도리어 생산성에도 기여를 하고 있다는 판단에서 입니다. 우리 사회에서 자기 주도적, 자기 조절적, 자율성을 키우는 사회가 된다면 큰 변화를 가져올 수 있다고 봅니다. 당장 제조업 분야에서는 힘들겠지만, IT 산업 분야에서는 이러한 방향이 필요하다고 봅니다.

명상은 인간이 가지고 있는 타고난 동물적 본성을 극복하는 데 목적이 있습니다. 이는 쾌락주의의 극복이라고 생각을 하는데, 인간을 인간답게 하는 것이 명상이 추구하는 가치입니다. 사실 이에 반대가 되는 것이 상업적이라고 할 수 있습니다. 광고가 대표적인 예죠. 광고는 쾌락주의를 추구하고 있는데, 명상은 완전히 빈대의 관점이라서 서로가 충돌됩니다. 그래서 미래가 희망적이기도 하고 우려되기도 합니다.

정애자 _____ 10년이 지나고 많이 바뀌기는 했습니다. 우리 한국명상학회의 영향이라고 보진 않아요. 매스컴에서 과학적 명상이니 생로병사니 여러 가지로 보도됐고 세계적인 추세가 그렇게 돌아갔죠. 오프라 윈프리 등 유명한 사람들이 명상을 한다고 하니까 종교적인 명상이 아닐지도 모른다는 생각으로 연결돼서 사람들의 인식이 바뀐 것이 아닌가 싶습니다.

'명상은 동양사람들이 더 거부감 없이 잘하지 않느

냐.'라는 견해들이 보통 있는데 저는 그 반대일 수 있다고 생각합니다. 명상은 흔하게 우리가 말하는 참선(Zen)하고는 좀 다르잖아요. 서양은 명상(Meditation)이라는 것을 잘 모르기 때문에 호기심으로 접하면서 오히려 정통으로 들어갈 수 있을 것 같아요. 우리는 불교에서 참선, 간화선이라는 사마타(Samata)가 있기 때문에, 거기에 고정관념을 가지고 있어서 오히려 마음챙김이 어려울 수 있는 겁니다. 그래도 그나마 명상을 주도하는 팀들이 과학적 명상을 들고 나오니까 조금 나아졌다고는 생각하지만 아직도 명상에 대하여 많은 사람들이 '불교 수행'부터 생각하잖아요. 오히려 서양보다는 우리가 훨씬 어려운 것 같기도 합니다.

그만큼 한국명상학회의 노력이 더 필요한 겁니다. 명상의 과학화와 대중화를 위해서는 명상에 대한 연구 결과들을 많이 만들어낼 수 있어야 합니다. 학회에서 그런 역할을 해야 한다고 봅니다.

조옥경   단적인 이야기를 해볼게요. 그 전에는 명상한다고 하면 이상하게 봤어요. 그런데 5년 전인가 제가 아주대학교 논문심사를 하게 돼서 논문이 배달왔어요. 그런데 택배 기사님이 저보고 "명상하십니까?" 묻더라고요. 그러면서 본인도 해보고 싶다고 하는 거예요. 그 앞에 문패에 명상센터라고 써진 걸 보고 저한테 묻는 거였죠.

이제는 어린이들을 데리고 명상을 지도해 보면 당장 부모님들이 옛날에는 아이 뭐 그런 걸 하냐고 했는데, 요즘에는 "그렇게 좋은 것이라면서요." 하고 반응합니다. 명상이라는 것이 한때 유행처럼 지나가기도 쉬운데, 교육 현장에 정착되는 것이 더 중요할 것 같습니다. 기업 환경은 워낙 변화가 빠르니까 흐름이 달라지는 것은 어쩔 수 없습니다. 그런 면에서 제가 가장 힘을 쓰고 있는 분야는 교육인데, 그렇게 되면 한때의 유행이 아니라 좀 더 오래가고 인류 의식의 고양에도 도움이 되지 않을까 싶습니다.

조용래 ———— 마음챙김 명상이 국내 연구자와 교육자, 임상가들에게 본격적으로 소개되기 시작한 2000년대 초반에는 명상이나 마음챙김에 관심을 보이면 과학적인 심리학자들이 비과학적인, 신비주의적인 길로 잘못 들어서는 것으로 일부에서 오해했던 적이 있었습니다. 이와 함께, 그러한 관심을 공개적으로 표방하는 것을 꺼려하는 분위기가 있었던 것도 사실이죠. 하지만 10여 년 이상 경과한 최근에는 심리치료, 적어도 인지행동치료에 관심 있는 심리학자나 정신과 의사들 중에서 마음챙김 명상을 모르는 사람은 거의 없을 정도가 되었어요. 그만큼

인지행동치료 분야에서 주류를 형성하였고 마음챙김 명상의 과학성과 효능에 대한 긍정적인 인식이 크게 증가했다고 생각합니다.

조현주　　　　10년 전 해외에서는 심리치료에 명상을 활용하는 연구가 증가하고 있었지만, 국내에서는 명상이 비과학적이라는 이유로 주목받지 못하였습니다. 앞에서 말씀드렸듯이 임상심리 수련은 과학자 실천가의 모델을 기반으로 학생들을 지도하기 때문에 여러 연구에서 반복 검증된 인지행동치료가 주류를 이루었습니다. 따라서 임상심리학자가 명상에 관심 있다고 하면 어느 사이 비주류에 속하는 분위기였습니다. 그러나 이후 수용전념치료(ACT) 창시자며 행동주의를 강조하는 스티븐 헤이즈가 마음챙김 기반 치료들을 제3의 인지행동치료라고 언급하고 이와 관련한 연구들이 축적, 보고, 확장되면서 마음챙김 기반 심리치료는 앞서가는 심리치료로 등극하게 되었습니다. 앞으로도 10년간 한국 사회는 심리치료 영역에서 보다 적극적으로 명상을 활용하는 방법이 나오리라 생각합니다. 그 외 심리치료 이론들 예컨대 알아차림을 강조하는 게슈탈트 심리치료 이론에서도 명상을 적극적으로 도입하여 발전시키고 있는 것으로 알고 있습니다.

박성현　　　큰 흐름으로 보면 우리 인류의 의식이 조금 더 상
승하고 있다고 생각합니다. 특히 한국사회를 보면, 먹고
살기 바쁜 시대였다가, 어느 정도 생계를 유지할만하니
까 다른 사회적 욕구들이 나오잖아요. 맞는 말인지는 모
르겠지만 1인당 국민 소득이 2만 불 정도 되면 심리학의
시대, 3만 불이 넘으면 영성의 시대가 열린다고 합니다.
이때부터는 더 깊은 나의 존재의 의미를 추구하게 된다
고 합니다.

　　　인간이라는 것이 우선은 먹고 살아야 합니다. 매슬
로의 욕구 단계에서처럼 말이죠. 그래서 먹고사는 것이
충족되고 나니깐 그 다음 단계가 도래한 것이 아닐까 싶
어요. 요즘 서점에 가면 심리학 도서들, 명상과 관련된
도서들이 어마어마하게 쏟아져 나오는데, 이런 것이 세
련된 취미일 수도 있지만, 우리 사회가 어느 정도 발전
해 나가면서 잠재되어 있던 가장 깊은 인간적인 부족 현
실에 대한 해답을 구하는 것일 수도 있습니다. 즉, 우리
사회의 구성원들이 이제 '나는 누구인가'에 대한 답을 요
구하고 있는 거죠. 심리적 결핍, 실존적 결핍에 대한 답
을 주는 것이 한편으로는 심리학이고, 한편은 명상이라
고 봐요.

　　　그런데 문제는 이런 명상을 포함한 영성적 수행 방
법들에는 양날의 칼이 있습니다. 인간을 확 끌어올릴 수

도 있지만, 이 현실세계에서의 유리된 의식세계의 문제점을 부각할 수도 있습니다. 명상을 하다가 문제가 되어서 상담을 요청하는 사람들도 있습니다. 부작용을 많이 생각하고 또 그런 것을 잘 관리해 줄 수 있는 것이 심리학이라고 생각해요. 저는 명상이 과학을 만난 것이 아주 좋은 관계라고 생각해요. 명상은 동양에서 발전시킨 영성이라면 과학은 서양에서 발전시키는 영성적인 것이라고 생각해요. 둘 다 있는 그대로 보고 직시하는 것은 중요한 거죠. 둘 다 신화에서 벗어나서 현실을 보게 하는 것입니다.

윤병수　　　10년이면 강산도 변한다는 말이 있지요. 되돌아보면 지난 10년 동안 명상 관련 연구 논문의 수가 많이 늘어났고, 일반인들의 태도 또한 많이 바뀌었습니다. 특히 큰 변화를 느끼는 부분은 기업과 의학계의 태도라고 생각합니다. 제가 처음 명상치유전문가협의회에 참가한 지 올해로 10년이 됩니다. 그 당시 명상의 필요성에 대해 주위 사람들에게나 강의 듣는 대학생들에게 이야기를 하면 반신반의하는 모습들을 많이 보였었지요. 그 당시 장현갑 교수님께서 K-MBSR의 정착을 위해 많이 노력을 하실 때였습니다. 그러한 결과인지 2011년부터 명상에 대한 언론계에서도 관심을 보이기 시작을 했는데 특히 KBS 스페셜 다큐 〈대장경 천년특집 다르마〉 4부작이 방영되었고 그 이후 명상 관련 방송들이 나오기 시작했습니다. 이러한 사회적 분위기가 명상에 대한 태도를 많이 바꿔놓았다고 생각합니다. 10년 전의 경우 기업체에서도 큰 관심이 없었고 의료계에서도 마찬가지였습니다. 하지만 2013년쯤에 기업들도 명상에 관심을 갖기 시작하여 지금은 큰 대기업의 경우 명상 교육을 위한 수련원들을 마련하고 있고 의학계에서도 대한명상의학회가 만들어지고 특히 암센터에서는 명상 교육들이 수행되고 있는 것을 볼 때 많은 변화를 느낄 수가 있습니다. 명상이 많이 알려지고 명상 실천가들이 많이 나오는 것이 바람직하고 권장될 만합니다만 한편 명상에 대한 관심이 높아짐에 따라 다양한 단체에서 명상 관련 교육 및 지도자 과정들을 지나치게 많이 내어놓고 있어 명상의 상업화에 대한 염려가 있는 것도 사실입니다.

전진수   2012년 명상이 블루오션이라고 소개가 많이 되면서, 도리어 상업적으로 흘러가고 있지는 않나 하는 생각이 듭니다. 한국에서의 명상 연구는 미국에서의 연구를 리뷰하면서 공부하는 정도로 그치고, 자기 연구가 부족한 면이 있습니다. 연구에 있어서 자기 보고식 설문지에 한정된 연구가 있다는 아쉬움이라고 할까요. 한국에서의 명상 연구 가운데 척도 개발에 대한 연구가 많은 것이 단적인 예라고 할 수 있죠. 물론 인간의 마음을 측정한다는 것이 분명 어렵습니다. 심리학에서도 이를 다루는 심리 척도가 많지요. 그 가운데도 아직 명상과 관련된 척도가 많지는 않기 때문에 이에 대한 노력은 분명 필요합니다. 다만, 연구가 조금 더 다양해지고 깊어지길 바랍니다.

이봉건   지난 10년간 명상이 언론 매체에 많이 소개되고, 개인적인 관심도 사회적으로 높아졌다고 생각해요. 요새는 지인들도 힐링 명상에 대해 많이 거론하고 그 수행 필요성에 대해서 언급하니 말이죠. 그러나 저의 개인적인 소견으로는 그러한 변화에도 불구하고 동아시아지방의 전통 심신수련법으로써의 명상이 제대로 충실하게 소개되지 못하여 그 효과를 많은 이들이 보지 못하고 있다고 생각합니다.

서양의 접근 방식은 경험적 자료를 중시하여 증거를 제시하여 설득력을 높인 것이 장점이라고 하겠지만, 내면의 경험적이고 심층적인 오묘함은 그 과정에서 서양학자들이 동양 수련자에게서 제대로 전수받지 못하거나 충실히 이해하기 어려워서 빠진 듯합니다. 이를테면 조식법이라는 동아시아 전래의 호흡 수련법은 비전의 전통으로 동아시아 지역의 산속에서 전해 내려온 것으로써, 서구에서는 그다지 중요하게 생각하지 않습니다.

이제는 경험적 심리학의 장점인 조작적 정의의 정신을 최대한 살려서 동양 비전의 전통을 가급적 객관화시켜서 널리 보급하고 그 효과를 개인적으로 체험하고 자료로써 검증해야 한다고 생각합니다.

사회자 명상의 변화는 우리 한국명상학회의 변화와도 맥을 같이하고 있는 것 같습니다. 주로 연구자나 지도자 위주로 학회가 운영되었다면, 이제는 실제 명상을 수행하고자 하는 사람들의 요구가 많아지고 있는 것 같고요.

명상이 분명히 사회에 큰 영향을 미치고는 있지만, 명상 연구에 있어서는 아직 한계가 많이 보이고 있습니다.

서구에서는 효과 검증을 넘어 명상의 기전을 밝히는 연구, 즉 뇌의 기전 연구도 수행하고 있는데, 한국에서의 명상 연구는 어느 정도인지 또 그 특징은 무엇인지 알고 싶습니다.

명상 연구는
어떻게 하는가?

사회자   명상 연구에 대하여는 한 번 짚어 보아야 할 것 같습니다.

미국에서는 요즘 한창 뇌과학과 연관하여 명상을 연구하고

있습니다. 명상의 효능에 대하여 이제는 별로 논할 필요가 없다는

것이죠. 이제는 명상의 효능에 대한 기전 연구에 집중하고 있는

것 같습니다. 그러나 한국에서의 명상 연구는 명상 프로그램의

개발과 이에 대한 효과 연구, 명상 척도의 개발 등 한국 현실에

맞춘 연구가 진행되고 있는 것으로 알고 있습니다.

한국에서의 명상 연구가 어느 단계까지 도달했고, 어떤 연구가

있는지 알고 싶습니다.

박성현　　　　지금 서울불교대학원대학교 상담심리학과, 자아초
월상담학전공으로 연구를 하고 있습니다. 현재의 연구
는 '어떻게 명상과 상담을 잘 결합시킬 것인가?'입니다.
상담이나 심리치료는 서양적인 배경, 명상은 동양적 수
행전통이기 때문에 그 두 가지를 융합하는 것을 목표로
하고 있습니다. 구체적으로는 위빠사나, 간화선, 자비
명상 연구를 했고 이를 바탕으로 질적연구 양적연구를
진행하고 있습니다. 주로 측정도구를 중심으로 해서 마
음챙김이라고 하는 속성이 다른 인간의 행동, 심리적 부
분, 병인들과 어떤 관련이 있는지 연구 중입니다.

　　　　명상과 심리치료의 공통점은 개인의 내적 변화를
통해 고통을 극복하려 한다는 것입니다. 명상은 신체의
이완, 과도한 정서 반응 없이 통증을 경험하는 탈민감
화, 감정에 대한 강박적 집착으로부터의 벗어남, 외부자
극을 있는 그대로 수용할 수 있는 수용 능력 강화 등을
이끌어내는 데 강점이 있습니다. 이것은 정신 건강에 도
움이 되는 명상의 치료적 요소들이기도 합니다. 그렇기
때문에 명상에 기초한 심리치료는 과학적 방법론과 종
교적 수행의 접목, 몸과 마음의 연결성 강조하기, 긍정
적인 마음의 힘에 대한 관심 그리고 자기초월적 의식 확
장 등을 이끌어낼 수 있어야 합니다.

이인실　　　　　연구를 한다고 말하기도 어려운 실정입니다. 그저 세계적인 최근 연구 동향을 살피고 업데이트하려고 노력하는 정도입니다. 명상 연구는 정말 비약적입니다. 뇌과학적 관점에서 명상을 연구하면서 그야말로 따라가기 어려울 정도로 많은 연구 결과가 쏟아져 나오고 있습니다. 이것을 우리나라에서 따라잡기는 아마 쉽지는 않을 것 같습니다. 최근 명상 연구들을 보면 뇌의 각 부위의 네트워크 연구가 주목됩니다. 아마도 명상이라는 것이 뇌 전체, 아니 몸과 마음 전체를 다루기 때문일 것입니다.

한국명상학회 고급 과정에서 마음챙김 수련의 기전에 대한 최근 결과를 살펴볼 기회가 있었습니다. 이것을 준비하고 또 강의를 하다보니, 명상 수련에도 긍정적인 마인드−셋 효과를 가져왔다고 생각합니다. 역시 이론적 배경에 대한 공부와 수련은 함께 따라가야 하지 않을까 생각합니다. 유튜브에 명상 가이드를 올리기 시작했는데, 다양한 명상 안내가 필요하다는 생각과 환자에게 권하기 위해서는 꼭 8주 프로그램에 참여하지 않더라도 쉽게 안내를 따라할 수 있도록 올리기 시작했죠. 연구도 중요하지만 이렇게 명상의 저변을 넓히는 것 역시 필요합니다.

조용래 ———— 저는 일반 대학생과 심리적 어려움을 겪고 있는 대학생, 지역 사회에 거주하는 일반 시민이나 자살 고위험군을 대상으로 마음챙김 및 마음챙김에 기반을 둔 개입에 관한 연구를 다수 진행하였습니다. 주요한 연구 주제들은 다음과 같습니다.

· 마음챙김 및 관련 구성 개념에 대한 척도의 타당화 연구
· 마음챙김에 기반을 둔 개입과 마음챙김 관련 처치의 효능과 작용기전 연구
· 심리적 건강을 예측하는 데 있어서 마음챙김 및 관련 변인들의 역할 연구

한국에서의 명상 연구 특징 가운데 척도 개발 및 타당화 연구는 주목할 만합니다. 한국인에 맞는 척도 개발과 타당화는 명상에 관한 연구 및 임상 실무를 진행하는 데 있어서 필수이기 때문이기도 하고 또 한국에서는 명상 연구를 심리학자들이 많이 하기 때문이기도 하죠. 마음챙김 명상은 넓은 분야에서 활용되고 있음을 확인할 수 있습니다. 주로 불안에 대하여 효과적인데, 공황장애, 발표불안, 외상 후 스트레스 장애 같은 문제입니다. 이러한 점은 인지행동치료에서 다루고 있는 분야와 매우 근접되어 있습니다. 서로가 융합되어 프로그램을 만들 수 있다는 이야기라고 할 수 있죠. 나아가, 최근

에는 스마트폰 중독 위험군을 대상으로 적용한 마음챙김 명상이 자기 조절 능력 향상에 기여하며, 이를 통하여 마음챙김 명상의 효과가 나타남을 입증하였습니다. 시대에 맞는 연구죠. 주목할 점은 자비 명상에 대한 연구입니다. 트라우마의 치료에 있어서 자기 자비의 중요성이 밝혀지고 있습니다.

조현주   거창하게 한국 명상 연구를 말씀드리기엔 식견이 짧고 제 연구 중심으로 말씀드리겠습니다. 저는 영남대학교 심리학과 교수로 재직하면서, 상담심리전공 대학원 학생들을 전문 상담가로 양성하기 위해 다양한 교육과 훈련을 지도하고 있습니다. 상담가가 되려면 먼저 상담자 자신이 건강해야 한다고 생각하기 때문에, 학업 외에 정신 건강을 단련할 수 있는 프로그램이 있어야 한다고 생각하고 프로그램을 개발하고자 했습니다. 약 7년 전 폴 길버트의 《자비중심치료 Compassion Focused Therapy》라는 책이 자비 마음을 매우 과학적으로 설명해 주는 것에 흥미를 느껴서 번역을 하게 되었습니다. 여기서 저자는 주로 자비 마음 훈련에 초점을 두고 있는데, 저의 명상 경험에 의하면 마음챙김 명상 훈련이 되지 않은 채 자비 마음을 훈련하는 것은 적절치 않다고 생각했죠. 따라서 이 이론에 기반하여 전반부는 마음챙김 명상 훈련을 그리고 후반부는 자비마음 훈련을 다른 심리치료적 요소와 더불어 마음챙김 자비 프로그램을 개발하였습니다. 그래서 이 프로그램을 우리 대학원생들뿐만 아니라 인근 초보 상담자들에게 실시하였더니 긍정적인 변화가 일어났습니다. 이처럼 초보 상담자의 자기성장을 돕기 위해 개발한 마음챙김 자비 프로그램(MLCP, Mindful Lovingkindness-Compassion Program)은 이후, 우울경향의 대학생, 사회불안의 대학생에게 적용하여 그 효과성을 검증하였습니다. 예컨대 MLCP를 우울경향 대학생들에게 실시하여 우울과 반추를 감소, 마음챙김, 자비 및 사회적 유대감이 증가하는 것으로 나타났고, 사회불안 대학생에게 MLCP를 실시하여 사회불안 증상뿐만 아니라 사회불안 관련 기제까지 낮추는 것으로 나타났고, 그리고 온라인 MLCP 프로그램까지 개발되어 동일한 효과를 확인하였습니다. 이 연구는 올해 박사논문으로 탄생하게 되었습니다. 이처럼 우리 대학원 상담 연구실에서는 MLCP로 다양한 정신 건강 위험군에 적용하여 그 효과성은 물론 치료적 기제를 밝히는 등 양적, 질적 연구를 통해 과학적으로 증명하는 데 주력하고 있습니다. 이러한 연구 결과는 우울, 불안 위험군에게 명상 기반 프로그램이 정신 건강 증진에 도움된다는 것을 의미하는 것이기도 하죠. 나아가 이들이 향후 정신

질환으로 발전하는 것을 예방하는 데도 도움이 되기를 희망합니다.

또한 저는 우리나라에서 타당화 된 크리스틴 네프 교수의 자기자비 척도가 동양의 자비 개념을 충분히 반영하지 못한다는 인식이 있었어요. 그래서 스님들을 인터뷰한 결과를 토대로 자비 척도를 개발하였습니다. 제가 개발한 자비 척도는 자애 요인, 연민 요인, 자기중심성 3요인의 15문항으로 구성되어, 간결하면서도 자비의 핵심 요인을 잘 반영하고 있다고 생각합니다. 이 논문은 영문으로 출판되었는데, 현재 중국, 터키, 필리핀(독일과 협동)에서 타당화 연구가 진행되고 있으며 이 중, 중국에서는 얼마 전 논문으로 작성한 뒤 제게 피드백을 요청하여서 준 경험이 있습니다. 이런 경험을 통해, 우리가 주로 서양의 학문의 의지하여 연구하다보니 서양보다 명상의 전통이 오래된 우리가 정작 우리의 가치를 모르고 스스로 연구개발에 소홀히 하지 않았나 생각이 들었습니다. 따라서 앞으로 한국에서 명상 연구는 우리나라에 소개되고 있는 전통적인 다양한 명상을 발굴하여 이를 프로그램으로 구조화하는 작업이라든가, 명상 수행의 개인차를 극복하기 위해 단계별 지도 프로그램을 개발하는 등의 연구를 진행해야 될 것으로 생각합니다.

학회에서 진행되는 논문 발표를 보면, 좋은 논문도 있지만, 아직 연구 디자인이나 방식에는 문제가 있다는 생각이 많이 듭니다. 명상에 대한 연구가 그만큼 어려울 수도 있고, 또 아직 명상을 학문적으로 접근하기에는 더 많은 노력이 필요하다는 것을 나타내기도 합니다.

저의 명상 연구 경험을 공유해 보려 합니다. 암 환자를 대상으로 하는 명상의 효과에 대한 연구로 〈K-MBSR이 암환자의 혈압, 심리적 증상 및 삶의 질에 미치는 영향〉으로 6주 프로그램을 진행하였습니다. 이 연구는 가정의학과, 심리학과, 그리고 저희 센터의 공동 연구였습니다. 유방암, 위암, 대장암 등 여러 암 환자분들이 참여를 했고 6주간의 프로그램으로 전후 비교를 하였습니다. 결과적으로 혈압을 떨어뜨리고, 강박과 불안의 심리 증상을 감소시키고, 또 삶의 질을 향상시켰습니다. K-MBSR이 다양한 명상 방법들을 프로그램화한 것이 때문에 개별 명상 방법의 효능과 기전을 밝힐 수는 없지만, 분명하게 의료적 적용의 가능성을 보인 것을 확인했습니다.

여러 연구 경험을 토대로 보면, 동기 부여가 명확한 경우에는 더욱 효과적입니다. 3주 정도를 지나고 나면 뚜렷하게 마음챙김의 변화를 확인할 수 있었습니다. 그리고 집단 역동이 좋아지는 것을 확인할 수 있는데,

명상은 참여에 대한 동기 부여가 중요하고, 특히 집단 프로그램의 경우에서 여러 사람들의 피드백이 동기 부여에 영향을 많이 줍니다. 물론 집단 프로그램에서도 어려움을 호소하는 경우도 있는데 이들에게는 별도의 개인 상담이 중요합니다.

김완석   집중 명상, 마음챙김 명상은 이미 서구에서 많이 연구되었습니다. 하지만 자비 명상 연구는 많지 않아서, 이를 중심으로 연구소에서 집중하고 있습니다. 물론 저희가 연구를 시작한 이후에 국외에서도 수백 편의 연구 결과들이 많이 나오는 것을 확인할 수 있었습니다. 결국 연구 인력의 문제입니다. 마음챙김 명상과 자비 명상에 대하여 비교를 한 번 해본다고 치죠. 마음챙김 명상은 참나다. 너무 이성적이죠. 합리적 의사 결정을 키우는 작업이기도 합니다. 이것이 도리어 사람을 비인간적, 기계적으로 만드는 것 같기도 하죠. 마음챙김이 리얼리티를 제대로 파악하는 것이라면 자비 명상은 리얼리티를 만들어 내는 작업입니다. 따뜻함을 만들어 내는 작업이고 개발하는 작업입니다. 명상의 목적이 궁극적인 행복에 이르는 것이라면 행복하고 더불어 사는 삶을 위해서는 자비 명상이 더욱 필요합니다. 그런 이유에서도 아주대학교 명상연구센터는 자애 명상과 자비심에 대한 연구를 활발하게 진행하고 있습니다.

자비 명상과 관련한 연구 가운데 수치심 관련 연구도 있습니다. 수치심이 높을수록 자기자비에 대한 저항감이 높고 몰입도가 떨어지기 때문에 자애 명상을 활용한 개입을 할 때는 자기 관련 이미지에서 시작하기보다는 긍정적인 타인의 이미지를 활용하는 것이 효과적일 수 있다는 연구 결과입니다. 자비 명상과 자비심뿐 아니라 마음챙김에 대한 연구도 꾸준히 진행하고 있는데, 신체 감각에 대한 알아차림 및 수용적 태도 등을 측정하는 척도(아주신체자각척도, K-MAIA)들을 타당화하였고, 만성 통증을 경험하는 노인에게 K-MBSR 프로그램을 시행하여 통증 감소에 효과적이고, 신체 감각에 대한 수용적 측면과 주의를 신체 감각으로 돌려 심리적 괴로움을 조절하는 감각 복귀에 효과적임을 보여주었습니다.

김경의　　　　　저는 마음챙김 명상을 접하면서 병원에서 적용할 수 있는 치료로 이해하고 시작을 하였고, 저 개인적 수행으로도 큰 도움을 얻었습니다. 병원에서 명상 프로그램을 진행하면서 사전사후평가를 통한 효과 검증을 기본 원칙으로 삼고 진행을 하고 있습니다. 지역 사회에 거주(복지관 내원)하는 우울증 노인들을 위한 마음챙김 명상을 진행하면서 인지와 정서적인 측면에 대한 효과를 검증하여 주의집중력, 기억력과 우울 및 불안의 변화를 확인해 보았습니다. 특히, 스트레스에 대한 역기능적 대처로 운동이나 술에 강박적으로 집착하는(지나친 운동기구 사용, 지나친 음주) 분들에게 그러한 생각과 충동이 있을 때 호흡(신체감각)에 집중하면서, 잠시 생각과 충동을 멈추고, 다른 집중 대상으로 주의를 옮기도록 했어요. 악순환의 생각과 행동의 연결 고리를 끊어 생각과 충동에 쉼표를 찍어주는 마음챙김 훈련과 교육을 통해 강박행동 횟수를 줄여 긴장 및 우울이 완화되는 것을 확인하였습니다.

또한 인지장애가 있는 노인 입원 환자분들의 기억 훈련 프로그램을 진행하면서 호흡 명상(수식관)과 먹기 명상(건포도, 뻥튀기, 귤 등)을 진행했습니다. 특정 대상에 대한 주의집중 명상 및 신체적 건강과 평안함에 대한 희망을 염원하는 바디스캔과 자애 명상을 응용하여 접목해 보면서 기억력, 인식 능력, 집행 기능 등의 인지 기능과 기억에 대한 효능감에서 증가를 보였고, 우울 및 불안의 역기능적 정서는 감소하는 결과를 확인하는 성과를 보았죠. 입원 환자분들의 생활에는 큰 변화가 없고 단조로웠지만, 산책을 통한 걷기 명상, 매일매일 세 끼 식사 때의 먹기 명상이 다른 것에 비해 생활화하기가 용이하며, 매일의 생활에서는 건강과 평안을 염원하는 호흡 명상(수식관)과 바디스캔, 나와 가족의 행복을 염원하는 자애 명상을 병실 생활에서 생활화하도록 훈련했죠. 어떤 분은 아침에 일어나 병원 주변의 산을 바라보면서 호흡 명상과 산악 명상을 하면서 마음이 편안해졌음을 보고하기도 했고요. 먹기 명상은 메뉴에 대한 기억과 함께 각각 식재료의 맛을 느끼도록 안내하였으며, 식사 한 후에 메뉴를 물었을 때 이전보다 잘 기억하고, 맛에 대한 표현 언어도 늘어남을 확인할 수 있었습니다.

이 외에도 너싱홈(Nursing Home)을 이용하는 어르신들을 대상으로 명상을 적용하여 인지 및 정서(우울과 불안)의 변화를 사전사후 평가, 우울이 있는 치매 환자분들을 대상으로 K-MBSR을 적용한 연구 등이 있습니다. 결론적으로 말하자면 병원에서의 연구가 더욱 활성화되면 좋겠습니다. 환자들에게 명상은 매우 유용한 치료 방법이기 때문이죠.

육영숙　　명상 연구는 무척 어려운 작업입니다. 그렇지만 정작 도움을 받을 대상은 매우 다양합니다. 저는 마음챙김을 기반으로 신체-심리치유 프로그램을 주로 연구하였는데, 연구 대상은 스포츠 선수, 유방암 수술 후 생존자, 우울 환우, 소방관, 감정 노동자 등 다양합니다.

기계체조 선수를 대상으로 마음챙김 기반 심리기

술훈련을 적용한 연구(2017) 중 면담에서 "저는 평행봉이 주 종목인데 원래 잡생각이 굉장히 많았어요. 그래서 하나의 기술을 하려면 세세하게 신경써야 하는데 한 순간 다른 생각에 실수를 하곤 했어요. 그런데 요즘 실수를 덜하고 안정적이에요."라고 말한 선수 그리고 "예전엔 평상시에 힘든 일을 겪을 때 내 마음이 뭐가 힘든 건지 알아차리거나 숙고하지 않았고 그냥 묻어두려고만 했었는데 이건 회피였음을 알게 되었어요. 처음에는 알아차리는 게 무척 힘들었고 불편했는데…. 어쨌든 어렵지만 받아들이고 나니 극복하기 위한 다른 방법을 찾아 최선을 다했고 그때 마음이 여유로워졌어요. 이게 변화라고 할 수 있어요."라는 이야기가 기억납니다. 선수들이 자신의 스포츠 기술 영역과 일상생활에 마음챙김을 적용한 사례라고 볼 수 있습니다.

또 소방관을 대상으로 마음챙김 기반 신체-심리 프로그램을 적용했던 연구 중 면담 사례를 들면 "저희 같은 경우는 한 번 출동하면 심리적인 압박이 있어요. 그래서 제가 한 번 출동할 때마다 심장이 뛰는 강도가 굉장히 많이 느껴지는데, 요즘 마음챙김 요가를 하고 나서부터는 일단 뛰는 심장박동을 알아차리고 심호흡을 하면 마음이 이내 진정되는 효과가 굉장히 큰 것 같아요. 가끔가다가 혼자 잠이 안 와서 해보기도 하고 또

벽에 기대서 눈을 감고 호흡 명상을 하면서 도인 흉내를 한 번 내보기도 하죠."라는 이야기를 들으면서 소방관분들이 긴박하게 사건 현장에 투입될 때 신체적 긴장감이 매우 높고 그때의 심경을 조금이나마 알 수 있었죠. 앞으로 이러한 여러 다양한 계층을 대상으로 쉽고 편한 명상 프로그램이 개발되고 보급되어야 한다는 생각을 하게 되었습니다.

윤병수   아쉽게도 현재 우리나라의 명상 연구에서는 어떤 뚜렷한 방향의 지속적 연구 맥락이 잡혀있지 않은 것 같아요. 우리나라 연구 환경과 서구의 연구 환경이 많이 다르기 때문에 서구 형태의 연구 내용들이 나오기가 어렵습니다. 서구에서는 명상의 특정 분야에 관심 있는 연구자들도 많기 때문에 연구 네트워크가 잘 구성되어 있어 명상에 대한 다양한 관점의 생리학적 기초 연구를 기반으로 다양한 심리학적 연구, 임상적 연구, 프로그램 개발 및 검증 연구, 복지 관련 연구 등 다양한 분야의 연구들이 시행되고 있습니다. 우리나라의 경우, 명상에 관심 있는, 즉 명상을 연구 주제로 하는 연구자들이 많이 부족한 상태고 특히 신경생리학 같은 기초 분야의 연구자는 거의 없는 상태입니다. 현재 명상 연구를 위한 인적·물적 인프라가 잘 갖추어져 있지 않기 때문에 큰 규모의 연구를 기대할 수 없다고 할 수 있겠죠. 명상의 중요성에 대한 인식은 갖고 있기 때문에 이에 대한 연구가 이루어지고 있지만 상대적으로 까다로운 실험 연구 같은 기초 연구는 적고 설문조사를 기반으로 한 명상 효용성에 대한 상관 연구들이 이루어지고 있는 실정입니다. 명상은 앞으로도 크게 활용될 분야임으로 명상을 주제로 하는 연구자들이 많이 나오기를 기대합니다.

사회자 한국에서의 명상 연구 특징이 드러나고 있는 것 같습니다.

명상의 효능에 대한 기전 연구는 아직 쉽지는 않으면서도 명상의 효능 확인, 명상 프로그램의 개발, 명상 척도 개발 등에 대하여는 매우 활발하게 연구가 진행되고 있는 것 같습니다.

아쉬운 점은 한국이라는 특성에 대하여 아직 명확하지 않은 점이 있습니다. 물론 이 점에 대하여는 견해차가 존재합니다. 명상을 한국적으로 만드는 것이 의미 없다고 하는 분도 있고, 반대로 화두선과 같은 한국 특색의 명상법 개발이 필요하다는 분도 있습니다. 아마도 연구를 통해 한국 명상이 더욱 확대될 수 있다고 봅니다.

지금까지 명상 연구까지 검토를 해 보았는데, 정작 본인이 특별하게 좋아하는 명상이 있는지, 수행하고 있는지에 대하여도 알고 싶습니다. 연구자나 교육자, 그리고 수행자는 약간 다른 차원인 것 같은데요. 명상을 하는 수행자로서의 모습도 궁금합니다.

본인이 특별하게
좋아하는 명상이 있는지?
어떻게 수행하고 있는지?

사회자 이제는 수행자 입장에서 명상에 대하여 여쭤보고자 합니다.
명상이라고 하면 그 범위가 매우 넓습니다. MBSR만 하여도
일곱에서 여덟 가지 종류의 개별 명상들이 모여서 하나의
프로그램으로 만들어져 있습니다. MBSR 프로그램을 마칠
무렵에는 늘 '자신에게 맞는 명상'을 찾아가는 작업을 하기도
합니다. 그런데 자기에게 맞는 방법을 찾는 것도 그렇게 쉽지는
않습니다. 어떤 것이 자신에게 맞는 명상이라고 생각하시나요?
본인의 경험을 중심으로 설명 부탁드립니다. 그리고 일상에서
어떻게 명상을 하고 계신지도 알려주시기 바랍니다.

이봉건 　　　 몸 풀기는 항상 하죠. 그다음에는 호흡 고르기, 마지막으로 마음 관찰하기 시리즈로 이어지는 거죠. 간단해요. 몸 풀고 호흡할 때가 한결 길어지고 깊어지는 거죠. 이게 이어지는 거지 한 가지를 떼어놓고 이야기할 수 없습니다. 한 시간 정도 걸리고 가급적이면 오전에 합니다. 왜냐하면 해보면 새벽이 가장 좋아요. 고도로 마음에 집중이 잘 됩니다. 생활화가 되어야 지도를 할 수 있다고 봅니다.

　　　 저는 어떤 명상을 하느냐 보다 중요한 것이 매일 일정한 시간에 명상을 하느냐가 더 중요하리라 봅니다. 명상을 가장 중요한 생활 리듬의 하나로 세팅시켜 놓는 것이죠. 저에게 주어지는 아침 한 시간의 명상 시간은 그래서 무척 소중합니다.

정애자 　　　 상황에 따라 다르죠. 아침에 일어나기 전에 바디스캔을 하고, 자명종이 울리면 요가만 후닥닥 하고요. 걸을 때는 걷기 명상, 먹을 때는 먹기 명상, 내가 깨어있을 때, 그때그때 하는 겁니다. MBSR이 좋은 이유는 그 순간순간에 명상을 하게 되는 것이라고 생각해요. 그래도 하나가 있다면, 요가를 많이 하는 것 같아요. 저에게는 동작 명상이 맞는 것 같습니다. 생각을 덜 하니까요. 물론 앉아 있을 때는 호흡 명상을 주로 합니다.

제가 가장 규칙적으로 하는 것은 수리아나마스까라(태양 경배)입니다. 열두 가지 동작이 연속해서 있어서 아침마다 합니다. 아침에 태양 경배를 하는 거라서 의미가 또 있죠. 깨어 있다는 것이 의미가 없으면 깨어 있는 것이 아니니까요. 의미를 찾는다면 아침의 태양 경배 명상이 최고 입니다. 저녁에는 팔단금을 하는데 운동으로는 이게 훨씬 좋습니다. 집에 들어와 운동이 부족하다는 생각이 드는 날 어김없이 팔단금을 하고 나면 그날 일을 모두 마친 것 같습니다.

조옥경　　　저는 호흡법을 강조하고 싶습니다. MBSR 설명문을 듣다 보면 자연스러운 호흡에 대한 이야기를 많이 합니다만, 실제 정통 요가에서는 호흡 훈련을 중요시합니다. 저는 각성과 에너지를 깨우기 위한 호흡 훈련을 합니다.

먼저, 가슴과 배에 손을 올려놓고 호흡을 하는데 빠른 시간(1초에 1 호흡)에 호흡을 합니다. 가슴 부위의 호흡을 확장시키기 위해 의도적으로 가슴 호흡에 집중합니다. 쇄골이 확장될 정도로 가슴 부위 호흡량을 확장합니다. 가슴 위에 올려놓은 손은 호흡에 따라 올라갔다 내려갔다를 느낄 수 있도록 하고, 배 위에 올려놓는 손은 호흡에 영향을 받지 않도록 합니다. 오로지 가슴 호흡만 하도록 하는 것입니다. 1초 간격으로 12번 반복하고, 호흡을 한 후 3분 정도의 시간 동안 편안한 호흡을 하면서 숨이 골라지는 것을 느낍니다.

둘째, 가슴과 배에 손을 올려놓고 호흡을 하는데, 빠른 시간에 호흡을 합니다(1초에 1 호흡). 배 부위의 호흡을 확장시키기 위해 의도적으로 복식 호흡에 집중하는 거죠. 아래쪽 횡격막이 확장될 정도로 폐의 아랫부분 호흡량을 확장합니다. 배 위에 올려놓은 손은 호흡에 따라 올라갔다 내려갔다를 느낄 수 있도록 하고, 가슴 위에 올려놓는 손은 호흡에 영향을 받지 않도록 합니다. 오로지 복식 호흡만 하도록 하는 것입니다. 역시 1초 간격으로 12번 반복하고, 3분 정도의 시간 동안 편안한 호흡을 하면서 숨이 골라지는 것을 느낍니다.

마지막으로, 가슴과 배에 손을 올려놓고 호흡을 하는데, 빠른 시간에 호흡합니다. 배와 가슴 부위의 호흡을 확장시키기 위해 의도적으로 가슴과 복식 호흡 모두에 집중합니다. 가능하면 많은 양을 숨을 들이마시며, 가슴과 배위에 올려놓은 손 모두에서 호흡을 느끼도록 하는 거예요. 1초 간격으로 12번 반복하고, 호흡을 한 후 3분 정도의 시간 동안 편안한 호흡을 하면서 숨이 골라지는 것을 느낍니다.

이 훈련은 호흡 훈련 가운데 호흡의 양을 늘리는

훈련입니다. 특히 충분히 들이마시는 것에 집중하기 때문에 교감신경의 자극에 유효하여 각성을 하게하고, 또 에너지를 늘리는 데도 도움이 됩니다.

조현주　　　　　저는 일상에서 편하게 접근할 수 있는 호흡 명상을 선호합니다. 시작은 그저 들숨, 날숨 호흡에 주의를 집중하는 것에서 출발합니다. 그러다가 점차 호흡의 길이, 호흡의 리듬, 호흡의 질 또 호흡에 따른 신체 감각의 변화를 관찰하죠. 그리고 이렇게 호흡의 과정을 관찰하다가 의식의 공간이 넓어지면, 마음 안에서 일어나는 있는 그대로 관찰하는 훈련을 하니까 집중 명상에서 통찰 명상으로 넘어간다고 볼 수 있습니다.

　　　　　그리고 상황에 따라, 제 연구 주제이기도 한 자비 명상을 합니다. 자비 명상은 보통 나를 비롯하여 주변 사람들, 세상의 생명체에 염원하면서 온몸으로 방사하는 것으로 합니다. 이때 사람에 따라서는 다양한 심상을 경험할 수 있는데, 저의 경우는 오색 빛깔의 구, 인자한 모습의 신 등을 떠올려 시작하기도 합니다. 뚜렷한 자비상이 있을 때는 자비상으로 자기 명상을 시작할 수도 있고 그렇지 않은 경우, 특정 문구를 염원하면서 너그러움, 따뜻함, 연민의 마음을 자신과 타인에게 전달하는 방식으로 훈련합니다. 보통 타인에게 할 때는 그 사람의 모습을 떠올리면서 마음을 모아 특정 문구를 염원합니다.

우리의 뇌는 실제와 심상을 구분하지 못하므로, 심상화를 통해 훈련하는 것은 긍정 정서를 담당하는 좌측 전전두엽 활성화, 감정 조절하는 안와전두피질, 공감 영역인 뇌섬을 활성화하여, 심신의 안정 효과를 가져다준다고 합니다. 제가 하는 명상 훈련을 길버트의 뇌의 정서조절 시스템으로 이해해 보면, 명상은 파충류 뇌의 투쟁모드를 비활성화하는 것이고 특히 자비 명상은 애착과 관련 있는 진정 친화 뇌 시스템을 활성화하여 옥시토신을 분비, 마음을 부드럽고 유연하게 만들고 타인과의 연결성을 증진하여 친사회성을 높이는 것으로 이해할 수 있습니다. 명상을 통해 이와 같은 이득을 얻으려면 무엇보다도 반복 훈련이 필요합니다. 그러나 바쁜 직장 생활을 하면서 정식 명상을 반복 훈련하는 것은 쉽지 않습니다.

따라서 요즘엔 조금씩 틈틈이 삶 속에서 실천할 수 있는 방법을 찾으려고 노력합니다, 예컨대 아침에 일어나서 잠깐, 하루 중에 틈틈이 호흡을 관찰하거나, 걸을 때 틈틈이 발바닥에 집중하면서 걷고, 시간이 날 때마다 특정 문구를 되새기면서 마음을 정리하기도 합니다.

박성현   정좌 명상을 제일 좋아합니다. 어디서든 할 수 있고, 특히 내 마음이 괴롭고 힘들 때 그 자극으로부터 혼란스러울 때 그 자극을 알아차리고 가라앉힐 수 있죠. 보통 20~30분 정도 하루에 여러 번 할 때도 있고 안 할 때도 있는데 공식적으로 시간을 정해놓고 하진 않습니다. 그렇지만 거의 매일 하는 것 같습니다. 책 읽기 전에 하는 경우가 가장 많습니다.

김정모   저 역시 정좌 명상을 선호합니다. 스스로를 내려놓을 기회들이 많이 있습니다. 그렇지만 사실 말하면서, 커피를 마시는 등 깨어 있는 동안, 매 순간 그렇지는 않지만 어느 순간에라도 잠시라도 자각하는 것이 더 중요하다고 생각해요. 어디 가서 시간 정해놓고 15분, 30분 하는 것은 단순히 이것을 위해서죠.

이인실   개인적으로는 호흡 알아차림과 정좌 명상에서 '선택 없는 알아차림' 부분을 자주 하는 편입니다. 자연스럽게 일과에서 잠시 빠져나와 할 수 있는 명상이라서 인 것 같아요. 선택 없는 알아차림은 가장 통찰 명상다운 수련이라고 생각합니다. 호흡 알아차림이나 바디스캔도 어딘가에 주의를 보내는 것이라면 선택 없는 알아차림은 모든 것을 관찰 대상으로 열어놓고 그 순간 가장 현저한 대상에 주의를 가져가는 것이죠. '선택 없는'이라는 말 그대로 내가 대상을 선택하지 않고 대상이 나를 선택하도록 하는 수련입니다. 이를 통해 대상을 통제하겠다는 마음을 포기하는 것을 자연스럽게 익히는 것입니다.

육영숙　　　　제가 좋아하는 명상은 '아침을 알리는 마음챙김 요가'입니다. 아침에 기상할 때 간편한 마음챙김 요가 동작과 복식 호흡으로 시작합니다. 그 이유는 바쁜 아침시간에 일어나 가부좌를 트는 등 별도의 명상 시간을 내기 어렵고 잠자는 동안 굳어있는 몸을 깨우기 위해서입니다.

동작을 설명드리면, 먼저 두 다리를 세우고 꼬리뼈와 천골에서부터 요부, 흉부, 경추까지 연결되어 있는 척주 라인을 자각하면서 호흡과 함께 연동적으로 움직여주고 허리 부위에 아치를 만들었다 밀착시키면서 척주를 깨웁니다. 그리고 골반을 들어 올려 장요근 길이를 늘리고, 온몸을 C자형으로 수축시켜 장요근을 다시 긴장시키며, 팔과 다리를 교차하여 사선형을 만들고, 허리를 비틀고, 또 누운 채로 팔다리를 X자형으로 늘리면서 일종의 소마틱 움직임을 합니다. 그리고 시간이 되면 쟁기자세나 물구나무서기를 3분 정도 합니다. 역시 아침에는 몸을 깨워야 합니다.

정선용　　　　저희 클리닉에서는 매주 수요일 오전마다 명상을 합니다. 전공의와 교수들이 한 자리에 모여서 돌아가면서 명상 화두를 꺼냅니다. 각자의 방법대로 명상을 지도해 보면서 피드백을 받는 자리입니다. 그때마다 저는 호흡 명상을 키워드로 내곤 합니다.

호흡을 따라가다 보면 '그동안 내가 많이 긴장되어 있었구나, 몸이 많이 힘들었겠구나'라는 생각을 하게 되고, 보다 부드럽게 호흡하기 위해 호흡을 느리게도 빠르게도 크게도 작게도 하다 보면, 어느새 호흡이 안정되고 그러면서 머리가 맑아지는 것을 느낍니다. 환자에게는 적어도 5분 정도 호흡을 가다듬으면 편안해 질 거라고 말은 하지만, 제가 실제로 느끼는 것은 20분정도는 호흡을 가다듬어야 편안해 지는 걸 느낍니다. 아마 제가 환자분들보다 더 긴장을 많이 하고 있지 않나 하는 생각이 들죠. 때때로 스스로의 몸과 마음의 상태를 돌아보며 점검할 수 있는 시간이 필요합니다.

김경의　　　　인지행동치료에 접목하고 있는 마음챙김 명상과 자애 명상을 자주 합니다. 우리가 인지행동치료에서 생각이 기분을 좌우하고, 행동이 기분을 좌우하기 때문에, 생각을 바꾸고 행동을 바꾸는 것을 치료 목표로 합니다. 또한 사회적 지지망 구축과 유능성을 키워 재발 방지를 하게 됩니다. 따라서 개인 내적으로 사고와 행동의 변화가 중요하고, 또한 대인관계 상호작용이 문제를 해결하는 데 있어 중요합니다. 이때 개인 내적인 사고와 행동 및 감정뿐만 아니라 사회적 대인관계에 대한 부분은 자애 명상이 중요한 역할을 할 수 있습니다. 나 자신과 주변사람들에 대한 따뜻하고 친절한 마음을 베푸는 것, 이러한 자애심 함양을 위한 자비 명상은 심리적 문제를 해결하고 일상적인 만남에서 원만한 관계를 유지하는 데도 큰 도움이 됩니다. 개인적으로 자애로운 태도가 원만한 대인관계를 형성하는 데 더없이 도움을 주고 있음을 느낍니다.

김완석   하타요가를 가장 많이 하고 있습니다. 아무래도 저와 같이 움직이는 것을 좋아하는 사람이라면 동적 명상이 맞는 것 같습니다. 움직이지 않는 것으로는 수식관을 좋아하는데, 아마도 뭐라도 하는 게 좋은가 봅니다. 명상에 대한 선호도는 어떤 것을 배웠느냐에 따라 달라진다고 봅니다. 수행자적인 입장이 있을 수 있고, 교육자나 연구자의 입장이 있을 수 있습니다. 그렇지만 마음챙김에 기반하면 일상에서의 매 순간이 명상이라고 할 수 있습니다. 이렇게 선호도가 달라집니다.

김종우   저는 작정하고 명상하는 것이 그렇게 쉽지는 않습니다. 환자와 20분 정도를 하는 명상 시간이 거의 규칙적으로 하는 명상 시간입니다. 그런데 이렇게 매일 같은 시간에 지도를 하는 것도 도움이 됩니다.

저에게 명상이라 한다면 걷기 명상이 가장 좋습니다. 출근 시간 30분, 퇴근 시간 30분 이렇게 한 시간을 작정하고 걷기를 하는 거예요. 같은 장소를 같은 시간에 같은 리듬으로 반복하는 것이 명상에 도움이 된다고 생각합니다. 그리고 주말에 짧게는 한 시간에서 세 시간 정도 오로지 걷기를 실행합니다. 오로지 걷기만을 하다 보면 지난 일주일이 정리됩니다. 서울에는 서울 둘레길이 있으니 그저 걸으면 됩니다.

사회자 각자에게 맞는 명상법은 결국, 각자의 기질이나 성격 그리고

자신의 환경에 따라 달라질 수 있다고 봅니다.

결국 그 특성을 고려하여야 자신에 맞는 명상법을 고르는 데

도움이 될 수 있다고 보여지는데요. 행동주의적 요소가 강한

사람은 아무래도 동적 명상, 즉 걷기나 먹기 명상이 더 효과적일

수 있을 듯하고, 인지주의적 요소가 강한 사람에게는 정적 명상,

즉 정좌 명상이나 호흡, 혹은 바디스캔이 더욱 효과적일 수 있다고

생각이 듭니다.

그렇지만, 역시 매일 일정한 시간을 두고 명상을 하는 것이

바람직하지 않을까 생각합니다. 그것이 분명 쉽지는 않은 작업인

것 같습니다. 저 역시 늘 어렵습니다. 이렇게 수행자 입장에서

명상을 하지만 명상을 하면서 주의해야 할 점은 없는지 혹은

부작용은 없는지도 궁금합니다. 무조건 명상이 좋다 이렇게 말할

수는 없지 않겠습니까?

명상을 하면서
주의해야 할 점이 있다면?
또 부작용은 없는지?

사회자 명상이 좋다는 것에는 모두 동의를 합니다. 그런데 명상을 하는

것에도 주의를 해야 하지 않을까요? 기 수련 같은 경우에는

주화입마에 대한 주의를 합니다. 기를 형상화하고 이를

몸에 순환시키는 과정에서 기가 한 곳으로 몰리면서 문제가

발생하는데, 심하게 되면 두통이나 어지러움뿐 아니라 불면증이나

환시와 같은 정신장애적 양상이 나타나기도 합니다. 명상도 혹

주의할 점이 있는지에 대하여 알아보고 싶습니다.

윤병수 ___　　　최근에 명상의 위험성에 대한 문제가 제기되고 있습니다. 이 위험성이라는 것은 상대적으로 집중적인 수행을 할 때 나타나고 가벼운 생활 명상을 할 때는 잘 경험하기 어려운 것입니다. 심신 건강을 목적으로 하는 생활 명상 수준을 넘어 좀 더 깊은 수준의 명상을 지향할 때는 색다른 경험을 할 수 있는데, 이러한 현상들에 대한 사전 이해가 필요하고 이에 대한 대비책을 가질 필요가 있습니다. 이러한 수행 과정 중에 일상에서 경험하지 못하는 색다른 경험을 한다는 것이 위험한 것이 아니고 이러한 경험에 대한 이해 부족과 잘못된 대처가 위험을 초래한다고 할 수 있겠습니다. 명상 과정에서 색다른 경험을 하는 이유는 감각 결핍과 주의 산만에서 기인한다고 할 수 있습니다. 감각 결핍은 실제적 경험을 줄이게 되고 자신 내면의 다양한 심리적 근원에 의해 내적 감각을 유발하게 하는데 이때의 경험이 실제와 다른 경험을 한다고 할 수 있습니다. 따라서 이러한 기제에 대한 이해를 하고 그러한 경험에 휩싸이지 않고 지켜볼 수 있는 역량을 높이면 그 위험성은 줄어들 수 있고 이러한 극복 과정을 통해 더 높은 수행의 경지로 나아갈 수 있을 것입니다. 따라서 평소 꾸준한 수련을 통해 주의집중력과 바라볼 수 있는 역량을 높이는 것이 필요하고 이러한 조건들이 갖추어졌을 때 집중적 명상 수련을 하는 것이 바람직하다고 생각합니다.

조현주　　　연구 영역에서는 달라이 라마와 같은 스님들과 뇌과학자들과 협업을 하게 되면서 명상이 뇌구조를 변화시킨다는 많은 연구들이 쏟아져 나오고 있습니다. 이제 명상은 학문적으로도 과학적인 연구결과들이 보고됨에 따라, 비과학적이고 비주류적인 이미지에서 탈바꿈되고 있습니다. 그러나 한편으로 명상을 연구하고 전파하려는 많은 현장 전문가들이 이러한 연구 결과를 국민들에게 소개하고 홍보하다 보니 때로는 과대 포장되는 경향이 있다는 생각이 들기는 해요. 개인적인 생각으로는 연구 결과는 실험 조건이 잘 정비되면 될수록 연구 가설을 검증할 확률이 높아지는데(2종 실험 오류), 현실은 연구가 진행되는 실험실 상황과 매우 다르죠. 따라서 잘 정비된 실험실 상황에서 나온 연구 결과들을 인용하여 명상이 만병통치약인 것처럼 홍보하는 것은 바람직하지 않다고 생각합니다. 그리고 개인적인 경험으로도 명상을 경험하면 할수록 명상은 깊은 수준에서 의식의 변화를 일으킬 수 있는 통로라 생각되며, 이 과정에서 여러 가지 유익한 효과도 있지만 그러한 경험을 잘못 지각하게 되면 위험할 수도 있다는 생각이 들거든요. 이러한 개인적인 소견과 경험을 기반으로 명상의 부작용을 다룬 〈심리치료에서 명상의 적용범위〉라는 개관 논문을 쓰게 되었습니다.

사회자　　명상의 부작용에 대한 연구는 흥미를 떠나서, 매우 귀중한 연구인 것 같습니다. 명상을 하면서 한번쯤은 늘 가지고 있었던 궁금한 점이었습니다. '과연 명상은 좋은 것만 있나?'하는 물음말이죠. 그 논문을 자세하게 설명해 주셨으면 합니다.

조현주　　명상이라고 하면 기본적으로 자기 존재를 이해하는 것, 세상에 대한 원리, 삶에 대한 지혜를 보는 겁니다. 이렇게 명상을 통해 자기 경험치가 넓어지다 보면 비의식적 경험을 만나게 됩니다. 일찍이 프로이트는 깊은 명상 단계에 이르면 원초 자아로 퇴행한다고 경고하였습니다. 명상가이기도 한 앱슨이나 잭 콘필드도 명상을 통해 심리적 문제가 회복되지 않았다고 고백하면서, 자아가 약한 사람에게는 자아가 붕괴되는 위험성이 있으므로 명상은 건강한 사람이 해야 하는 것이라고 주장을 합니다. 하지만 잉글러 같은 학자는 명상은 초기에 심리적인 경험에서 초월적인 경험에 이르기까지 자아발달의 연속성으로 보아야 한다고 주장을 펼치죠. 의식 경험의 일직선상에서 보면 사람마다 어떤 단계에 있냐에 따라서 다르게 경험될 수 있을 겁니다. 이 과정에서 심리학적 용어로 보면 들뜸, 해리, 불안, 우울, 환시, 환청 등 다양하게 경험할 수도 있기 때문에 위험성을 경고하는 것입니다.

　그러나 명상 전체를 의식과정이라고 보면, 명상에서 경험되는 현상은 하나의 프로세스로 보아야 합니다. ACT 치료자 해리스는 맥락적 자기(Self as Context)를 '마치 어두운 방에 조명들을 들고 들어가 조명 등에 비추어지는 대상을 인식하는 것과 같다.'는 메타포를 비유하였습니다. 같은 비유로 명상에서 경험되는 현상들을 조명 등이 이리 저리 비추는 것에 따라 드러나는 대상을 인식하듯이 하나의 프로세스로 알아차림 하고 다시 돌아오면 괜찮습니다. 그런데 문제는, 이 과정에서 지각의 이상 경험에 얽매여 나라고 생각하는 것, 혹은 다른 의미를 부여하고 하는 것이 병리로 넘어가게 되는 것이죠. 그런데 이것도 명상 과정 중에서 경험되는 하나의 현상일 뿐입니다. 일시적으로 일어나는 현상에 매여 있지 않고 하나의 의식 경험의 한 과정으로 처리하고 다시 과정으로 돌아오게 되면 점차 체험적 통찰이 일어납니다. 이게 혼자서는 잘 안되기 때문에 치료자나 지도자의 도움이 필요한 것입니다. 그런데 간화선 같은 경우는 혼자서 이러한 소용돌이를 경험하도록 하기 때문에 문제가 있을 거라고 개인적으로 보고 있습니다.

사회자   말씀하신 대로 심리학계에서 진행하는 슈퍼바이저가 필요한 것 같습니다. 자기 점검뿐 아니라 다른 사람으로부터 나타나는 현상에 대하여 피드백을 받는다면 그러한 위험성은 줄 것이라 생각이 드는데요. 이점은 한국명상학회에서도 주목하고 있으며 집중 수련회에서도 멘토링 시간을 가져 점검할 기회를 가지고 있습니다.

정선용   무리하지 않는다는 말이 쉬운 말은 아닙니다만, 그래도 매우 중요합니다. 환자들은 늘 욕심이 있지요. 명상도 마찬가지입니다. 너무 열심히 하다가 그 효과를 자신이 정해 놓은 시기에 확인하지 못하여 실망을 한 후 다시는 명상을 하지 않는 사람도 있습니다. 명상의 법칙 가운데, 초심을 유지하고, 믿고, 서두르지 말고의 강령은 반드시 마음 깊이 새겨 놓아야 합니다.

또 한 가지 명상을 하면서 너무 잘된다고 그 속에 빠지는 경우도 있습니다. 때로는 명상이 모든 문제를 해결했다는 생각을 가지기도 합니다. 그렇지만 그러다가 실패를 보게 되면 그다음에는 명상을 다시는 하지 않게 되는 경우도 있습니다.

이인실   저 같은 경우에도 혈압이 낮아서인지 가끔은 요가 후에 살짝 어지럼증을 느끼기도 하지만 곧 회복되는 정도라서 크게 걱정은 하지 않고 있습니다. 이렇게 자신에 대한 관찰과 판단은 매우 중요해요.

지도자 입장에서 본다면 적어도 참가자에게 해를 입혀서는 안 되는 것이고, 올해 발표한 베어스 박사의 논문에서도 말하듯이 약물, 심리 상담, 심지어 운동을 비롯한 모든 치료에는 부작용이 있을 수 있고, 단 그 부작용을 빨리 알아내서 조치해야 한다는 점과 해를 입히는 것은 아니더라도 명상하는 것이 전혀 기쁘고 행복하지 않은 경우에 지속할 것인지 여부 그리고 무엇보다도 지도자 요인에 대한 성찰이 있어야 할 것으로 생각됩니다.

과거에 심하게 상처를 받았거나 자살 위험이 있거나 정신증(Psychosis)의 경우와 같은 위험 요인이 있었어도 대부분의 경우 마음챙김에 기반을 둔 중재가 효과가 있었고 오히려 이 경우들에서 더 큰 효과를 보이기도 했습니다. 0~10 퍼센트의 참가자에게서 작건 크건 부작용이 있었다고 하나 마음챙김과 관련이 없거나 임상적으로 큰 의미가 없었다고 보고하고 있습니다. 그러나 그룹 평균을 보고한 데이터임을 고려한다면 항상 주의해야 합니다. 무엇보다도 지도자 스스로 자신의 마음챙김 역량을 늘 자각해야 할 것입니다.

김경의　　　　명상을 치료 장면에 적용하려는 마음은 크지만, 아쉽게도 치료적으로 적절하게 작용하도록 하는 데 어려움은 있습니다. 특히 정서 문제를 다루는 부분에서, 명상 초기에는 평소보다 자신이 경험하는 정서적 갈등을 모니터링하는 경우가 많은데, 이때 억제되었던 우울과 우울의 역기능적 정서가 증폭될 수 있습니다. 사전에 주의를 주고, 진행 과정에서 그러한 부분을 다뤄줘야 합니다. 그동안 역기능적으로 대처하였던 '경험 회피'를 명상을 통해 '수용'하게 되는 과정을 거치게 되는데, 중간중간의 변화에 충분히 알아차리고 호흡이나 신체 감각 쪽으로 주의를 중립적으로 변경함으로써 회피나 억제의 방어적 태도를 변화시킬 수 있을 것입니다. 이러한 주의사항들을 참여자들에게도 충분히 교육하고 그 과정을 체험하면서 마음챙김을 진행해 나갈 필요가 있습니다.

전진수　　　명상 중독에 빠지지 않아야 합니다. 명상에 집착하지 않아야 한다는 것입니다. 그리고 명상이 회피의 수단으로 사용되지도 않아야 합니다. 현실에서 벗어나서 명상에 달려가게 되어, 정작 현실의 문제는 해결되지 않고 남게 되는데 회피나 도피는 해결책이 될 수 없습니다. 심리상담을 진행할 때도 이 점이 매우 중요합니다. 명상은 회피가 아니고, 잠시 한발짝 뒤로 머무를 수 있지만, 결국은 문제 해결을 위한 직면이 필요한 것이죠.
　　　물론 문제 해결을 위한 심리적 개입에 있어서는 그

만큼의 상담자 역량이 필요합니다. 호흡 관찰하기를 기반으로 하는 정좌명상1과 감각, 감정, 생각 관찰하기를 하는 정좌명상2의 차이를 명확하게 학습하여야 합니다. 자애 명상과 용서 명상의 적용에 있어서도 어느 정도 개입할 수 있을지에 대한 판단 역시 중요합니다. 결국 상담자 역시 내담자와 마찬가지로 자신의 한계를 이해하고 수용하고 받아들일 수 있어야 합니다. 감당하지 못할 문제를 건드리는 것에 대하여 직면하게 하는 것은 치료자의 윤리 문제이기도 합니다. 학회에서도 이런 점을 고려해야 합니다. 이른바 마인드, 즉 심리학에 기반하여 명상을 공부한 사람과 바디, 다시 말해 요가에 바탕을 두고 명상을 공부한 사람들에게 어떤 교육이 필요한지에 대한 논의가 필요한 거죠.

이화순　　　　특수학교에서 근무하다 보니 조현병을 앓고 있는 환자를 만나기도 합니다. 조현병이라고 스스로 말하는 분에게 명상 수련을 지도하였습니다. 처음에는 조금 걱정하였으나 참으로 좋은 결과를 얻었습니다. 명상이 끝난 후 "아, 참으로 편하다. 집에 가고 싶지 않다. 더 하고 싶어요."라고 말했습니다. 물론 눈을 감고 하는 명상은 길게 하지는 않았지만… 지도자의 역량에 따라 개인에 따라 차별적으로 적용하면 명상은 큰 문제는 없다고 생각합니다. 명상의 목적을 한정하여 이완시키고, 마음을 차분히 가라앉히는 목적으로 시행한다면 도움이 될 수는 있을 것입니다. 그러나 신비적인 경험과 특별한 경험을 하고 싶어 하는 욕구, 이런 욕심을 가지고 명상을 시작하면 분명히 어려움이 있다고 생각합니다. 그 부분은 지도자의 역량과 관련이 있는 분야라 매우 조심스럽습니다.

정선용   기본적으로 명상에서 이완이 중요하긴 한데, 이완에 대해 두려움을 가지는 사람들이 있을 수 있어서 주의하는 게 좋습니다. 자기 통제력이 사라지는 것에 대한 불안이 있는 사람들은 이완에 대한 감각을 두려워해서 오히려 긴장을 해버립니다. 이런 경우에는 오히려 점진적 근육 이완법이 효과적일 수 있습니다. 이럴 때 저희 클리닉에서는 '안전의 장'을 먼저 만들도록 합니다. 본인만이 가지고 있는 기억 속에서 가장 행복했던 순간을 떠올리면서 충분히 느낄 수 있게 하는데, 이렇게 하면 긍정적 에너지를 얻어서 증상이 완화될 수 있습니다. 치료하다가 부담스러울 때 다시 돌아가서 에너지를 얻고, 마치 대피소와 같은 역할을 하는 거죠. 명상을 통해서 이러한 느낌을 충분히 알아차릴 수 있게 되면 그 긍정의 에너지를 온전히 받아들일 수 있게 되겠지요. 치료에 더

순응할 수 있게 됩니다.

김완석   처음 명상을 시작하는 사람들은 명상에 대한 기대가 무척 큽니다. 당연히 목표도 높지요. 그런데 그 목표를 달성하기가 쉽지는 않아요. 기대가 크면 그만큼 실망도 큰 법이죠. 결국 이것이 불만족으로 이어지고 중도에 포기하게 되는 경우가 많아지게 됩니다. 그래서 명상을 처음 배울 때 여유로운 마음이 필요한 것입니다. 중간에 그만두게 되면 목표에 도달하지 못했다고 보기보다는 여기까지 왔다고 생각할 수 있어야 합니다. 목표에 도달하지 못하더라도 여기까지 도달한 것에 대하여 따뜻하게 봐줄 수 있어야 합니다. 불평불만하기보다는 그만큼 한 것에 대하여 평가하고, 칭찬하는 태도가 필요한 것이죠.

사회자   아직 명상에 대한 부작용 연구가 활발하지는 않은 것 같습니다. 또 한 가지는 명상을 누가 지도하는 것인지에 대한 가이드라인 역시 필요하다는 생각이 듭니다. 학회에서도 이런 점에 대하여 고민을 하고 있습니다. 명상 지도 전문가의 역할은 무엇일까요?

김완석　　　명상 지도 전문가의 교육 문제는 학회에서도 고민을 해야 할 주제입니다. 명상을 심리학자가 명상을 배워서 하는 것이 맞는 것인지 혹은 요가를 하는 사람이 명상을 지도함에 있어서 상담이라는 요소를 그다지 많이 하지 않아도 되는지가 중요합니다.

　　　명상을 시작하는 사람들이 다양한 분야의 전공자들이에요. 심리치료 전문가, 의료인, 요가 전문가, 교사 등 각자의 분야에서 명상을 더 넓게 활용하기 위한 전략이 필요합니다. 기본적인 교육을 이수하고, 프로그램을 개발하고, 이를 여러 명상 전문가와 공유하면서 피드백을 받고 서로에게 배울 수 있는 시스템을 만들어 나가야 합니다.

　　　미국의 존 카밧진도 요가에서 출발을 하였고, 명상이 우리나라와 같이 상담이 주를 이루고 있는 것은 아닙니다. 단지 명상적 경험을 통해 목적을 달성할 경우, 상담에 집착할 필요는 없다고까지 이야기를 합니다.

　　　결국 명상이라는 것이 몸과 마음의 수련이라고 한다면, 몸 공부를 우선으로 출발한 사람들은 심리나 상담의 공부를, 마음 공부를 우선으로 출발한 심리학자들은 요가 같은 몸 공부를 더 함으로써 보완을 해 나갈 수 있습니다. 그리고 그것이 학회의 역할입니다.

윤병수 　　　　명상 지도 전문가의 역할은 말 그대로 명상을 올바르게 잘 지도하는 것이지요. 문제는 '올바르게 잘 지도한다는 것이 무엇인가?'겠지요. 명상의 위험성에 대한 언급에서도 이 문제가 내포되어 있습니다. 명상은 주관적 경험을 많이 내포하고 있습니다. 자신의 주관적 경험에 의한 지도는 명상의 위험성에 노출될 수 있습니다. 현재 명상은 과학이 되었고 현대인들은 과학적 사고를 하도록 인지적 체계가 갖추어져 있습니다. 그래서 명상을 지도하기 위해서는 먼저 명상에 대한 설명은 과학적으로 이루어져야 하고 그 범위 내에서 지도를 해야 합니다. 명상 지도자는 자신의 경험을 전수하는 것이 아니고 명상 지도를 받는 사람의 경험을 기반으로 안내해야 합니다. 그러기 위해서는 지도자는 명상에 대한 과학적 지식과 수련 경험이 많이 요구됩니다. 따라서 명상 지도자는 스스로의 수준에 대해 명확한 인식을 하고 자신의 수준 내에서 지도해야 합니다. 명상 수행이 깊어지면 수행자는 독특한 경험을 할 수 있습니다. 이러한 경우 그 경험에 대한 이해와 설명이 필요하고 그 경험에 빠져들지 않도록 지도하는 것이 필요합니다. 그래서 지도자의 역량에 따른 지도의 범위를 인식하는 것이 필요합니다. 그렇지 않으면 명상에 의한 부작용의 문제에 직면할 가능성이 높습니다. 부연해서 명상 지도자가 갖추어야 할 중요한 덕목은 명상 지도자의 윤리성입니다. 명상은 마음을 다루기 때문에 심리치료전문가처럼 피교육자 간의 윤리성이 매우 중요합니다.

이봉건 명상 지도 전문가의 교육과 윤리 문제는 무척 중요합니다. 명상 지도자는 자신과 타인의 마음에 대한 주의 깊은 탐색 능력 양성이 필수로, 항상 자신의 내면세계를 탐구하고, 내면의 심리 작업을 해야 합니다. 그러기 위해서는 심리치료적 자기 분석의 노력이 필요하고, 매일 명상을 수행하여야 하며, 몸과 마음을 수련해야 하고 또 최소한의 학위나 자격증을 갖춰야 한다고 생각합니다.

전문가로의 역량을 증진하기 위해 제안을 드리고 싶습니다. 공식 명상 수행을 일상생활 속에서 습관화하고, 심신의학 과정을 이수하며, 학술 모임에 참여하고, 학술적 서적과 잡지를 읽고, 개인적으로나 집단적으로 지도 감독을 받고, 수련생이 명상 중 힘들어 하는 것에 대한 지도 방법을 먼저 익히세요. 학회에서도 이런 것들을 고려하여 학술대회, 워크숍, 수련회 등을 만들어야 한다고 생각합니다. 제가 수련생들을 대상으로 명상 수련 중 가장 힘들어 하는 것을 조사한 적이 있습니다. 그것은 통증, 잡념, 호흡 조절이더군요. 이에 대한 대처 방법의 교육 역시 중요하다고 봅니다.

한국명상학회 윤리 규정 서문에서는 명상 전문가에게 최대한의 윤리적 책임을 지는 행동을 하도록 노력할 의무가 있음을 밝히고 있습니다. "명상 전문가는 전문성과 과학적 기초 위에서 행동해야 하며, 자신의 지식과 능력의 범위를 인식할 의무가 있으며, 또 이를 남용하거나 악용하는 개인적, 사회적, 경제적, 정치적 영향으로부터 벗어나도록 노력해야할 의무가 있다." 매우 명쾌하게 정리되어 있으니 참고하여 주시기 바랍니다.

사회자   한국명상학회에서는 명상을 수련하는 것 이외에 명상 연구, 명상 교육에 대하여도 많은 노력을 하고 있습니다. 더구나 명상지도 전문자의 역할과 의무 등에 대하여도 정의를 하여 교육을 하고 있습니다. 여러 명상 전문가들이 집단 지성을 발휘할 수 있는 장이 마련되어 있으니, 이를 잘 활용하면 될 것 같습니다.

이런 한국명상학회의 노력이 있으니 앞으로 명상의 미래는 밝지 않을까요? 명상의 미래에 대하여 어떻게 생각하고 계신지 말씀을 나눠보도록 하겠습니다.

한국 명상의 미래는 어떨지?
다가올 미래를 위해
어떤 노력을 해야 할까?

사회자   이제 한국 명상의 미래에 대하여 알아보도록 하겠습니다. 명상이 현장에서 넓게 활용되고 있으며 또 연구 프로그램의 개발, 효능의 검증 그리고 척도의 개발 등이 활발히 진행되고는 있지만, 부족한 점도 역시 있습니다. 그리고 아쉬운 점 가운데 한국 명상에 대한 것이 있습니다. 이에 대한 견해차가 있기는 하지만, 아시아에서 태생한 명상이 서구에서 꽃을 피우고 있는데, 한국에서 명상을 공부하는 사람들이 어떤 노력을 해야 할지에 대하여 정리를 해 보는 것이 필요하다고 생각합니다.

이봉건   한국 명상의 미래? 아마도 여러 명상이 혼재할 겁니다. 비전의 전통, 그런 걸 지도할 때는 오프라인으로 밀착 지도해서 밖으로 전달이 안 되었죠. 인간 마음의 오묘함을 전달하기는 무척 어렵습니다. 확산되면서 주객이 전도될 수도 있겠고, 핵심을 못 찾을 수도 있고, 목마른 사람, 자기 걸 고집하는 사람 등 정말 각양각색의 사람들이 많았습니다. 그렇지만 어떻든 간에 그러한 방법들이 공개되고 있죠. 이런 전통적 방법들이 사회로 공개되는 것은 긍정적이라고 볼 수 있습니다. 비전의 전통이 아주 극소수로만 전달됐는데 이제는 많이 퍼졌습니다. 이렇게 전통적 방법들이 보편적 방법으로 퍼져나가는 데 저도 기여하고 싶습니다. 이런 방법이 전달되기 위해서는 이것을 가르치고 배우려는 사람들이 함께 할 수 있는 프로그램을 만들고, 체계적으로 시행해야 합니다. 한국명상학회의 기본 매뉴얼이 있으니, 전통적 방법도 이런 매뉴얼을 참조하여 체계적으로 학습할 수 있도록 해야 될 것이라 봅니다.

윤병수   최근 우리나라에서도 명상에 대한 관심이 많이 높아지고 사회적 요구도 많아지고 있습니다. 이러한 사회적 분위기는 바람직하다고 봅니다. 저는 요즘 교육을 할 때 우리 학회가 지향하는 명상의 과학화와 대중화에 덧붙여 명상의 생활화를 많이 강조합니다. 저는 앞으로 명상은 생활의 필수적인 요소라고 보고 있습니다. 명상에 대한 사회적 요구가 많다 보니 명상을 기반으로 둔 많은 단체가 구성되고, 그만큼 많은 교육과 행사들이 진행되고 있습니다. 이러한 명상 붐이 확산될수록 명상을 공부하고 지도하는 사람들은 더 냉철해야 한다고 생각합니다. 이러한 사회적 분위기는 명상에 대한 오남용의 가능성을 또한 높이게 되고 그 결과가 부메랑이 되어 돌아올 수도 있습니다. 명상의 효용성을 누구나 누리고 그 혜택을 모두 공유하기 위해서는 명상의 과학화 견지가 중요합니다. 명상에 대한 과학적 연구를 많이 수행해야 하고 이러한 결과를 기반한 교육이 되도록 노력을 해야 한다고 생각합니다.

정애자   학회의 역할이 정말 클 것입니다. 민간 자격증을 운영하는 것이니까요. 명상 지도도 중요하지만, 명상을 지도할 때 동반되는 심리학적 기반과 상담 스킬 교육이 필요합니다. 정신 분석이라든지 인터뷰 기술 등이 굉장히 필요하지요. 학회가 요가에 너무 많이 집중하고 있는 것 같아서 약간 아쉬운 면이 있습니다. 물론 다른 견해도 있겠지만요.

한국명상학회에 기초 교육이 있고 집중 교육, 고급

과정이 있는데, 명상을 이해하는 데에 도움이 되는 축이 이런 쪽이라면 상담, 정신에 대한 이해 등이 있어야 효과적으로 의미 있는 축적이 될 것입니다. 심리적 개입이 잘못되어서 불안이 도리어 살아나면 오히려 정상인을 환자로 만들어 버리니까 주의해야죠. 명상을 배우러 오는 사람은 괜히 오지 않습니다. 필요해서 오는 것입니다. 정신과에 가기에는 마음이 불편하고, 상담센터에 가서 상담만을 받는 것도 편하지 않고, 명상은 정신적으로 건강해질 것 같아서 오는데, 이런 요구 사항을 잘 충족시킬 수 있으면 좋겠습니다.

박성현　　　　　　제가 불교 쪽에 있기 때문에, 말씀드리자면 종교 쪽에서는 굉장히 위기의식을 느끼고 있어요. 갈수록 신도 수도 줄어들고요. 이제 사람들은 종교 지도자의 권위나, 의례를 가지고 자신의 영성을 추구하지 않아요. 이제 사람들은 직접적인 체험을 통해서 자신의 세계를 열어갑니다.

　　　　불교에서 하는 명상이라는 것이 대중들을 선도할 수 있느냐에 대해서는 굉장히 부정적이죠. 위기의식을 많이 느끼고 있어요. 대중들과 유리되어있고요. 방법들 자체도 그렇고, 간화선만 해도 일반인들이 접근하기에는 너무 멀어 보이잖아요.

이런 문제를 해결하는 두 그룹이 있는 것 같아요. 어떤 스님 같은 경우는 자애 명상을 불교적 원리에 의해 가져왔지만 종교색을 버리고 좀 더 대중적으로 만들려고 하고 있습니다. 또 우리 한국명상학회처럼 과학적으로 이를 취합, 대중화해서 활용하고 하는 그룹들 역시 있습니다. 2000년대 이후에 한국불교심리철학회가 만들어졌어요. 불교, 심리학자, 의사들이 모여서 말입니다. 불교 쪽은 심리학을 필요로 하고, 심리학 쪽에서는 명상이라는 것을 새롭게 도입할 필요성을 느끼고 해서 이런 부류의 학회나 모임이 많이 만들어졌죠. 이처럼 여러 분야가 통합하여 명상을 새롭게 만들어가는 시도들이 일어나고 있다는 면은 긍정적으로 보입니다.

조옥경   우리나라는 도교와 선불교를 통해서 명상의 전통이 깊은 나라입니다. 우리 선조들은 아침에 일어나면 우선 호흡을 고르면서(조식법) 명상을 했지요. 현재 명상 전문가들은 그런 전통적인 명상법을 어떻게 과학화시킬 것인가의 과제를 안고 있습니다. 지금은 미국에서 수입된 MBSR이 유행하고 있지만, 한국 고유의 명상을 재발견해서 한국적인 명상법을 개발하고 보급해야 할 필요가 있습니다.

김정모   전반적으로는 사적인 취향의 문제가 아니라 기본 학문의 체계 내에서 방법론적인 밑바탕을 가져갈 수밖에 없을 것입니다. 가장 근본적인 방법과 그 핵심만 남아 있게 될 것입니다. 사티(Sati), 즉 알아차림에 의한 소통 방식으로 가야 하지 않을까 싶습니다. 지금까지의 과학적 개념으로의 제3자적 설명만으로 명상의 모든 것을 대체할 수는 없다고 봅니다. 예를 들어서, 심리학에서 저 사람이 손을 비비는 것 가지고 아 저거는 어떤 신호겠구나 라고 대치가 되어서 분석해왔다면, 이제는 마음챙김을 통해서 지금 나의 마음 상태가 어떤 것인가 알아차리고 스스로 물어볼 수 있을 겁니다. 어떤 방법으로 기술할 것인가의 문제가 아직 남아있지만, 실제로 행동에 초점을 두고 간접적으로 해석하는 것과 실제 자신의 감정과 생각을 알아차리고 표현하는 것을 비교한다면 더 수준이 높아질 수 있다는 것이죠. 따라서 이런 식으로 알아차림에 기반한 내성법(Introspection)이 가능해진다면 조작적 정의의 한계점에서 벗어날 수 있을 것으로 생각되고, 심리학의 발전에 획기적인 이정표가 세워지지 않을까 하는 기대가 있습니다. 그를 위해서는 질적 연구가 많이 수행되어야겠지요.

     약간 다른 이야기이기는 하지만 왜 한국에서는 다른 훌륭한 스님들도 많이 계신데, 위빠사나가 더 많이 받아들여졌는가에 대하여 생각해 보았습니다. 그것은 위빠사나 불교는 토의 중심이기 때문입니다. 지도하는 것들이 단계 단계가 나뉘어있어요. 호흡 관찰을 예로 들면, 이런 방식으로 저런 방식으로 일주일 하고 다음에 물어보고 하는 거죠. 그런데 한국의 간화선은 스님이 주는 화두를 받으면 그 제자 입장에서는 초기에는 수행 방식이 막연할 수 있고, 지도하시는 말씀도 이해하기 어려울 수도 있거든요. 10년이 지나 어느 순간에 깨칠 수는 있겠지만 말입니다. 이러한 양쪽의 방식 중에서 결국은 더 소통 중심의 단계적인 방식을 선호했다는 겁니다. 그런 점에서 전달 방식이 바뀌지 않으면 간화선은 대중화되기 어렵다고 봅니다.

조현주 ———— 우리가 배우는 명상이 스님처럼 해탈을 목적으로 하지 않고 정신건강센터와 같은 곳에서 개입을 하는 거라면 무조건 경험해라, 스스로 깨달아라 라고 하는 것은 호숫가에 빠뜨려놓고 알아서 헤엄쳐 나오라고 하는 것과 같다고 생각합니다. 존 카밧진이 이렇게 세계적으로 유명해지게 된 이유는 뭘까요? 바로 명상을 쉽게 접근할 수 있도록 구조화를 잘했기 때문이라고 생각합니다. 동양에서 명상은 경험이나 체험을 많이 강조하다 보니까 구조화를 덜 하게 되니 초심자뿐만 아니라 오랜 숙련자들도 명상의 진수를 터득하는 데 오랜 시간이 걸리는 것 같습니다. 학문하는 사람 입장에서는 명상을 구조화하도록 노력하고 그 안에서 다양하게 체험하는 과정을 다시 면밀하게 탐색하여 그 현상을 다시 과학적으로 검증하는 노력을 해야 할 것입니다. 그동안 그렇게 많이 노력하지 못하여 미안한데 더 노력하도록 하겠습니다.

김완석　　　　　기업 등 실제 명상을 필요로 하는 사람들이 늘어나고 있습니다. 명상은 이제 매우 일상에 적용되고 있습니다. 이전 같으면 회사에서 명상은 금기시되었습니다. 이른바 생산 능력을 떨어뜨리기 때문에 사람들이 쉬면서 멍때리는 행동으로 치부하여 명상을 도외시했지요. 그렇지만 지금은 많이 달라지고 있습니다. 명상이 궁극적으로 생산성을 높인다고는 보고까지 있으니 기업 입장에서는 매우 매력적이지 않겠어요?

　　명상은 증상 자체보다는 기본적인 처방, 한의학으로 보면 보약 같은 것이라고 생각됩니다. 자기 조절력, 따뜻함, 여성성, 자연과의 고생, 평화, 환경 등 우리 사회의 가치와 맞는 것 같습니다. 영국 초등학교에서 마음챙김을 시범 사업으로 하고 있는데, 이처럼 어린 나이에서부터 명상을 학습하는 것이 중요합니다. 우리나라는 긴장 수준이 높은 나라여서, 이에 대한 근본적인 해결책으로 명상이 역할을 할 수 있었으면 좋겠습니다.

명상 앱은 아마도 가능성이 높을 것입니다. 명상의 상업화로부터도 도리어 자유로울 수 있을 것 같습니다. 앱은 선택의 폭이 넓기 때문에 다양한 앱, 그리고 그 속에서의 다양한 프로그램이 기여를 할 수 있을 것입니다.

육영숙　　　　명상 인구는 더욱 증가할 것으로 보입니다. 그러나 저는 무엇보다도 성장기 어린이와 여러 소외 계층에게 쉽고, 편리한 마음챙김 명상법이 개발되고 또 보급되어야 한다고 생각합니다. 유년 시절 성장기 어린이에게 적용 가능한 가벼운 일상 명상 기법이 개발되고 적용되는 것이 중요하다고 봅니다. 저희는 성장하는 동안 우리의 감정이나 마음을 다스리는 기법을 배워본 적이 없다시피 했습니다. 삶 속에서 경험하며 알아가는 동안 터득해야 하는 각자의 몫이었지요. 최근 학업에 대한 경쟁이 더욱 치열해지고 핵가족화되고, 또 컴퓨터나 스마트폰의 과다 사용으로 인한 정서적 안정감 부족도 있기에 초등학교 시절부터, 아니 더 이른 유치원생에게 짧은 쉬운 명상을 매일 조금씩 경험하게 해야 한다고 생각해요. 자신의 몸과 마음에 집중을 해 정서 관리나 심신이 건강한 사람으로 성장할 수 있도록 돕는 일이 필요할 것 같습니다.

이인실 ———— 의료적 측면에서 명상 치료가 인정받는 일이 우리나라는 어쩐지 오래 걸릴 것 같습니다. 미국은 저소득층 의료보장 제도와 노인의료보험 제도도 8주 프로그램을 인정하고 사후 비용 상환을 해주듯이 우리나라도 적어도 사보험이나 실비보험에서라도 이를 인정해 주도록 말이죠. 그렇게 하지 않는다면 의료 현장에서 명상의 적용은 요원한 일이 되리라고 생각합니다. 이런 환경이 되어야 연구도 활발해질 것입니다.

장현갑 ———— 연구는 더 깊어지고, 활용은 더 넓어질 것입니다. 특히 뇌 과학측면에서 얼마나 연구가 진행되느냐를 관건으로 보고 있습니다. 명상 연구는 뇌를 바꾼다로 귀결이 되고 있는 추세입니다. 더 많은 명상들에 대해서 자세한 기전이 밝혀지게 될 것입니다. 그리고 그 활용은 점차 넓어지고 있습니다. 서구에서 명상의 범위가 넓어져 가는 데 주목해야 할 것입니다.

가장 두드러진 명상의 변화는 교육 현장입니다. 아예 어린 시절부터 명상을 배우는 것이죠. 우리나라에서는 아직 명상이라고 하면 그래도 나이 지긋한 사람들이 하는 것으로 이해되고 있으니까요. 어린 아이들이 명상에 친숙해 진다면 그것은 집중력 향상 등에 대한 교육 효과가 우선적으로 늘겠지만, 장차 자신이 살고 있는 세계에 대하여 긍정적이고 평화롭게 볼 수 있는 것이기도 합니다. 자애심을 키워나갈 수도 있지요.

사회자 '한국 명상의 미래가 밝다.'라는 말씀을 많이 들을 줄 알았는데, 우리에게 많은 과제가 주어져 있음을 절실히 느끼는 기회였습니다.

명상을 구조화하여 대중화시키는 작업도 필요하고, 또 그 깊이를 더해야 하는 측면도 있고, 심리적인 접근도 필요하고 또 한국적 명상의 개발도 말씀을 하셨습니다. 어쩌면 이렇게 할 일이 많이 남아있다는 것이 우리의 긍정적인 측면이기도 합니다. 언젠가는 이런 것을 가지고 다시 정리할 날이 올 것이라 생각합니다.

명상이란 무엇인가?

사회자　이제 그동안 여러 전문가들의 견해를 들어 보았습니다.
하지만 여전히 명상이라는 분야는 넓고 깊어서, 그것을 연구하고
또 수련하는 사람에 따라 편차가 있는 것 같습니다. 아주 짧게
명상을 한 문장으로 설명해 주시면 좋을 것 같습니다.
아마도 사람에 따라 마음에 와닿는 정의가 있을 거라고 생각이
되고, 또 이것이 명상을 시작하는 초보자들에게는 무척 중요할
듯합니다. 한마디로 머릿속에 담아두는 것 말입니다.

김경의　일상을 벗어나, 가능하다면 조용한 공간에서 마음 안의
휴식을 통해 존재(Being) 가치를 찾아가는 행위.

김완석　당신이 생각하는 그것이 아닙니다. 그럼 뭔가요? 그것
을 찾아가 봅시다.

김정모	그냥 평온한 것, 그리고 잘 사는 것.
김종우	최적의 상태를 만드는 작업.
박성현	생각으로부터 자유로워지는 것.
육영숙	몸—마음—생각을 깨어 살펴보며, 있는 그대로의 존재감을 회복해가는 것.
윤병수	'의도하는 곳에 온 마음을 두는 과정'은 자기 성찰과 자기 이해로 이어지고, 자기 돌봄으로 이어진다. 즉 명상이란 '자기 돌봄'이다.
이봉건	진리에 접근하기 위한 방법.
이인실	자신과 타인을 향한 자비롭고 친절한 마음에서 나온 내적 몸짓.
이화순	'삶'을 풍요롭고 따뜻하게 바라보는 기술.
전진수	알아차림과 주의 전환 훈련.

정애자   자신만의 삶의 방식.

조옥경   마음을 밝히는 작업.

조용래   어떤 대상에 대해 생각(판단)을 내려놓고 주의를 온전히 집중하는 존재 방식.

조현주   몸과 마음의 작용을 관찰하는 과정에서 지혜를 터득하는 것.

사회자   그렇다면 마음챙김은 무엇일까요?
우리가 공부하는 여러 단어 가운데 명상 다음으로 많이 등장하는 단어가 마음챙김인데, 이 역시 한마디로 정의를 해 주시면 큰 도움이 될 듯합니다.

김경의   마음은 시시각각 변하는 것이지만, 마음 안에서 일어나는 복잡한 현상들(예, 생각, 느낌, 감정, 계획, 판단 등)을 열린 자세로, 있는 그대로 바라보고, 알아차리고, 수용하는 단순화를 통해 평온함을 지속해서 유지해 가는 과정.

김완석   마음에 관심을 가지는 것으로 부모가 아이에게 관심을 가지고 아이를 돌보는 것처럼, 본인이 자신의 마음에 관심을 갖고 돌보는 것.

김정모   지금 여기.

김종우   자신이 최적의 상태를 만들고, 그 만들었음을 알아차리고 깨닫는 것.

박성현   현재에 존재하는 법을 배우는 훈련.

이봉건   관법.

육영숙   지금-여기, 나의 내면과 주변 현상에서 일어났다가 사라짐에 주의를 기울여 알아차리는 것, 그리고 수용하며 비우는 것.

윤병수   '순간 순간의 경험에 대한 비판단적 알아차림'은 현재의 경험에 머물게 하며 이는 실존감 경험으로 이어진다. 즉, 마음챙김은 '실존'이다.

이인실   고요하고 명료한 상태에서 자신과 주변을 매 순간 있는 그대로 수용하고 알아차림하는 상태.

이화순	'지금, 여기에 있는 나'를 마음으로 '보는' 것.
정애자	지금 이 순간을 사는 것.
조옥경	지금 여기에 언제나 존재하고 전적으로 수용하는 과정.
조용래	현재의 경험에 대한 수용적인 알아차림.
조현주	지금 여기에 존재하는 것. 지금 이 순간의 경험을 알아차림 하는 것.
사회자	여러 말씀을 들으면서 명상과 마음챙김에 대하여 생각할 수 있는 넓이가 더 넓어진 것 같습니다. 아마도 각자의 입장에서 받아들일 수 있는 것이 다르기 때문에, 한 마디씩 찬찬히 읽어가면서 곱씹다 보면 그 맛이 더욱 진하게 나올 것이고, 마음속에 담아두어야 할 문구가 되리라 생각합니다. 이제 명상 전문가 여러분께서 그간 가졌던 명상에 대한 애정, 그리고 열정으로 발전하고 있는 명상의 넓은 모습을 보려고 합니다. 이른바 넓은 명상, 혹 젊은 명상이라고 할 수도 있습니다. 명상이 꽤 다양한 분야에서 적용되는 모습을 보면 한편으로 안타까움이나 아쉬움이 있을 수도 있겠지만, 새로운 세대의 모습은 멋지고 대견스러울 것입니다.

04.
넓은 명상

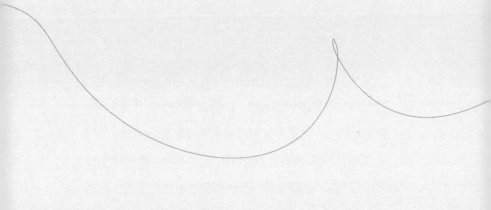

명상이 이제 세상 속 어디에도 있다.
명상 전문가들이 산속에 있는 것이 아니다.
일상의 여러 곳에서 전문가들을 만날 수 있다.
자신에게 꼭 맞는 명상을 찾아내어 만나볼 수 있다.

다양한 분야로
퍼지는 명상

회사에서의 명상

"회사에서 명상을 하면 망해." 10년 전 기업에서 명상에 대한 강의를 하려고 하면 회사 관계자가 주의를 주면서 했던 말이다. 명상 한다고 조용히 사라지고, 또 스트레스를 피해야 한다고 눈 감고 있고, 점심시간만 되면 산책 나가야 한다고 하고…. "이것을 다 하고 나면 언제 일을 해?" 회사에서의 스트레스 관리를 위한 프로그램을 진행하는 가운데서 이렇게 주의를 준다.

"구글 같은 회사는 왜 망하지 않을까요?" 미국 IT 기업들의 회사 생활은 부럽기 짝이 없다. 회사에 미끄럼틀도 있고, 수면방도 있고, 사내 카페에서 마음껏 커피도 마시고, 더구나 명상도 할 수 있으니 말이다. 우리나라 기업들도 이런 기업들을 흉내 내어 최근에는 명상 룸을 만드는 것이 마치 유행처럼 번지고 있기도 하다. 그렇지만 여전히 명상 방으로 들어가기에는 눈치가 보이는 게 현실이다. 또 연수를 받으러 수련원에 입소를 했을 때도 직무 교육은 열심히 받지만, 명상 시간이면 그저 푹 잠만 잘 수 있었으면 좋겠다고 직설을 날리기도 한다. 아직 한국 사회에서, 한국 회사에서 미국의 IT 기업처럼 명상이 받아들여질 수는 없을까?

근거 있는 의학 프로그램으로 자리잡기

"힘들어 죽겠는데 뭔 명상을 해." 10년 전 병원에서 명상을 하자고 환자를 설득하는 것 자체가 쉽지 않았다. 겨우 명상을 하러 내려온 사람도 마치 고삐에 끌려온 소처럼 심각한 표정을 지으며, 명상으로 병이라도 확 고쳐달라고 쳐다보고 있다.

"암센터의 MBSR 프로그램이 도움이 되나요?" 암을 처음 진단받고 충격을 받은 사람들은 불안을 조절하기 위해 정신과 치료를 받지만, 자신의 감정 조절을 위해 명상 교육도 권유받게 된다. 명상은 또 암 치료를 하는 사이에도 적극적으로 활용하게 되는데, 자신의 일상에서 자기 조절이라는 것이 중요하고, 매 치료 마다 겪게 되는 괴로움과 고통을 극복하는 데도 도움이 된다. 암과 동반되는 통증이나 구역감, 불안감을 조절하고, 실제 암 치료에도 도움이 된다. 그러나 아직까지 한국의 병원에서 명상을 표준 치료로 생각하고 있지는 않고 있어, 보완적 접근에 한정되어 있기는 하다.

공부 방법으로 활용되는 명상

"멍때리면 공부가 되니?" 10년 전 멍때리고 눈을 감고 있으면, 뒤통수를 여지없이 맞게 된다. 도대체 공부는 하지 않고 졸고 있다는 핀잔과 함께. 정신 줄을 놓지 말고 오로지 집중해야 된다는 것이 교육의 핵심이었다.

"명상은 집중력을 높여주는 학습 방법이다." 자가 주도 학습이라는 것이 중요한 교육 방법으로 정착되고 있는 이 시점에서, 메타인지를 조절하는 데 결정적으로 도움을 주는 방법이 바로 명상법이다. 단지 공부에 집중을 하는 것이 아니라 이렇게 집중하고 공부하고 있는 나를 관조할 수 있는 능력을 기르는 것이다.

자연스럽게 치유에 이르는 명상

"요가 자세를 따라해 보세요." 10년 전 요가 학원, 지도자는 우선 자세로 상대방의 기를 죽인다. 물구나무서기 시범을 보이면서 요가를 하게 되었을 때의 멋진 자세를 보여준다. 정작 이 프로그램에 참여를 한 사람은 감탄을 하면서도 한숨부터 나온다. 어떻게 저런 포즈를 취할 수 있을지 고민과 함께 두려움이 앞서기도 한다. 이어진 프로그램을 따라가다 보면 땀은 한바가지가 나오고, 끝나고 나면 온 삭신이 다 쑤신다.

"자연스럽게 만들어진 자세를 알아차림해 봅니다." 마음챙김 요가는 자세에 국한된 것이 아니라, 자세를 취하면서 나타나는 몸과 마음의 변화를 따라가는 것이다. 때로는 고통이 밀려오기는 하지만, 이 역시 내가 받아들일 수 있는 정도에서 멈추고, 이런 나를 관찰하게 된다. 그리고 충분한 이완감을 확인한다.

알아차림과 함께하는 재활치료

"고통스러워요. 그래도 몸을 어떻게든 움직여야 재활이 되겠죠?" 뇌졸중 발병 후 재활 환자들은 팔 한 쪽, 손가락 하나를 더 움직여 보려 사투를 벌인다. 퇴행성 근육질환 환자들은 어떻게든 떨어져가는 신체기능을 유지하기 위해 애쓴다. 사연 많은 재활의 현장. 고통을 견뎌야 더 나은 내일이 있다는 취지 하에 많은 사람들이 고군분투한다.

"내 몸을 알아차려 보세요. 그려 보세요. 스스로 호흡의 리듬을 찾아보세요." 명상에서의 재활치료는 단순히 육체적 문제가 아니다. 어떤 방식으로 나의 몸을 알아차리는가, 내 마음과 이어내는가, 나의 몸을 얼마나 소중하고 감사하게 여기는가, 나의 몸을 사랑할 수 있는가 라는 질문을 던질 때 몸과 마음이 주는 메시지를 알아차림 하는 속에서 내 몸과 온전한 소통이 이루어질 때 우리는 더 나은 재활치료의 영역으로 진입할 수 있다.

명상으로
달라진 삶

　　명상이 다양한 분야에서 활용되는 모습은 이제 우리사회에서도 자주 볼 수 있다. 한국명상학회 R급 지도자는 명상을 배운 지 최소한 5년 이상되는 베테랑이다. 이들이 이제 우리 사회에서 명상에 대한 다양한 모습을 펼치고 있다.

　　명상이 익숙해진 초보 전문가들이 명상을 세상에 띄워놓고 있다. 이 모습은 과거의 모습과는 완전히 다르다. 한국 명상의 발전 모습이기도 하다.

- 이윤선 지금 이 순간의 움직임과 호흡으로 몸과 마음을 연결하는 요가 테라피스트

- 양희연 스스로를 알아차림에 세상을 비로소 품게 된 요가 명상 전문가

- 박현숙 사람의 마음을 글에 온전히 담는 법을 전하는 시인

- 박정아 몸, 마음, 세상을 캔버스에 담아 '다시 살아냄'을 말하는 재활 전문가

- 심교린 소리와 음악으로 명상을 안내하는 심리학자

- 김종우 명상을 함께 하는 걷기 여행을 통해 병원 아닌 자연에서 진료를 하는 한의사

- 김배호 마음챙김 차(茶) 명상으로 삶의 고요한 기쁨을 함께 나누는 명상학 박사

- 손정락 마음챙김을 위한 하이쿠와 시조 그리고 메타포를 연구하는 임상심리학 교수

- 장영수 마음챙김으로 가치 있는 삶을 향해 나아가기

· 정광주   격동 속의 고요. 태풍의 눈에 앉아 소용돌이를 알아차리는
          수행자

· 류정수   과학의 옷을 입은 명상으로 암환자의 치유를 돕는 명상 전문가

· 박지영   마음의 변화로 치유의 순간을 만들어 내는 특수교육 전문가

· 신일호   지금 여기에 가장 충실할 수 있는 휴양지를 만들다

· 이성준   마음챙김이 깃든 공감의 장 속에서 질문을 던지는 상담가

· 이민형   마음챙김으로 텃밭을 가꾸며, 제자들의 마음과 삶도 가꾸어
          가는 선생님

· 조원경   건강하고 따뜻한 마음을 배양하는 마음챙김 명상 교육 전문가

    자신의 일을 하는 과정에서 명상을 만나게 된 일로부터 지금 현
재의 명상과 함께하는 삶에 대하여 글을 부탁했다. 특히 자신에게 도
움이 되었던, 혹은 명상으로 다른 사람을 도와주었던 생생한 경험을
담아주길 바랐다. 그리고 명상을 추천한다면 어떤 명상을 하는 것이
좋을지도 부탁을 했다. 쉽게 따라 할 수 있는 명상들로 말이다. 너무

나 다양한 분야에서 일하는 분들이지만 명상이라는 공통분모는 가지고 있다.

　이곳에 실린 글 역시 다르다. 그들의 삶이 다르기 때문이다. 그렇지만, 명상을 자신의 삶에 얹으면서 달라진 삶의 모습을 도리어 자세하게 볼 수 있었다. 여기서 명상을 하면서 달라진 삶의 모습을 찾아가 본다.

지금 이 순간의 움직임과
호흡으로 몸과 마음을 연결하는
요가 테라피스트

이윤선

요가치료학 박사이며, 몸 마음챙김 비니요가연구소 소장으로 있다.
몸과 마음의 연결에 관심을 갖고 내면의 힘을 키우는 데
도움이 필요한 사람들과 만나는 것을 즐거워하며, 스트레스를 나누고 그 안에서
지혜를 찾는 행복을 누릴 수 있는 것에 감사한다.
마음치유학교 요가치유 프로그램 리더이자, 개인 요가 테라피스트로 명상과 요가를
심신치유에 접목하고 있다. 《요가심신테라피》를 공저했다.

20대에 실연을 겪고 난 후, 좀 무력했고 단것을 많이 먹었던 것 같습니다. 문득 직장 동료들과 찍은 사진을 보고 부쩍 늘어난 체중을 실감하게 되었고, 건강검진에서는 갑상샘 기능저하증과 콜레스테롤 수치도 주의해야 할 정도가 나왔습니다. 몸이 알려준 신호를 계기로 저는 자신을 돌아보기 시작했습니다. 건강을 챙기기 위해 채식 중심으로 식단을 조절하고 수영과 걷기, 스트레칭을 꾸준히 실행했습니

다. 저 자신과 소통하며 무리하지 않으면서 약속을 지켜나가던 어느 날이었습니다. 날씨가 좋고 매주 3회씩 가던 수영을 가지 않는 날이기도 해서 회사에서 집까지 걸어가 보기로 했습니다. 걷기 시작한 지 얼마 되지 않아 몸은 금방 무겁게 느껴지고 땀이 나며 힘들다고 느껴졌습니다. 그렇게 2시간 가까이 걷다가 오르막길을 만났습니다.

오로지 지금 여기에서 나를 살피는 순간, 우리의 삶을 담고 있는 몸은 깨어난다

어느 힘들었던, 고단하게 축 처져서 지냈던 젊은 시절, 무기력증, 폭식에 빠져있던 나를 끌어올렸던 무더운 오르막길의 예상치 못한 상쾌함이 제가 처음 느껴보았던 '명상적 순간'이라고 생각합니다. 건강 관리를 위해, 다이어트를 위해 의무적이고 규칙적으로 정했던 운동 계획과는 상관없이 그저 내가 걷고 싶었던 길을 따라 올라가기로 결정했던 그 순간. 내 의지대로 정할 수 없었던 타의적 삶의 규정과 그에 대한 의무와 구속은 행복으로 바뀌었습니다.

특별한 이유도 어떤 생각도 없이 솟아올라오는 그 기분은 겉옷을 허리에 매고 머리를 질끈 묶은 후 우리 앞에 펼쳐진 한여름의 오르막을 씩씩하게 올라갈 때 '그 순간'이 찾아왔습니다. 더 날씬한 몸매를 위해, 더 나은 건강 상태를 위해서도 아니라 그저 '내가 이 순간에 온 마음을 다한다.'는 확신 속에 내딛는 걸음과 그 걸음걸음마다 벅차오르는 행복은 '지금, 여기'에 살아있는 한 장면으로 기억 속에 깊이 남아 있습니다.

어떻게 요가와 명상을 계속 하고 있느냐는 질문을 받습니다. 그럴 때면 예전에 걸으며 무조건 행복할 수 있었던 내면의 풍성함이 떠오릅니다. 요가 수련을 하는 시간은 자신에게 집중하면서, 외부적인 환경이나 조건을 넘어 자유롭고 행복할 수 있는 내면을 만나는 길이라고 생각합니다. 온몸으로 지금 내가, 여기에서 만들어내는 리듬, 전율은 있는 그대로의 삶을 받아들이고 편안함을 만드는 데에 핵심적인 열쇠로 작용합니다.

누구나 자신의 몸이 만들어내는 편안한 리듬을 느낄 수 있다

마음치유학교에서 활동하며 요가 치료를 통하여 심신의 치유가 필요한 분들과 함께 할 수 있는 시간이 있었습니다. 한번은 너무나 막막하게 느껴졌던 재능 기부 자리가 있었습니다. 대상은 근육병(Myopathy)으로 거동이 불편한 젊은이들이었습니다. 2016년 저를 포함하여 치유 분야의 전문가들이 일주일씩 8주간 치유 경험을 나누었습니다. 근육병이 있는 젊은이들 6~7명은 모두 휠체어에서 손가락과 고개 정도만 겨우 움직일 수 있었고, 한 명은 상체 근육이 자유로웠습니다. 프로그램은 근육병을 앓고 있는 아들을 위해 어머니가 보내준 사연으로 기획된 것이었습니다.

"우리 아들은 근육병을 앓고 있으며 근육 장애로 웬만한 역경쯤은 몸으로 마음으로 부딪히고 깨지기를 두려워하지 않는 용기도 있습니다. 하지만 혼자 공부하고, 혼자 일하고, 혼자 판단하는 일이 많다 보니 인간관계에서 오는 복잡다단함의 경험 부족으로 한계를 느끼며 좌절을 느끼기까지 합니다." 이 어머니의 사연 그대로 수업에서 만난 참여자들은 이해력과 집중력뿐 아니라 공감 능력도 뛰어났습니다. 저의 모든 설명과 마음을 이해했고, 저는 제가 명상으로 경험한 미세한 움직임과 의도, 호흡조절을 안내할 수 있었습니다. 팔과 가슴을 펼칠 수 없었지만, 손가락의 방향을 몇 도 조절하는 것으로 그 느낌과 변화를 경험한 피드백을 들을 때는 전율이 흐르고 감동으로 눈시울이 뜨거워졌습니다. 그보다 더 다행스럽고 감사했던 일은 호흡이 수동적인 줄만 알았다는 참여자와 보호자의 피드백이었습니다. 참여자와 보호자가 함께 호흡이 확장되는 것을 느꼈고 호흡 길이도 늘려보는 것을 체험했고, 이후에 안색과 기분이 달라진 것을 확인하고 나누었습니다. 그동안 보호자는 근육 장애 참여자들에게 기구로 매일 호흡근을 수동적으로 운동시켜주고 있었고, 참여자들은 수면 중에 인공호흡기에 의지하고 있었습니다. 근육 장애를 앓고 있는 환우와 호흡근 운동을 도와주는 보호자에게는 몇 가지 호흡 방법으로 의도적인 호흡이 조금이라도 가능하다는 것이 기적과 같은 발견이었던 것입니다. 직접 경험할 수 없는 타인과의 공감과 소통은 '나'를 놓고 '지금'을 만나는 마음챙김으로 도움을 받을 수 있습니다.

계속해서 나빠질 수밖에 없는 병의 예후를 알고 있더라도 절망하지 않는 그들이었지만 그런데도 하루하루 할 수 있는 일이 없어져 가는 상황은 은연중에 우리의 몸이 위축되고 사그라집니다. 아주 작게라도 내가 한껏 나의 몸을 움직여볼 수 있는 것, 내 의지대로 마셔보는 숨이 있는 것은 그런 삶에 생기를 불어넣어 주었던 것입니다. 누구나 몸을 움직이고 숨을 쉬며 나름의 리듬을 만들어낼 수 있습니다.

마음챙김이란 그저 담담하게 함께 있는 것

요가 수업을 진행할 때는 제가 수련하면서 편안해지고 건강함을 찾게 되었던 경험들을 바탕으로 움직임과 호흡의 과정을 안내합니다. 그룹 요가을 시작할 때는 처음 만난 분들에게 특이한 건강 상태가 있는지 확인하고 전체 수련생들에게는 그날 컨디션 등을 물어봅니다. 수련자들 중에는 특이한 병명이나 증상들이 있기도 합니다. 또 그날 따라 몸과 마음의 불편함을 풀어놓는 경우도 있습니다. 수련생들의 컨디션을 알게 되면, 수업을 진행하면서 특별히 마음을 쓰며 안내하게 될 때가 있습니다.

하지만 마음챙김 명상 수련을 하면서는 더 담담하고 중립적인 마음으로 전체 흐름에 집중하는 수업을 합니다. 그런데 특이하게도, 요가 수업에서 수련생에게 애정과 연민의 마음으로 진행했을 때보다 마음챙김을 하며 안내했을 때 오히려 수업이 끝난 후, 수련자분들에게 "오늘 선생님께서 저를 위한 수업을 해주신 것 같았어요."와 같은 피드백을 듣는 경우가 많습니다.

마음챙김이란 애쓰지 않는 것입니다. 그저 온 정성을 다하여 지금 우리의 자리에 함께 존재하고 있는 것입니다. 어떤 사람에게 온 집

중을 하여 세세하게 맞춰주려 노력하지 않아도 마음챙김 명상 수련의
자리에서는 모든 사람이 함께 이 순간을 느끼고 공유할 수 있습니다.

치유는 그저 지금 여기에 있을 수 있다는 것을
서로 나누는 과정 속에서 일어난다

마음치유학교에서 운영하였던 〈유방암 환자 분들을 위한 시간〉
이라는 프로그램이 있었습니다. 유방암환자로서 발병 이전과 이후의
체험들을 자유롭게 나눌 수 있는 자리를 마련하였고, 20여분의 암 환
우와 생존자 분들이 참여하였습니다. 한 자리에 모인 우리는 재발에
대한 두려움과 가족과 관계에서 모두 털어놓지 못한 마음과 생계, 취
직 등의 어려움까지 다양한 사연들을 풀어내고 서로 공감했습니다.
저는 여성으로서 자신감을 찾을 수 있는 요가 자세와 호흡, 소리(만트
라)를 활용하여 마음챙김 명상을 지도 했습니다. 단순한 자세와 간단
한 호흡법, 그리고 치유 과정에 힘이 되었던 한 단어를 마음에 담고
집중한 마음챙김 명상으로 수년간 묻어두었던 마음과 몸이 가벼워지
는 경험을 나눌 수 있었습니다.

유방암 환자들에게 해부하적인 바른 정렬과 올바른 자세를 안내
하거나 건강에 유익한 폐를 확장할 수 있는 호흡법을 안내한 것은 아
니었습니다. 또한 집중을 강조하는 명상법을 안내한 것도 아니었습니
다. 마음챙김 명상으로 자신의 자세와 호흡에 머물러 보는 순간순간
무언가 잡고 있을 필요도 더 놓을 필요도 없는 '지금'이라는 가능성을

가진 자신을 느끼게 되었을 겁니다. 서로의 삶에서 웃기고 슬픈 이야기들을 듣고 그렇게 함께 웃고 울며 칭찬하고 격려하는 시간은 참여자들과 함께 배우고 삶의 진한 물결 속에서 치유되고 성장하는 시간이 됩니다. 참여자분들의 나눔을 들으며 저와 똑같이 느끼시는 분들이 많았고, 참여자분들은 이전 고통의 크기만큼 치유의 경험도 크다는 것을 함께 나누었던 순간이었습니다.

우리가 해야 할 일은 결국, 지금 이 순간을 충분히 나누는 것

명상으로 우리는 평범함 속에 있는 특별함을 알게 됩니다. 지금 자신을 보면 때로 불편한 신체가 더 잘 느껴지기도 하며 다양한 감각들을 느끼게 됩니다. 바쁠 때보다 조금 편안해지면 일상에서와 다른 느낌을 발견하게 되고 평소에 막연하던 느낌을 정확하게 알게 되기도 합니다. 그 느낌을 표현하는 것. 다른 사람과 나누는 것은 중요한 일입니다.

한국명상학회에서는 '소감 나누기'를 통하여 한 주 동안 진행하였던 명상, 이번 모임에서 진행했던 수련의 느낌과 삶의 체험을 나눕니다. 그 시간에 우리는 마음챙김을 일상에 어떻게 이어나갈지를 배울 수 있습니다.

명상을 배우는 초기에는 명상으로 알게 된 것을 소감 나누기 시간에 마음챙김을 하지 않던 원래 습관대로 해석하거나 경험에 생각을 덧붙여 나누기가 쉽습니다. 그럴 때 명상에서 경험 자체는 약해지기도 하고, 자신에게 마음챙기는 것은 쉽지 않습니다. '소감 나누기' 자리에서 자기 생각을 이야기하는 순간을 마음챙기도록 안내받을 때 일상에서 알기 어렵던 자신을 발견하는 기회를 만나게 됩니다.

제가 한국명상학회 기초 교육을 진행하며 나누기를 할 때, 한 분은 먹기 명상을 한 후에 자신이 다른 사람들보다 후각에 주의를 잘 두지 못했다는 것을 비로소 깨달았다고 말씀하신 적도 있었습니다. 어릴 때 비염 수술을 하고 강한 맛만을 알 수 있어서 후각에 대해 살펴보질 않았는데, 먹기 명상을 하면서 오감을 따로 의식하다 보니 냄새에 대한 나눔에서 자신은 느낌을 알 수 없었다는 것을 깨닫게 된 것입니다. 서로 나눠보는 시간이 없었다면 강한 감각에만 주의와 의미를 두기 쉽고, 후각이 약하고 개발이 되지 않았던 것을 더 오래 알 수 없었을 테지요. 그분은 먹기 명상 후에 식사 시간이 조금 늘어나고 더 맛있고 즐거운 식사를 하게 되었다고 했습니다.

요가 테라피로 만나는 수강생들은 자신의 불편한 느낌이나 힘든 경험을 함께 알아주면 편안해하거나 눈물을 흘리기도 합니다. 마음챙김은 '알아주는' 마음인 것 같습니다. 나 혼자서 집중과 안정이 어려울 때 타인이나 그룹의 도움을 받으며 지금 과거를 담은 몸과 기억, 미래도 함께할 몸과 기억을 '알아주는' 현재와 만날 수 있습니다

마음챙김 명상요가

사무실이나 집에서 특별한 준비 없이도 바로 실천해볼 수 있는 명상요가를 안내해 드리겠습니다. 지금 여기에 집중해 보려는 마음이 있다면, 아래 방법을 따라가며 지금의 느낌을 만나 보십시오.

*앉거나 서서, 필요에 따라 누워서도 활용할 수 있습니다.

1. 무게감 느끼기

우선 몸의 무게를 느껴 봅니다. 신체 어느 부분에서 무게감을 느낄 수 있나요? 의자에 앉아있다면 바닥에 놓여있는 발바닥과 의자에 닿아있는 허벅지, 엉덩이, 등과 허리 부분에 주의를 가져가 봅니다. 수동적으로 놓여있던 몸의 부분을 의식적으로 내려놓아 봅니다.

2. 호흡에 마음 두기

이제 호흡에도 마음을 두어 보겠습니다. 숨이 잘 느껴지는 부위는 어디인가요? 혹은 숨이 어떻게 느껴지나요? 몸에서 그 느낌을 찾아봅니다. 가슴 안에서 시원함이나 답답함, 복부에서 크거나 작은 움직임이 느껴질 수도 있습니다. 또는 등이나 옆구리가 커지는 느낌이나 움직임을 발견할 수도 있습니다. 주의를 기울이다 보면 목구멍이나 콧구멍으로 들어오고 나가는 숨의 작용이나 바람이 느껴지기도 하고 별 느낌이 없다고 인식할 수도 있습니다. 느낌이 없다고 느낀다면 그것도 특별한 느낌이 없다는 걸 확인할 수 있는 감각을 아는 능력입니다.

3. 호흡과 움직임에 마음 두기

호흡을 마음챙기며 움직임을 함께 해 보겠습니다. 숨이 들어오는 것을 알면서 왼팔을 서서히 앞쪽으로 조금 위로 올려 봅니다. 어깨에 긴장이 되거나 아픈 분은 팔꿈치를 구부려도 좋습니다. 숨을 내쉬고 싶을 때를 알면서 내쉬는 숨에는 팔을 다시 내려놓습니다. 왼팔과 오른팔을 번갈아 가면서 호흡에 맞추어 팔을 올려 보고 내려 봅니다. 호흡이 불편하지 않은 정도로 급한 마음은 내려놓을 수 있나요? 평소보다는 천천히 움직이며 순간순간을 마주해 봅니다. 팔과 손끝을 가슴높이까지만 올려도 좋고 아직 호흡이 가쁘다면 더 조금만 들었다 내립니다. 움직임을 반복하면서 호흡이 길어지거나 몸통이 가벼워지고 어깨가 편해진다면 저절로 점점 팔을 머리 위쪽으로 펴면서 올리고 내릴 수 있게 됩니다. 능동적인 의도나 근육의 움직임보다는 수동적이고 놓치지 않는 마음챙김으로 좌우를 번갈아 4~6회 정도 반복해 보세요. 움직임을 마친 후 자유롭게 숨을 쉬고, 특히 큰 숨을 한번 내쉬어봅니다. 편한 숨을 쉬었어도 익숙하지 않으면 약간의 긴장과 참았던 호흡이 몸에 남아 있습니다.

4. 마무리, 느낌들을 알아차림

이제 처음에 앉아서 신체의 무게감과 호흡을 느끼던 마음을 다시 챙겨봅니다. 호흡과 함께 팔을 움직이면서도 호흡이 신체 어딘가에서 더 잘 느껴졌던 기억이 몸에 남아있나요? 지금 순간 몸이 가벼우면서도 몸의 무게를 잘 알 수 있게 되었나요? 움직이는 순간에 다 알 수 없었던 느낌도 지금 이어지는 마음챙김으로 방금 경험했던 느낌들을 알 수도 있습니다. 이 단순한 움직임은 집중력과 호흡 역량에 변화를 줍니다. 상황에 따라 5분에서 15분 정도 시간이 소요될 수 있습니다.

스스로를 알아차림에
세상을 비로소 품게 된
요가 명상 전문가

양희연

심신통합치유학 박사로 명상 중심의 요가를 사람들과 나누고 있다.
의식의 성장과 확장을 통해 보다 큰 행복과 기쁨을 얻을 수 있다는
확신을 가지고 있으며, 대학에서의 강의로,
기고하는 칼럼으로, 요가 지도로 소통하고자 한다.
현재 아그니요가 연구소장이다.

세상의 변화에 대한 열망으로 시작했던 NGO 활동을 하던 90
년대 후반, 외부를 향하던 시선 속에 마음은 피폐했고 정작 꿈꾸었던
세상의 변화보다는 조직과 사회관계 속의 상처로 마음이 힘들어졌습
니다. 활동가로서의 삶이라는 것이 자신을 돌보기보다는 외적 활동에
향해 있었고 돌보지 못한 몸과 마음은 힘에 부친다며 아우성을 치고
있었습니다. 아이를 갖게 되면서 더 이상 이대로 있을 수 없다고 여기

던 즈음 우연히 소개받은 요가를 지푸라기 잡는 심정으로 하게 되었고, 그곳에서 마치 삶의 피난처를 만난 것 같은 안도감이 들어 한동안 눈물을 흘리기만 했습니다. 요가를 하면서 그동안 소외시켰던 자신의 몸과 마음을 돌보게 되었고 바깥의 일들이 그냥 일어나는 현상이 아닌 자신 내면의 투영이라는 것을 알게 되면서 뜨거운 눈물을 흘렸습니다. 이후 요가 지도자의 길을 걷게 되고 서울불교대학원대학교에 진학을 한 후, MBSR 스터디와 호흡 명상이라고 불리는 하타요가 쁘라나야마를 수련하면서 명상에 입문하게 되었습니다. MBSR 스터디를 통해 마음챙김과 쁘라나야마를 통해 집중하는 훈련을 하면서 요가를 통한 명상, 즉 명상적 요가를 하게 되었습니다.

한국명상학회를 마음 속 큰 집으로 삼아

한국명상학회와의 인연을 돌아보니 절대 짧지 않은 시간 동안 이어져 온 것에 새삼 놀랍고 새로운 마음이 올라옵니다. 서울불교대학원대학교 박사과정 시절, 장현갑 교수님의 강의를 김완석 교수님과 함께 수강하였습니다. 그 이후로 한국명상학회가 창립을 하였으니 그 수업이 대략 2008년 정도에 이루어진 듯합니다. 소규모로 진행된 박사 수업이다 보니 명상이 가지고 있는 치유력에 대한 깊이 있는 이론과 더불어 이를 학계뿐 아니라 사회적으로 확산하는 것에 대한 진지한 이야기가 오가게 되었습니다. 개인적으로 느꼈던 명상의 힘을 한 번 더 확인받는 시간이었다고 할까요. 이후 자연스럽게 한국명상학회의 활동과 함께하게 되었습니다. T급 자격증 이후 R급 자격을 갖추고 MBSR 기초 과정을 비롯한 하·동계 수련회에서 프로그램을 진행하면서 참으로 많은 사람을 만났습니다. 이 중에는 오랜 기간 동안 명상을 해 온 분도 있지만, 명상을 해 본 적도 없고 어떻게 하는 지도 모르는 상태에서 안전한 명상을 배우고 싶다고 오신 분들도 있었습니다. 각자의 현 상황과 추구하는 목표는 분명 달랐지만, 명상을 통해 새로운 자기 자신으로 거듭나기를 바라는 열망이 큰 경우에는 쉬지 않고 꾸준히 명상하는 모습을 보았고, 그분들의 모습을 통해 제 자신을 다시 보게 되었습니다. 혹여 명상 지도자라는 이름과 가면으로 허울 좋은 폼만 잡고 있는 것은 아닌지, 나는 나 자신의 진정한 변화를 향해가고 있는지, 스스로 점검하고 살피고 있습니다.

대전충남지회의 총무이사를 맡고 있으면서 지역의 명상 수련생을 만나는 즐거움도 상당합니다. 자주는 아니지만 한 달에 한 번이라는 정기적인 만남 속에서 궁금한 점과 서로의 변화를 나누기도 하는 것이 전국적 차원의 큰 모임에서는 하기 어려운 부분이 아닐까 합니다. 어느새 몇 년 전 일이 되었지만 대전충남지회의 이화순 회장님의 사무실 1층의 찻집에서 지회모임을 하면서 막걸리 명상도 하고, 제가 운영하던 힐링센터 아그니 요가원에서 송년·신년 모임을 가지면서 즐겁게 지내기도 했습니다. 이 글을 적으며 지난 일을 돌아보니 잔잔한 미소가 입가에 머뭅니다. 한국명상학회라는 큰 집이 있어서 이 모든 것들이 가능하지 않았을까 하는 생각이 떠오릅니다.

마음챙김, 명상, 요가와 어우러지다

모교인 서울불교대학원대학교에서 석·박사생을 대상으로 요가를 중심으로 강의를 하고 있습니다. 실기 중심의 강의인 관계로 수련실에서 진행을 하며 많을 때는 20명, 적을 때는 10명 정도의 학생이 수업에 참석합니다. 요가치료에 대한 이론 정리와 실습을 하는 시간에도 명상은 빠지지 않습니다. 실기 수련에 들어가기 전에 마음을 가다듬고 마친 후 명상으로 의식을 명료하게 하고 수련일지를 적도록 안내합니다. 준비와 마무리를 명상으로 하다 보니 수업에 대한 흡수 및 활용이 배가가 되는 듯 여겨집니다.

요가센터에서 하는 요가 수업에서도 명상은 늘 함께합니다. 사실은 요가가 명상인지, 명상이 요가인지 불분명하기도 합니다. 수업의 시작은 지금 이 순간 몸이 머무르는 이곳을 충분히 알아차리는 것으로 합니다. 요가 자세를 하는 동안 그 자세를 통해 감각 느낌을 알아차리게 하고 몸 안의 에너지 흐름에 집중하도록 합니다. 외부로 향하던 의식을 내면으로 거두는 데 아주 효과적인 방법입니다. 이렇게 지금 이 순간의 자신과 만나게 되면 자신의 몸과 마음의 상태를 좀 더 알게 되고 이해가 깊어진 만큼 필요한 조처나 발전을 위한 수련을 좀 더 할 수 있는 것이지요.

가끔 들어오는 외부 특강 요청도 요가 중심에서 명상 중심으로 변한 듯합니다. 명상 경험이 없는 공무원이나 회사원을 대상으로 특강을 할 때면 건포도 명상, 걷기 명상, 호흡 명상이나 수식관을 주로 이용합니다.

세상을 바꾸기 위해 나를 먼저 변화시키다

세상에 대한 관심이 많고 그 세상을 변화시키고자 시작한 명상이 결국은 제 자신의 내면을 향하는 것으로 돌아오니, 세상을 변화시키려면 자기 자신부터 변하라는 말은 진정 진리인 모양입니다. 저의 변화와 성장이 세상에 미치는 영향을 그리 크다고 할 수 없을지라도 결코 작지는 않을 것이라 확신합니다. 서울불교대학원대학교에서 강의하고 있고 비인가 요가 전문대학인 아그니요가대학 부설 아그니요가 연구소장을 맡고 있습니다. 마음건강 전문 사이트인 〈마음건강 길〉 주관의 〈종일 집중명상 - 심연으로 가는 길〉을 진행하고 동 사이트의 〈명상하는 삶〉 시리즈의 필진으로 참여하고 있습니다.

20여 년 전, 삶의 전환점을 맞이하던 그때 어느 한 모임에서 했던 말이 있습니다. "나는 100세 넘게 살 것이고 그 삶의 절반인 50세에 나는 내 삶에서 가장 아름답고 섹시하며 사회적으로도 내면적으로도 성공한 사람이 되어있을 것이다." 한동안 그 말을 잊고 있었다가 몇 년 전에 그 자리에 있던 누군가로부터 그 이야기를 다시 듣고 아름다운 그 나이에 가까워지고 있음에 가슴이 설레었습니다. 박사 학위를 취득하고 전임 교수로 임용 되면서 내가 꿈꾸던 그때에 가까워지는가 여기기도 했지만 정작 50세가 된 지금 전임 교수직을 내려놓고 시간 강사를 선택하였습니다. 저는 아카데믹하고 조직적이기보다는 현장의 역동성에 가슴 설레고 그 과정에서 행복감과 존재감을 느낀다는 것을 진정으로 알고 수용하게 된 것이지요. 그토록 꿈꾸던 나이에 새로운 혼란기가 찾아온 셈입니다. 그동안 해 온 명상의 힘으로 과감

한 선택을 한 것이라고 여기며 반백살 이후의 삶을 꿈꿉니다.

힘겨움으로부터 벗어나고자 시작했던 명상이지만 책과 강의를 통해 이를 이론적으로 알아가다 보니 편안함을 추구하는 것이 명상이 아니라 여실한 알아차림과 냉철한 지성, 따뜻한 자애가 있어야 한다는 것을 알게 되었습니다. 주변의 일을 외면하지 않고 다소 고통스럽더라도 직시하니 차라리 명상을 하지 않을 때가 속 편하다는 생각도 올라왔지만, 삶의 패턴을 반복하지 않고 새로운 방식으로 살아가면서 살던 대로 사는 것이 아닌, 원하는 삶을 창조해가고 있다는 뿌듯함을 느낍니다. 요가 교육자로 세상과 관계를 맺으며 적지 않은 사람들이 요가를 통해 거듭나는 것을 보는 것 또한 큰 보람입니다. 그들의 모습을 보며 제 자신을 다시 보고 안이해지지 않았는지 스스로 살펴봅니다. 나의 변화가 세상을 변화시키는 것이라는 것을 삶 속에서 확인하고 있습니다.

앞으로 세운 저의 길은 요가 명상 교육 전문가로 가는 것입니다. 앞서 말했듯 요가가 명상인데 세상 속에서 요가는 스트레칭과 운동으로 여겨지고 있습니다. 다행히도 이에 대한 인식의 변화도 일어나면서 요가가 마음에 미치는 영향에 대해 많은 이들이 관심을 가지고 있습니다. 경험에 의한 막연한 효과가 아니라 이를 입증하는 자료들을 정리해서 실질적인 요가 명상을 안내할 수 있는 역량을 키워 나가고자 합니다. 전문가는 탄탄한 이론적 베이스를 바탕에 두고 실제적인 수련을 통해 이를 진정으로 알고 외부에 적용하는 사람이라고 생각합니다. 수련법의 이론과 실제에 대한 확신과 사람에 대한 자애를 바탕으로 한 전문가로 세상과 나누고자 합니다.

　　명상을 통해 단순히 편안함이나 안락함으로 들어가는 것이 아닌 보다 명료하게 세상과 자기를 보고 성장을 향해 나아갈 수 있기를 먼저 스스로에게 바랍니다.

요가 호흡 명상 (쁘라나야마)

요가의 의미는 현상적인 자아를 뛰어넘어 초월적 자기 자신과 결합한다는 것입니다. 이를 위한 구체적인 방법으로 쁘라나야마라는 호흡법을 꼽을 수 있는데 단순히 산소가 아닌 쁘라나라고 하는 에너지를 확장시키고 조절하는 것입니다. 이 과정에서 활력이 생기고 건강해지는 부수적인 효과도 경험하게 됩니다.

나디쇼다나

나디는 에너지라고 여길 수 있는 쁘라나가 흐르는 통로를 말하는 것으로 이 나디를 정화시키고 균형 있게 하는 호흡 방법입니다. 숨을 왼쪽 코로 마시고 오른쪽 코로 내쉬고 다시 오른쪽 코로 마시고 왼쪽 코로 내쉬는 순서로 진행되는데, 이때 오른손의 검지와 중지는 접고 엄지와 약지 손가락을 이용해서 코를 조절합니다. 왼쪽 코로 마시면서 시작하고 왼쪽코로 내쉬면서 마칩니다. 한 번에 좌우 번갈아서 12회 정도 합니다. 몸과 마음의 균형을 잡도록 도와주는 호흡입니다.

까빨라바띠

내쉬는 숨에 아랫배를 약간 위로 올리듯 당기며 코로 힘차게 숨을 내쉬는 호흡을 반복합니다. 리드미컬하고 경쾌하게 날숨 중심의 숨을 쉽니다. 처음에는 30번 정도로 시작해서 서서히 100번 정도까지 늘려 가도록 합니다. 정뇌(淨腦) 호흡이라고도 불리며 그 이름처럼 뇌를 정화시켜서 머리를 맑게 해줍니다.

이와 같은 요가 호흡법은 그 자체로 명상적 효과가 있지만 호흡 이후 남아있는 감각의 여운을 따라가며 알아차리면 의식이 더욱 명료해지는 것에 도움이 될 것입니다.

사람의 마음을 글에
온전히 담는 법을 전하는 시인

박현숙

문학치료학 박사이며, 2002년에 심상지 추천으로 시인으로 등단하였다.
2008년에 바닷가에 집을 지으면서 명상에 관심을 가지기 시작했다.
글쓰기와 명상을 접목한 프로그램으로 개인을 변화시키고 마음을 치유하는 일에
신명을 다하고 있으며, 지역 사회의 여러 기관에서 활발한 활동을 하고 있다.
현재 남해힐링센터와 진주심리상담센터를 운영하고 있다.

"왜 살아요?"

고 3때 뇌종양 수술을 받은 후, 3여 년이 지난 지금까지도 온몸에 통증을 호소하며 통증 때문에 일상을 제대로 유지할 수 없다는 내담자가 어느 날 제게 던진 질문입니다. 잠시 생각하다 "왜 사냐면 말이다. 꿈이 있기 때문에 사는 거지."라고 대답했습니다.

"선생님의 꿈은 뭐예요?"

"꿈이라, 글쎄 이미 꿈을 이룬 것도 같지만 지금도 순간순간 꿈을 꾸는 것 같아. 사랑하는 가족들이 행복하기를, 건강하기를, 그리고 내가 아름답게 늙어가기를, 누군가에게 의미 있는 역할을 할 수 있기를, 그러고 보니 아직도 꿈을 많이 꾸고 있네." 그리고 나는 그녀에게 바디스캔을 실시했습니다.

"내 몸이 마치 박하사탕을 먹은 거 같아요. 선생님이 주신 '1000원짜리 치료사'에 이 경험을 쓸 거예요. 꿈을 가져보면 고통이 줄어들 것 같아요." 라며 환하게 웃던 그녀.

'1000원짜리 치료사'는 내담자에게 내주는 숙제장이며 자각 일기장입니다. 순간순간 자신도 모르게 일어나는 감정들을 써보게 함으로써 자신을 들여다보고 느끼며 내 안에는 스스로가 만든 문제들이 심연 해 있음을 내담자가 깨닫게 하는 것입니다.

글쓰기, 내 안을 바라보는 가장 솔직한 방법

인간은 가끔 자신의 감정을 다스리기가 어려워 혼란을 겪게 됩니다. 자기 상실감과 분노는 일종의 정서 과잉, 즉 정서 통제 불능 상태입니다. 자신의 정서를 억지로 가라앉히려 맞서기보다는 그 정서를 다룰 수 있는 일련의 기술이 필요한데 그것이 바로 정서 조절입니다. 감정들의 얽힘 그 자체를 말로는 설명하기 힘든 일이지만 정서에도 논리가 있습니다. 우리는 자신의 정서 체계를 이해할 때 글쓰기를 통해 이것이 어떻게 작동되는지 관찰하고 스스로 조절할 수 있게 돕는 특별한 기술을 사용할 수 있게 됩니다.

글쓰기는 자기 이해를 가져오는 수단이 되기도 합니다. 자신을 이해한다는 것은 자기의 심신에 관한 여러 가지 상태, 대인 관계의 질과 양, 가치관 및 이와 관련된 자기의 행동 등에 관해 현실적으로 이해하는 것을 말합니다. 자신에 대해 아는 것이 없으면 매사에 자신감이 없어져 열등감을 가지게 됩니다. 따라서 부정적인 자아 개념을 형성하기 쉽습니다. 글쓰기는 이러한 사람들에게 자기 이해를 돕는 도구라 할 수 있습니다. 글쓰기는 자신을 수용하게 하며 글은 자기 자신에 대해 털어놓을 수 있는 안전한 환경을 제공해 줍니다. 글쓰기는 자신의 내면을 구체적이고 솔직하게 표현할 수 있는 언어적 표현 중 하나의 방법인 것입니다.

글쓰기에 있어서 자기수용이란 자기 자신의 느낌, 생각, 행동 등 여러 가지 현상을 있는 그대로 받아들여 자기의 것으로 인정하고 책임지는 것을 말합니다. 어떤 것에 대해 좋다, 나쁘다 하는 것은 일종의 판단입니다. 존 카밧진이 '마음챙김'에 대해 '현재 이 순간 일어나고 있는 경험에 대해 어떤 판단도 하지 않은 채 의도적으로 주의를 집중하는 것'이라고 정의 한 것과 같은 맥락으로 연관 지어 볼 수 있습니다.

명상 수행에서 언어는 상대적으로 제한되며 유치한 것으로 간주될 수도 있습니다. 하지만 인간은 생각으로 인해 사물의 본성을 제대로 파악하기가 어렵습니다. 명상을 경험하지 않고는 활동적이며 깨어 있는 주의가 생각 없이 우리 곁에 존재하기도 한다는 사실은 상상조차 어려울 것입니다. 하지만 명상을 하게 되면, 생각의 방해를 받지 않을 때 앎의 과정이 더 예리해지고 정교해짐을 느낄 수 있습니다. 예리한 '알아차림'만이 남을 때 그 순간과 글쓰기가 연결된다면 쓰기라는 행위는 자기 관찰을 넘어 통찰의 단계로 이어지는 수단이 됩니다.

1,000원짜리 치료사, 내 마음의 소리를 담아내는 대나무숲

'오늘은 어깨에 무거운 돌을 짊어지고 있다가 가벼운 스카프로 바꾼 이 느낌'
'동굴 속을 걷고 있는데 동굴의 끝이 보여요. 한 줄기 빛으로요'
'사람들이 움직이는 살덩이로 보여서 바깥에 나가기가 싫었는데 요즘은 전혀 그렇지 않아요'
'시간이란 정말 아름답고 잔인하죠. 그런 시간에 어떤 색의 노력을 버무리면 좋은 술이 되기도 하고 맛있는 음식이 되기도 하고, 맑은 샘물이 되기도 하겠지요'

위의 글들은 조울증 진단을 받고 20대의 대부분을 병원과 집만을 오가고 있는 청년이 '1,000원짜리 치료사'에 써놓은 글들입니다. 이 청년은 상담 후부터 명상을 하고 글을 씁니다. 글을 쓰며 자신이 가지고 있는 두려움이나 불안, 수치심 등을 자연스럽게 표현할 수 있는 기회를 가지는 것이 치료적 역할까지 하고 있음을 보여줍니다.

신발

–

마음에 드는 신발 하나 눈에 들어왔다

그러나 발에 맞지 않았다

발에 맞는 신발은 마음에 들지 않고

마음에 드는 신발은 치수가 맞지 않았다

발에 맞는 신발을 살 것인가

마음에 드는 신발을 살 것인가

한참 망설이다가

헐렁하지만 마음에 드는 쪽을 택했다

누군가에게 물었다

마음에 들지만 크기가 없는 신발과

크기는 맞는데 마음에 들지 않는 신발이 놓여있다면

어느 걸 선택하겠느냐고

짧은 대답이 곧바로 나왔다

"안 사" 였다

아,

나는 오늘도 마음에 든 헐렁한 신발을 신고 길을 걷는다

누군가의 발에 가서 꼭 맞아야 할 신발이

내게 와서 더 헐렁해져

달그락달그락 소리 내는

나를 신고 다니는 신발 하나 신고

위의 자작시는 우연히 강의 중에 썼습니다. 시험 감독을 하러 강의실로 들어서는데, 학생들이 제가 신고 있는 신발을 보고 "교수님 신발이 너무 커요."라고 했습니다. 나는 그들에게 물었습니다. 마음에는 드는데 내 발에는 안 맞고, 치수가 맞는 것은 마음에 안 들고, 이럴 때 너희들은 어떤 걸 사겠냐고요. "안 사요."라는 대답이 바로 나왔습니다. 조금의 망설임도 없이 말이죠. 마침 그날 시험은 오픈 북으로 치게 되어 있었던 터라 그 순간 저는 바로 이 시를 써 내려갔습니다. 마음의 신발과 현상학적으로 와 닿는 신발의 의미란 게 이토록 짧고 단호하고 명쾌할 수 있는 걸까요.

공사 중

—

살아간다는 것이 길을 가는 것이라면
내가 가는 그 길은 언제나 공사 중이었다

천천히
갓길 없음
공사 중

늦깎이 공부로 힘든 나날을 보내고 있을 때 고속도로 운전 중 길이 막혀 천천히 가고 있는데(그날 저는 강의 시간에 쫓겨 순간 짜증이 났었습니다.) 바로 앞에 세워진 팻말들을 본 순간, 내 삶도 지금 공사 중이구나, 그래서 천천히 그리고 오로지 갓길 없음으로 가고 있는지를 알아차렸습니다. 그리고 바로 쓴 이 시는 나의 자화상이 되었습니다. '지금 여기'에 충실하며 살 수 있게 해주는 나의 글귀가 되었습니다.

글쓰기는 명상적 행동입니다. 생각만 하는 것은 결코 글쓰기가 될 수 없습니다. 마음챙김과 글쓰기의 접목이야말로 내가 살아가는 이유 중의 충분조건이며, 내 삶은 그 이전과 그 이후로 나누어진다고 감히 말할 수 있습니다.

글쓰기 명상

우리의 생각을 글로 표현하는 과정은 그 자체로 명상적 순간입니다. 천천히 스스로의 마음을 알아차리고, 있는 그대로를 느끼고, 그 순간을 글로 풀어봅시다.

글을 쓰기에 적절한 장소, 편안한 장소를 찾아봅니다. 굳이 글을 쓰려는 의도가 없어도 좋습니다. 순간 일어났던 내 생각을 바로 쓸 수 있는 공간이면 충분합니다. 어디든 좋습니다만, 잠시 나의 마음을 가다듬어 풀어놓을 수 있는 곳이라면 더욱더 좋겠습니다.

풀어내고자 하는 주제를 찾아봅니다. 어떤 것이든 좋습니다. 내 주변을 알아차림 하여 발견해 낸 풍경과 현상들도, 내 마음속에 일렁이는 생각과 감정도 혹은 그 모든 것이 하나 되어 어우러지는 과정도 주제가 될 수 있습니다.

떠오르는 단어나 문장을 먼저 던져 봅니다. 지금 나의 마음을, 내가 알아차린 세상을 잘 표현할 수 있는 것이 있을까 하고 생각해봅니다. 자신을 믿고, 진실을 믿으면 무엇이든 당당하게 쓰지 못할 것이 없습니다.

이제 적어 봅니다. 잘 쓰려고 노력하지는 않습니다. 날 것의 언어를 종이 위에 흩뿌려 봅니다. 그 순간에 동시에 또 샘솟는 생각이, 떠오르는 감각이, 쓰고 싶은 단어가 있다면 더 적어 봅니다. 덧붙여 보고, 빼 보고, 눈으로도 소리 내서도 읽어 봅니다.

지금 이 세상에서 처음으로 내가 써내려갔을, 나만의 글귀를 바라보고, 곱씹어 봅니다. 나의 글은 어떻게 세상에 그리고 나에게 다가오나요?

몸, 마음, 세상을 캔버스에 담아
'다시 살아냄'을 말하는
재활 전문가

박정아

물리치료학과 미술학을 전공하고 재활심리학으로 석·박사 학위를,
인도 케랄라 아유르베다대학교에서 아유르베다 디플로마를 취득하였다.
미술과 명상을 활용하여 몸과 마음의 치유를 돕는 AMY몸마음챙김연구소 대표이며,
부산 마음치유학교에서 명상 프로그램 개발과 진행을 주관하고 있다.
저서로는 《재활심리학》, 《운동재활관리학》 등이 있다.

초등학교에 입학하여 중학교를 졸업하기까지 미술은 체육과 더
불어 매년 배우는 필수 교과목 중 하나였습니다. 긴 생머리에 가녀리
고 하얀 손을 가진 미술 선생님은 나무와 집은 이렇게 사람은 저렇게
그려야 하고, 하늘은 파란색 땅은 황토색으로 칠하는 친구에게 '수'를
주신다고 생각했습니다. 이후 내 나이 서른 즈음에서야 미술은 기술
이 아니라, 나를 내려놓고 본질을 탐구하여 예술적 기법으로 표현하

는 과정임을 깨달았습니다.

어릴 적, 몇 가지 뚜렷한 기억이 있습니다. 그림 그리는 것을 좋아해서 친구들을 사귀지 않았는지, 친구들을 사귀지 못해서 그림을 좋아하게 되었는지는 알 수 없지만 누군가와 관계 맺는 것을 불편해 했다는 것과 내가 그린 그림이 친구들의 주목과 선생님들의 기대를 받을수록 그 불편함은 더했다는 것만큼은 분명하게 남아 있습니다. 그리고 그런 불편감과는 달리 주목받는 '화가'가 되어보고자 치열하게 그림을 그리던 시절이 있었습니다. 물리치료사로 임상에서 환자를 만나며 이상과 현실 사이 그 어느 것에도 안주하거나 만족하지 못하던 20대에는 순종적인 청소년기와는 달리 뒤늦게 찾아온 성인 사춘기와 맞물려 오로지 '화가'라는 갈망에 사로잡히기에 충분한 조건이었습니다.

청춘을 앞세워 낮에는 병원으로 밤에는 작업실로 그야말로 주경야작으로 미술 작업에 몰두하며 삶을 버텨 가고 있던 어느 날이었습니다. 더 이상 이렇게 살다간 내 손으로 머리를 밀고 내 발로 정신병원으로 걸어 들어갈 것만 같아 휴직계를 던지고 제주도로 향했습니다. 하는 일 없이 섬 구석구석을 걷기 시작한 지 한 달 즈음에 들른 어느 미술관에서 바로 그 작품을 만났습니다.

황토색의 모노톤 화면에는 어쩌다 갈매기 한 마리가 등장하였고, 바람에 무작정 몸을 맡긴 늙은 나무가 앙상한 뿌리를 드러내며 위태롭게 서 있었습니다. 그리고 그런 나무보다 더 늙은 노인이 구부정한 허리를 지팡이에 의지한 채 길을 걷거나 바위에 앉아 있는 그림들이었습니다. 작품은 우울하다 못해 격정적인 슬픔으로 가슴이 아릴 지경이었고 쓸쓸함이 머릿속 신경 세포들을 모조리 훑고 가 마침내 텅 비어버린 기분이었습니다. 그러나 저는 천장이 낮은 자그마한 전시장의 한가운데 놓인 작은 의자에 앉아 하얀 벽을 빙 돌아 걸린 10여 개 작품들과 마주하였습니다.

그렇게 앉아 몰입하기를 아마도 한 시간은 훌쩍 넘겼는지 모르겠습니다. 갑자기 이상한 일들이 일어나기 시작했습니다. 서서히 내 주변의 모든 것들은 사라져 갔고 공간은 황토색으로 물들어 갔습니다. 어딘가로부터 황토색 바람이 불어와 내 몸을 휘감더니 등 굽은 노인이 지팡이를 짚고 내 곁에 서서 내가 바라보는 곳을 함께 바라보고 있는 것이 아니겠습니까? 참으로 믿기 힘든 생생한 경험이었습니다. 그리고 어느 한순간, 온몸의 전율과 함께 어떤 깨달음이 훅하고 일어났습니다.

'나는 그림을 그리지 않았구나. 다만 나는 그림을 그리는 사람이 되려 하였구나.'

지금도 그 순간을 떠올리면 코끝에서는 황토색 바다 냄새가 피부에서는 황토색 바람이 닿는 것을 몸이 먼저 선명하게 기억해 냅니다. 어쩌면 그 순간 저는 작품에 완전히 몰입함으로써 명상의 끝에서 경험할 수 있다는 삼매의 경지에 들었는지도 모르겠습니다. 아무튼 그림을 '그리는 사람'이 되려는 것과 그림을 '그리는 것'은 완전히 다르다는 통찰의 경험은 이후 내 삶을 완전히 바꿔 놓았습니다.

먼저 '화가'라는 직업만을 좇던 '갈망하는 마음'을 한순간 완전히 내려놓을 수 있었습니다. 미술 작업에서는 이전보다 과감하게 지워나가는 것이 수월해졌으며-화면을 채우는 것보다 비우거나 지우거나 붓질에 더 큰 용기가 필요합니다.-화면의 일부를 비우는 것에서도 훨씬 편안해졌습니다. 그리고 이상하게도 다른 사람과의 관계를 더 이상 불편하게 느끼지 않게 되었습니다. 저는 그날의 경험이 '이 순간에 있는 그대로 존재함'에 대한 의미와 삶에 대한 진정한 몰입의 이치를 아주 조금이나마 깨닫는 순간이었다고 생각합니다. 또한 이것은 저의 개인적 치유 경험을 넘어서 미술을 임상에서 만나는 환자의 신체 기능 재활이나 통증 조절 그리고 트라우마 치유를 위한 보조적 도구로 활용해 볼 것에 관한 진지한 고민을 해 보는 계기가 되었습니다.

미술, 몸과 마음, 시간과 공간을 꿰뚫는 마음챙김의 길

미술은 그 단어가 주는 의미와 같이 시각적으로 파악할 수 있는 대상에 대한 미적 표현입니다. 고대 이집트나 그리스의 벽화와 건축들은 가공된 아름다움이 아닌 시공을 초월한 대상의 본질 그 자체를 표현함으로써 아름다움을 발견하였고, 중세의 화가들은 격동의 시대사를 직설적으로 표현함으로써 고통을 아름다움으로 승화하였습니다. 그리고 작가는 개인의 경험과 삶에 대한 깊은 고뇌와 통찰이 반영되는 미술 작업 과정을 거치며 창조된 미술 작품은 관객의 삶과 연결되어 공감과 치유를 주기도 합니다.

미술이 갖는 치유의 힘에 관해서는 이미 오래전부터 알려져 왔습니다. 문학뿐만 아니라 그림을 사랑하던 《데미안》의 작가 헤르만 헤세는 자신의 정신 질환 치유를 위해 그림을 그렸으며 감성을 회복해 나갔습니다. 멕시코 출신 초현실주의 화가 프리다 칼로는 소아마비와 두 번의 끔찍한 사고로 인한 극심한 신체적 고통 그리고 그보다 더 심각한 남편의 문란한 사생활로 인한 심리적 고통을 동시에 감당해야 했습니다. 그러나 그녀는 자신에게 닥친 고통을 외면하거나 미화시키지 않은 채 오히려 그림을 통해 고통을 정면으로 직시하고 적나라하게 드러냄으로써 스스로를 치유해 나갔습니다. 이처럼 미술이 갖는 자기 치유의 힘은 명상의 과정과 별반 다르지 않습니다.

미술 작업을 통해 작품이 완성되고 그 작품이 전시장 한쪽 벽에 걸렸다가 내려지기까지의 과정이야말로 명상의 순간들입니다. 수천 번, 수만 번의 붓질로 채워지기 그리고 지워 나가기가 반복되는 동안 마음을 바라보고 다듬어 가야 하는 생생한 마음챙김의 과정입니다. 그림을 그리는 행위에 깨어 있는 동안 자신의 에고(Ego)를 만나게 됩니다. 캔버스를 펼치고 물감을 짓이기며 손끝의 감각으로 농도를 가늠하고 무엇을 담을 것인지 무엇을 지울 것인지 어디에서 붓질을 더 할 것인지 어디에서 붓질을 끝낼 것인가에 대한 끊임없는 내면의 욕구와 의도를 있는 그대로 알아차려야 합니다.

작품의 주제나 소재를 통해 나의 무의식적 욕망과 만나야 하고, 과감하게 지워감으로써 내려놓음을 터득해야 합니다. 여백을 통해 인내심과 버팀을 배워야 하며, 전시장 벽에 작품이 전시되었을 때는 벌거벗겨진 자신에게 한없는 자애심을 보내야 합니다. 그리고 이러한 시간들을 온전히 직면할 수 있어야만 완성의 길로 나아갈 수 있습니다. 하나의 화면 안에 대상의 과거와 현재와 미래를 그리고 전, 후, 좌, 우, 위, 아래를 동시에 담아낼 수 있었던 피카소의 작품들은 시공을 초월하여 대상의 본질을 꿰뚫는 명상의 길이었음을 말해 줍니다.

저 또한 세상의 흐름보다 의식의 흐름을 따라가며 미술과 재활 그리고 명상을 학문과 체험으로 연결하는 삶을 통해 '나'라는 인식의 대상으로부터 조금은 거리를 둘 수 있게 되었으며 내면의 평화와 자유 그리고 타인을 위한 치유의 도구로 활용할 수 있게 되었습니다.

시선이 닿는 곳에 붓이…
'다시 살아냄'이 닿는다

벌써 오래전 일입니다. 신체장애를 가진 아이들을 위해 집단 미술과 재활 치료 프로그램을 10여 년 이상 진행했던 적이 있었습니다. 아이들의 몸과 마음의 재활 과정을 오랜 시간 지켜보면서, 기존의 재활 치료에 국한되지 않으면서 각각의 장애와 아이의 특성을 고려한 통합적 중재법을 고민하던 시기였습니다. 그때, 마음챙김을 만나면서 선천적인 신체장애를 가진 아동들에게는 미술 활동과 비디스캔이 자신의 신체 인식과 기능 향상에 도움이 될 수 있었다는 중요한 경험을 하게 되었습니다.

프로그램에 참여하는 반년의 시간 동안 얼굴을 그릴 때면 언제나 단 한 번도 스스로 입을 그리지 않아 제 숙제의 대상이 되었던 아이와의 만남이 기억납니다. 언어장애가 있었지만, 보청기를 착용하면 정상 범위 수준의 청력이었던 아이는 언어치료 과정을 굉장히 힘들어했고, 아이의 부모는 치료 경과가 만족스럽지 않아 애를 먹고 있었습니다. 그러던 어느 날, 미술 활동 전에 바디스캔을 함께 해 보았습니다. 먼저 거울을 보고 자신의 얼굴을 꼼꼼하게 관찰하도록 했고, 다음으로 눈을 감고 얼굴의 감각을 부분적으로 섬세하게 느껴보도록 했습니다. 그리고 나서 자신의 얼굴을 그려보도록 하였습니다. 매번 입을 그려보자는 저의 회유와 설득에 겨우 동그라미 하나를 쓱 그리던 아이가 저의 지시 없이도 입술의 모양을 정성스럽게 그렸고 색까지 칠하는 것이 아닙니까? 처음으로 아이 스스로 '입'을 표현하고 있는 것에 그저 놀라울 따름이었습니다. 그리고는 정확하게 그 시간 이후부터 언어치료 효과는 급속하게 나아졌으며 아이가 청소년으로 성장하는 몇 년 동안 프로그램을 함께하며 비록 어눌할지언정 아이의 목소리 심지어 노래를 매 수업마다 들을 수 있었던 감동적인 사건이었습니다.

출생과 함께 몸을 통해 습득하게 되는 신체 도식(Body Schema)은 신체의 기능 수행의 기초이며 움직임을 효율적이고 조화롭게 만들어주는 역할을 합니다. 그러나 선천적으로 신체장애를 가진 아이들의 경우 제한된 신체가 신체 도식화의 기회에 제한됨으로써 움직임을 습득하고 학습하는 데 부정적인 영향을 받을 수 있습니다. 따라서 신체 도식 형성 그리고 움직임 체득을 위해 미술 작업이나 바디스캔 등을 활용한다면 충분히 도움이 될 수 있을 것입니다.

신체 손상을 가진 성인의 경우에도 미술이나 명상을 활용하여 자기 몸을 객관화하는 작업은 기능 개선에 긍정적 효과를 주었습니다. 뇌졸중 환자들의 기능 회복을 목적으로 명상과 미술 작업을 결합하는 임상시험 연구를 진행했을 때의 일입니다. 손상 측을 중심으로 바디스캔을 실시하고 나서 자신의 몸을 그리게 한 후에 재활 치료를 받게 하였습니다. 편안한 음악을 듣거나 휴식을 취했던 대조군과 비교하여 신체기능, 인지기능 그리고 스트레스 등에 대한 생리학적 반응에서 유의미한 결과를 얻게 되었는데, 이러한 결과와 관계없이 더 주목할 만한 부분이 있었습니다. 그것은 매일 환자들을 만나 데이터를 수집하는 것 외에 이들의 경험들에 대해 하나도 빠짐없이 기록했던 저의 일기였습니다.

실험 집단으로 참여하셨던 거의 모든 분들께서 "재활 치료가 너무 힘이 들어 치료 시간이 두렵기까지 했는데, 이제는 치료받는 시간이 훨씬 편해졌다. 바디스캔을 하는 동안 마비된 부위에 물이 흘러가는 감각을 느꼈다. 아픈 몸에 집중하면 더 아프고 힘들 줄 알았는데 오히려 편안하고 잡생각이 안 나더라. 내가 그림 몸 그림을 보니 내 몸을 좀 더 귀하게 여겨야겠다. 안쓰럽다. 다음 시간에는 더 잘 그려보고 싶다."와 같은 말씀들을 실험 기간 내내 하셨습니다. 어떤 분은 "처음에는 내가 아프다는 것에 너무 화가 났고 아프지 않았어야 했다는 생각에 도무지 잠을 잘 수 없었는데 지금은 이만하기 다행이다. 내 몸에 너무 감사하다는 생각이 든다."며 눈물을 쏟아내기도 하셔서 함께했던 모든 분들께 감동을 주기도 하셨습니다. 저 또한 두 달이라는 시간 동안 여러 목적을 위해 그들을 만났으나, 현재에 처한 그들의 아픔이나 개인적 사연을 들으면서 있는 그대로의 그들과 함께 하는 것이야말로 재활치료사로서의 출발이라는 것을 가슴 깊이 깨닫게 되었습니다.

몸과 마음의 대화로서의 마음챙김, 가장 치열한 삶의 현장을 함께하다

사연 많은 재활의 현장. 간혹 이보다 더 생존하고 존재하기 위해 치열하게 몸부림치는 현장이 있을까? 라는 생각을 하면서, 신체 재활, 통증을 경험하고 계신 분들이야말로 마음챙김이 가장 필요한 집단임을 강조하고 싶습니다. 몸의 사라짐은 '나'라는 집착 대상의 부재이므로 '불안'에 휩싸일 수밖에 없다는 것은 몸을 가진 우리 모두에게 처해진 운명입니다. 따라서 몸을 재활 하는 현장서 가장 우선적으로 선행되어야할 것이 '몸에 대한 마음챙김'이 되어야 하며 마땅히 이를 위한 마음챙김 방법이 많이 시도되어야 한다고 생각합니다.

미술, 재활 그리고 명상은 창조 또는 재창조의 과정이라 해도 과언이 아닙니다. 모든 학문은 결국 하나로 연결되어 있지만, 특히 이들의 과정은 오직 지금—여기에서 가슴을 열어야만 그것을 실현할 수 있다는 점에서는 완벽하게 같습니다. 그리하여 저는 수련자로서의 개인적 삶 외에 이들이 갖는 다양성 속에서 공통된 부분을 찾아내고, 의미 있는 것들로 연결하는 것을 제 삶의 사회적 책임 과제로 삼

고자 한다는 것을 감히 밝히면서 두서없는 제 글을 마무리하고자 합
니다.

박정아
몸, 마음, 세상을 캔버스에 담아 '다시 살아냄'을 말하는 재활 전문가

그림과 함께 하는 몸에 대한 마음챙김

소개에 앞서 미술에 흥미가 있다면 그렇지 않은 것 보다 나을 수 있겠지만 흥미는 사실 중요한 사항이 아닙니다. 다만 미술 재료에는 얽매일 필요는 없으나 각 재료가 가진 표현의 한계는 다소 있으니 재료 선별은 고려의 대상이 될 수 있음을 참고하시기 바랍니다.

1. 미리 종이와 연필을 준비하여 자신의 가까이에 두고 바닥이나 의자에 앉거나 누워도 좋습니다.

2. 눈을 편안히 감고 이 순간과 이 공간을 잠시 느껴 봅니다.

3. 다음으로 주의를 자신의 코끝에 둡니다. 그리고 지금 이 순간의 호흡을 잠시 느껴 봅니다.

4. 주의를 자신의 몸에 돌려 몸의 부분 부분으로 나누어 살펴봅니다. 이때 호흡은 부드러우면서 깊게 의도적으로 실시합니다. 한 번의 들숨 동안 몸을 느끼면서 들이마시고 한 번의 날숨 동안 몸을 느끼면서 내쉬도록 합니다. 몸은 머리, 오른쪽 팔, 왼쪽 팔, 목과 몸통, 등과 허리, 골반과 오른쪽 다리, 왼쪽 다리의 순서로 느껴 봅니다.

5. 호흡과 함께 몸을 느끼는 동안 긴장된 부위가 있었다면 긴장되었던 부위에만 다시 주의를 깊게 두고 다시 4번을 반복합니다.

6. 다시 주의를 자신의 코끝에 둡니다. 그리고 지금 이 순간의 호흡을 잠시 느껴 봅니다. 천천히 눈을 뜹니다.

7. 편안한 마음으로 종이 위에 자신의 몸을 그려 봅니다.

8. 그려진 신체 그림 위에 4번을 실시하는 동안 느껴졌던 호흡의 방향이나 강렬한 감각이 느껴졌던 몸의 부위를 표시하고 색을 칠해 봅니다.

9. 그리고 다시 눈을 감고 이 순간과 이 공간 그리고 자신의 호흡을 느껴 봅니다.

10. 8번 과정에서 표시했던 몸으로 자신의 주의를 옮기고 부드럽고 깊은 호흡으로 몸을 다시 느껴 봅니다.

11. 다시 주의를 자신의 코끝에 둡니다. 그리고 지금 이 순간의 호흡을 잠시 느껴 봅니다. 천천히 눈을 뜨고 마무리합니다.

TIP. 가끔 '그림 못 그린다.', '어떻게 그려야 하나?'라고 하면서 미술 작업 자체에 대해 힘겨워하는 분들을 만날 수 있을 것입니다. 이런 분들에게는 먹기 명상이나 차 명상을 할 때와 같이 미술 작업을 시작하기 전에 먼저 미술 재료들을 먼저 느껴볼 것을 추천하고 싶습니다. 종이나 연필 그리고 물감 등을 만질 때의 감각, 일어나는 소리, 냄새 등을 천천히 느끼고 충분히 경험하도록 합니다. 미술 재료들과 나의 몸을 먼저 연결 짓는 과정은 미술에 대한 긴장이나 저항으로부터 이완감을 줄 수 있을 것입니다.

소리와 음악으로
명상을 안내하는
심리학자

심교린

음악심리전공으로 석사, 건강심리전공으로 박사를 졸업하고
현재 박사후연구원 및 심리학 강사로 근무하고 있다.
명상의 심리치료 기제를 음악과 예술치료 분야에 접목하고자 연구하고 있다.
청소년과 일반인을 대상으로 스트레스 관리와 행복,
심리적 성장을 증진시키는 데에 관심을 두고 있다.

저는 음악을 통해 명상을 만났습니다. 중학생 무렵, 영화 〈미션〉
의 OST 중에서 Gabriel's Oboe가 연주되는 장면은 지금도 기억에 생
생합니다. 선교사가 정글 속에서 오보에 연주를 통해 원주민들과 교
감하고 소통합니다. 음악과 소리는 언어 이전의 수준에서 사람과 사
람을 연결시켜 주는 힘을 가지고 있다는 것을 느꼈습니다. 또한 고등
학생 시절, 중창단 활동을 했는데 남자 열두 명이 함께 노래를 부르며

화음을 만들고 마음을 담아 하나가 되는 경험은 그 자체로 치유의 경험이었습니다. 단지 노래를 부르며 즐거움을 느끼는 것 이상의 초월적이고 치유적인 경험을 가능하게 했습니다.

예술, 치료, 그리고 명상

명상의 심리적 기제를 바탕으로 음악과 예술 치료 분야에서 적용하고 있습니다. 사실 어떤 의미에서, 예술 활동은 그 자체만으로도 명상적이라고 할 수 있습니다. 심리학자이자 음악심리치료사로서 음악 및 예술치료와 명상 간의 만남은 자연스러운 이끌림이었습니다. 음악과 예술 활동이 지닌 치유의 힘에 매료되어 음악치료사로 활동하다가 몸과 마음의 조화를 통해 건강한 삶을 살아갈 수 있음을 체험하였고, 아주대학교 심리학 박사과정을 통해 명상을 과학적으로 이해할 수 있게 되었습니다. 그렇게 명상을 이해하고 수련하다 보니, 그간 해왔던 음악 및 예술 활동에서도 명상과 유사한 심리 치료적 기제가 있음을 발견하고 이를 체계화하고 발전시키기 위해 노력하고 있습니다.

소리, 그 자체로 존재하는 명상적 현상

소리는 물질로 존재하는 것이 아니라 파동으로 존재하며, 바로 그 순간 그곳에서만 경험할 수 있는 현상입니다. 그러므로 사실 소리를 다루는 것 자체가 명상일 수 있습니다. 증거와 심리적 기제가 밝혀진 과학적 명상 접근에 기초한 설명으로도, 소리에 집중하고 몸의 반응과 감정적 변화를 알아차리는 것은 그 자체가 명상입니다. 또한 소리를 만들어 내면서, 여기에 의도를 담아내는 것 역시 명상적 활동이 됩니다. 싱잉볼, 종소리와 같이 소리의 진동이 길게 유지되면서 차분하고 신비로운 느낌을 주는 소리를 활용하는 것이 효과적입니다. 진동 속에 머무르면서 울려 퍼지는 소리와 진동을 알아차리고 그에 따른 몸과 마음의 반응을 알아차리는 싱잉볼을 활용한 명상 방법은 이미 티베트 등에서 오랜 시간 사용되어 왔습니다.

목소리 명상도 있습니다. 만트라 명상이 대표적인데 특정 기도문이나 경전 문구 등을 반복적으로 소리 내는 것을 말합니다. 이때 선택하는 단어나 문구는 개인이 결정합니다. 종교가 있는 사람은 자신의 종교에서 선택하는 것이 좋고, 아닌 사람은 자신의 신념에 어울리거나 상황에서 의도를 담고 싶은 문구를 만들어도 괜찮습니다. 주의를 기울여 호흡을 자연스럽게 유지하면서 의도를 세우고, 호흡에 맞추어 선택한 문구나 단어를 반복적으로 읊거나 노래합니다. 그렇게 자신이 내는 목소리의 음색과 높낮이, 그리고 호흡에 집중하면서, 그 시간 속의 마법인 선율에 제 마음과 의도, 감정을 녹여서 노래하다 보면 그 순간 온전히 나 자신을 잊고 존재하는 경험을 하기도 합니다.

소리의 조화, 우리가 하나가 되는 순간

저는 가톨릭 신앙인으로서 학창 시절에 성가대와 교내 중창단 활동을 했습니다. 성가를 통해 제 가치관과 믿음을 담아 표현하고, 노래에 마음을 담아내고자 노력했던 경험은 학업 스트레스를 해소하는 것은 물론이고, 온전히 저 자신을 만나 치유를 경험하는 시간이었습니다. 그저 노래하는 것이 좋고 노래를 잘 부르는 사람들이 멋있게 보여서 성가대, 중창단 활동을 시작했습니다. 열두 명의 남자 고등학생들이 노래하는 중에 서로 눈을 마주쳐 온몸으로 소통하고, 자신의 목소리가 튀거나 음정이 떨어질까 긴장하고 주의를 집중하면서 함께 만드는 노랫소리에 따라 서로의 목소리를 미묘하게 조절하고 맞춰가며 노래를 불렀습니다. 옆 친구가 음정이 떨어지면 눈짓과 표정으로 알려주고 정 안되면 나머지 열한 명이 다 같이 음정을 살짝 떨어뜨려 조화를 이뤄갑니다. 혹여 누군가가 긴장해서 박자가 빨라지면 서로 알아차리고 함께 호흡을 맞춰가며 계속해서 노래를 만들어 갑니다. 그렇게 열두 명이 한마음으로 어우러져 소리 내고 음악을 만들어 갔던 그 순간들, 저는 바로 그 순간에 소리를 통해 하나가 되는 연결성을 경험하였고, 더 나아가 아직 과학적으로 설명하기 어렵고, 말로 표현할 수 없는 초월적 경험까지도 하게 되었습니다. 물론 그 시절 저는 그러한 음악 경험이 어떤 원리로 저에게 치유를 가져다주는지 등에 대해 전혀 알지 못했었습니다. 그저 그냥 좋았기에 해왔습니다.

이와 같은 음악의 명상적 힘을 체험한 사례는 역시나 저 혼자만의 것이 아니었습니다. 프랑스 남동부의 작은 마을에 떼제 공동체(Taizé Community)라는 곳이 있습니다. 이곳에서는 하루 세 번 정해진 시간에 만나 짧은 노래를 반복해서 부르면서 기도합니다. 이렇게 짧은 가사에 담긴 신앙 가르침은 반복할수록 체화되며, 의도를 담고 마음을 모아 소리 내 찬양하는 시간에 함께 있는 사람들은 일치감을 경험합니다. 바로 그 장소, 그 곳에서 진동하는 사람들의 목소리 파동들이 그 공간에 존재하는 모든 사람들과 공명합니다. 심지어는 같은 리듬과 멜로디가 반복되면서 침묵 중에서도 마음속에서 노래가 계속될 수 있게 합니다. 이 얼마나 아름다운 명상이고 기도인지요? 아마 개인적으로는 잘 알지 못하지만 티베트나 인도에서 수행하는 '옴' 만트라 명상 역시도 비슷한 경험이 아닐까 생각해 봅니다.

온몸을 울리는 소리의 에너지는 치유의 힘으로 작용한다

10여 년 동안 가톨릭교회에서 음악 치유 미사와 음악 피정을 진행해 왔습니다. 그리고 일반인을 대상으로 명상에서 음악의 적용을 강의하고 워크숍을 진행하고 있습니다. 음악 심리 치료적인 기법을 활용하기도 하지만, 최근에는 음악 명상적인 방법을 더 많이 사용합니다. 특히, 음악을 통해 나 자신을 아무런 조건 없이 사랑하고 이를 바탕으로 타인에게 그 사랑을 전하는 마음과 의도를 심상화하고 여기에 집중하여 그 생각과 감정을 온몸으로 체험하며 키워내는 음악 자비 명상은 놀라운 치유와 성장의 효과를 가져다줍니다. 딸이 어린 나이에 생명을 피우지 못하고 죽은 것을 아파하며, 14년 동안이나 자신을 용서하지 못하고 자식을 잃은 부모가 어찌 노래를 부를 수 있겠느냐던 여성이 작은 목소리로 겨우 노래를 시작하다가 펑펑 울음을 쏟아내고 결국 딸의 죽음을 애도하고 품에서 보내줄 수 있었던 사례, 아무리 생각해도 나는 사랑을 받았다고 느낀 경험이 한순간도 없는 것 같다던 분이 사랑받는다는 느낌을 조금씩 알게 되는 것 같다며 감동에 벅차 말을 잇지 못하던 성인 남성의 사례 등을 접할 수 있었습니다.

저는 음악심리치료사이자 명상을 연구하는 심리학자입니다. 소리와 음악이 인간의 주위에 강력하게 영향을 미친다는 사실은 분명합니다. 따라서 움직임이 없는 상태에서 몸의 감각이나 생각, 감정에 주의를 끌고 유지하는 것보다 소리 자극에 주의를 끌고 유지하는 것이 더 쉽습니다. 그리고 '소리'에 주의를 둘 때, 우리는 그 순간 그 곳에서 이루어지는 파동에 주의를 두는 것이며, 여기에 대한 통찰과 훈련은 바로 명상 수련이 됩니다. 그리고 의도와 의미를 담은 소리는 그 순간 그 공간에서 자신의 주의를 집중한 채, 생각과 감정이 하나 되어 온전히 존재할 수 있도록 합니다. 제 개인적 경험에 비춰보면, 특히 사랑과 자비의 마음을 담을 때 더 강력해지는 것 같습니다.

온전히 지금 이 순간의 경험에 몰입하면서, 동시에 그것을 알아차리는 것을 명상이고 마음챙김이라고 정의한다면 음악뿐 아니라, 미술, 춤, 동작과 같은 예술 활동들 또한 많은 부분에서 명상적이고 마음챙김적일 것입니다. 예술 활동을 명상에 적용하거나 명상 수행을 위한 징검다리로 개발해간다면, 더 많은 사람이 명상을 가까이 여기고 실생활에서 수련할 수 있지 않을까 기대해 봅니다.

마음챙김 음악 감상

꼭 아래의 지시문이나, 선곡표를 따르지 않아도 좋습니다. 감상에서 사용하는 음악은 가급적 가사가 없고 급격한 음악적 변화를 가져오지 않는 잔잔하고 고요한 클래식 음악 또는 연주곡이 좋습니다. 너무 익숙한 노래거나 강한 연상을 불러일으키는 노래는 삼가는 것이 좋습니다.

1. 편안한 자세 찾기

의자에서 앉거나 푹신한 소파에 기대어 가장 편안한 자세를 만들어 보십시오. 누워도 좋습니다. 음악을 듣는 동안 가급적 움직이지 않아도 될 만큼 편한 자세를 만들어 보세요. 일반적으로 음악 감상 시간은 10~20분 정도가 적당합니다. 살며시 눈을 감으십시오.

2. 호흡을 알아차리기

숨을 깊이 들이마시고, 천천히 내쉬는 것을 5회 반복하면서, 지금 이 순간 바로 여기에서 호흡하고 있는 나 자신을 알아차리고 느껴 보십시오. 또 여기에서 숨 쉬고 있음을 알아차리는 내가 있다는 것을 느껴보세요.

3. 음악을 알아차리기

그저 가만히 지금을 느껴 보세요. 이제 음악이 시작됩니다. (음악 재생 시작) 이 소리들이 어떻게 느껴지는지, 또는 어떤 생각을 떠오르게 하는지, 어떤 감정이 올라오는지, 그저 가만히 바라보고 느껴 보세요.

4. 음악에 따라 나타나는 생각과 감각을 알아차리기

어떤 생각이 떠오르거나 어떤 감각이 올라오더라도 그 생각이나 감각에 휩쓸려 가지 말고, 가만히 바라보고 느껴 보십시오.

마음챙김 음악감상 프로그램에서 사용했던 곡의 목록

곡명	작곡가	시간
Oboe concerto 2악장	Albinoni	5:23
Air 〈Suite no.3〉	Bach	5:15
Adagio 〈Brandenburg Concerto no.6〉	Bach	5:29
Largo 〈Concerto for two viloins〉	Bach	8:56
Adagio 〈Piano Concerto no.5〉	Beethoven	7:45
Moon River	Mancini	4:07
Gabriel's Oboe	Morricone	2:40
Cavatina	Myers	3:13
Cradle Song	Grieg	4:07
Morning 〈Peer Gynt Suite〉	Grieg	4:10
The Dove 〈The Birds Suite〉	Respighi	4:30
Pines of Rome	Respighi	6:39
Canon in D Major	Pachebell	5:45
Romance 〈Cello Concerto no. 2 in A major〉	Stamitz	6:51

명상을 함께 하는 걷기 여행을 통해 병원 아닌 자연에서 진료를 하는 한의사

김종우

한방신경정신과 전문의로 전문 진료 영역은
화병, 우울증, 불안장애와 스트레스 관련 장애다.
강동경희대병원에서 화병클리닉을 운영하고 있다.
여행과 결합한 명상, 걷기 명상 등을 활용하여
트레킹 여행을 실천하고 환자의 진료에도 활용하고 있다.
걷기 여행에 관한 책 《마흔 넘어 걷기 여행》 등 10여 권의 저서가 있다.

"첫째, 매일 아침 일어나서 공원을 30분 동안 걷기. 날마다 새로운 공기를 마시며 땅을 디디기. 둘째, 주말마다 맛집 찾아 드라이브 가기. 먹고 싶었던 음식을 정하고 그 향과 맛을 음미하기. 셋째, 계절마다 좋은 곳으로 여행을 떠날 계획 세우기. 새로운 곳을 걸으며 경치와 자연 속에 녹아 들어가 보기."

이것은 불안장애와 병발한 우울로 입원 치료를 받은 후 퇴원하는 환자에게 저희 클리닉에서 내린 처방입니다. 걷기, 명상, 여행. 이것은 자기 치유력을 극대화해 주는 키워드이며 날마다 새로운 일을 계획하는 작업은 우리를 항상 설레게 해줍니다.

자기 치유력을 극대화해주기 위한 진료와 한의사

환자는 자기 치유력을 극대화하여 스스로 질병을 극복해 내야 합니다. 한의사는 그 과정을 여러 방면으로 도와주고자 진료합니다. 그러나 진료실에서, 입원 병동에서의 치료는 환자의 최대 역량을 끌어내는 데에 한계가 있습니다. 건강을 찾아가는 작업은 병원이 아닌 자연에서 하는 것이 더욱더 효과적이라는 판단 때문에, 저는 한의사로서 여행과 명상을 결합하는 작업을 하고 있습니다.

처음에는 자연에서의 캠프, 일종의 힐링캠프에서 그 작업을 시작하였습니다. 설악산 오색온천에서 명상하고, 걷고, 온천을 즐기고, 휴식하고 또 건강에 좋은 음식을 먹고, 건강한 몸과 마음에 대하여 대화를 나누는 작업이었습니다. 살아오면서 오로지 자신의 건강에 관심을 가지고 보내는 3박 4일의 시간 동안, 살아온 생활을 돌아보며 반성하고, 자신에게 맞는 리듬을 찾아보는 작업을 진행했습니다. 이렇게 식사, 수면, 운동, 공부, 마음 습관을 바꾸는 작업을 하니 자연히 건강을 찾을 수 있었습니다. 그리고 이 프로젝트는 한 장소에서가 아닌 자연 치유력을 찾아서 여행하면서, 명상을 하면서 건강을 찾아가는 작업으로 진화하였습니다. 히말라야 트레킹, 산티아고 순례길이 그러한 장소였습니다.

"이곳에서라면 이제 죽어도 여한이 없다."
고진감래의 히말라야 트레킹

본격적으로 명상 여행을 시작한 것은 히말라야 트레킹을 다녀오면서부터입니다. 히말라야 등반은 한계를 극복하는 작업이었습니다. 그렇지만 천천히 한 걸음 한 걸음 밟아가는 과정에서 트레킹을 완성해 나갈 수 있었습니다. 안나푸르나 산맥이 한눈에 보이는 3,200 미터의 푼힐 전망대까지 40대부터 77세까지 80여 명이 여정을 함께 했습니다. 처음 출국하기 위해 인천공항에 모인 사람들은 서로를 쳐다보면서 걱정이 많았습니다. 히말라야를 갈 수 있는 모습은 아니었습니다. 70대를 훌쩍 넘기고 심지어 꾸부정한 사람들이 단지 히말라야라는 로망을 가지고 모인 것이었습니다. 그렇지만 한 걸음씩 걸어가는 행렬은 한 편의 영화였습니다. 천천히 그렇지만 조금씩 커다란 무리가 움직여 드디어 전망대에 오르는 모습, 걷기 명상에서 배우는 오로지 걷는 것에만 마음챙김을 하면서 한 걸음 한 걸음을 소중하게 걸으면서 모두 다 그곳까지 갈 수 있었습니다. 아마도 걷기에 명상을 얹지 못했으면 성공하지 못했을 겁니다.

저 멀리서 우리를 내려다보는 눈 덮인 산맥이, 아래로 펼쳐진 구름의 바다가 우리를 맞이합니다. 그곳에서 내려다보는 경치를 보며 이곳을 봤으니 이제 죽어도 여한이 없다는 말이 저절로 나왔습니다. 한발 한발을 온전히 지금의 힘을 실어 올라온 우리에게 펼쳐진 선물과 같은 광경에 시선을 던져냈습니다. 지금, 여기에 내가 존재하고 있다는 것을 온전하게 확인시켜주는 강력한 명상적 경험이었습니다.

"자연, 신, 인간이 끝없는 영적인 대화를 나누다."
산티아고의 순례자로 걷기

새벽부터 시작하여 늦은 오후까지 오로지 걸으면서 끝없이 마음챙김을 하게 됩니다. 반복되는 동작을 하면서 자신의 리듬을 찾고, 걷기와 호흡을 맞춰보기도 하고, 육체와 정신이 대화를 하면서 며칠씩 계속해서 걷다보면 마치 명상의 세계에 푹 빠졌다가 나온 기분이 듭니다.

산티아고 순례길을 걷는 동안에 우리는 영적인 만남을 할 수 있었습니다. 오로지 걷기에 충실 하는 것, 자연을 그대로 받아들이는 것, 그리고 그 가운데 사람과 자연 때로는 신과 대화를 하면서 걸을 수 있다는 것이 그 의미를 더했습니다. 매일 새벽부터 저녁까지 진행되는 걷기. 첫날에 느꼈던 고통은 날이 지나면서 자연스럽게 받아들여졌고, 이렇게 자연스럽게 받아들이면서 걷기는 훨씬 수월해졌습니다. 날이 가면서 주위가 보이고, 같이 가는 사람들이 보이고, 자신의 속 깊은 이야기를 토로하기도 하였습니다. 지금 여기 우리가 순수하게 걷기에 집중하는 것, 주변에 펼쳐진 모든 자연과 동료 순례자들을 소중하게 바라보며 인사를 나누는 것. 이것은 걷기 명상의 정수와도 같았습니다.

걸어라, 오늘이 마지막 날인 것처럼

걷기 여행을 하는 여러 사람들을 만나 왔습니다. 남편을 여의고 나서 아픔을 가지고 여정에 참여한 사람도 있습니다. 정년퇴직을 하고 앞으로 어떤 삶을 살아야 할지 고민을 하는 사람도 있습니다. 암 투병 중 나의 삶을 당당하게 살아보고자 걷기 여행을 하는 경우도 있었습니다.

이런 분들은 병원 현장에서도 많이 만나게 되는 환자들입니다. 억울함과 분함을 지닌 화병 환자, 무기력과 번아웃으로 내원한 우울증 환자, 미래에 대한 걱정으로 가득 찬 불안 환자. 이런 분들은 병원에서도 만났지만 이렇게 걷기 여행의 도중에도 만나게 됩니다. 걷기 여행 가운데 만나는 사람들은 병원에서 만나는 사람과 다를 바 없습니다. 치료 현장이 병원에서 자연으로 그대로 옮겨 왔으니 걷기 여행을 자연에서의 진료라고 할 수 있습니다. 질병의 치료와 건강의 회복, 그리고 행복의 추구는 병원이 아닌 곳에서 하자는 것이 걷기 여행의 한 가지 모토입니다. 자연에서 충분히 걸으면서 느끼고, 생각하고, 받아들이는 가운데 자연 치유력을 만들어 내는 작업입니다.

여행하며 온전히 나의 삶을 찾는 법: 걷고, 여행하되 순간순간에 명상적으로 머무르기

알프스 지역을 걷기 여행 중이었습니다. 우연히 만난 일행에는 막 암을 극복한 40대 여성분이 있었습니다. 지난 5년간 투병을 하고, 이제 몸에 대한 자신감이 생겨서 본격적인 걷기 여행을 시작한 시점이었습니다. 투병하는 동안 고생을 하여 제대로 여행을 하지 못하다가 여행을 시작하면서 마음이 급했나 봅니다. 그래서 정작 어느 곳을 여행하면서도 늘 다음 여행지를 생각하고, 또 지나 왔던 여행지를 비교하면서 구시렁거리기 일쑤였습니다. "내가 얼마 만에 얻은 기회인데", "어쩌면 내 일생에 이번이 마지막일 수도 있는데"와 같은 말들을 내뱉으면서요. 정작 그 여행에 머무르고, 또 그 여행에 마음챙김을 하지 못하고 있는 것이었죠. 불과 두 달 전 미국의 그랜드 캐니언을 다녀왔다고 하면서, 그곳이 이곳보다 더 웅장하다고 자랑을 마구하고 있었습니다. 그리고 석 달 후 북유럽에 가서 피오르 트레킹을 할 거라고 하면서, 혹시 그곳에 다녀왔는지 물었습니다. "어느 곳이 더 좋나요?" 하면서 말입니다.

그분과 잠시 명상에 대하여 이야기를 나누었습니다. 걷기 여행을 하는 중에서는 대화를 나눌 시간이 많습니다. 지금 보이는 풍경에 대하여 이야기를 하고, 그것을 마음에 담아보는 작업도 해 보았습니다. 아름다운 풍경이 나타나면 잠시 머물러 보기도 하였습니다. 그리고 이 순간이 그 어느 순간보다 행복하고, 또 건강함을 확인할 수 있었습니다. 그 이후 걷기 여행을 하는 가운데 지금 여기 이 순간이 너무나 소중하다는 것을 알게 되었다고 합니다. 그리고 걷기 여행을 계속하고 있습니다. 여행에 마음챙김을 실행한 것이지요. 돌로미티의 산장에서 하룻밤을 자고 새벽 동이 틀 무렵 밖에서 만났습니다. 고요한 마음으로 해가 뜨기를 기다리고 있었습니다. 그 고요함 속에 마치 지구가 돌 때 나는 듯한 소리를 들을 수 있었습니다. 떠오르는 태양도 그대로 느껴 보았습니다. 맞은편 돌로미티의 붉게 타오르는 커다란 바위산도 눈에 담아 보았습니다. 호흡 명상을 하면서 온전히 그 느낌과 기운을 받아들여 보았습니다. 이렇게 건강하게 여행을 다닐 수 있는 나에 대하여 감사하고 무엇이 진정한 행복임을 확인했습니다. 지금 이 순간의 마음챙김을 확인한 겁니다.

여행에 명상이라는 것을 함께 하면 여행이 한껏 즐거워집니다. 여행의 재미와 의미가 더 커집니다. 명상은 새벽에 진행하는 경우가 많습니다. 잠시 호텔에서 나와 그곳이 자연이든 도심 한복판이든 걷기 명상을 할 수 있습니다. 파리 시내의 새벽 산책은 매력이 넘칩니다. 새벽 출근하는 파리지앵과 함께 한다면 생기가 올라오게 됩니다. 새벽에 호텔 옥상에 올라가서 명상을 할 수도 있습니다. 해가 떠오르는 순간, 자연이 그 민낯을 드러내는 순간의 살아 있음 그리고 행복하다는 것은 몸과 마음으로 느낄 수 있습니다. 자연의 변화가 가장 심한 해가 뜨거나 지는 그 시간의 명상 느낌은 더욱 뚜렷해집니다. 때로는 비가 올 때 걷기를 합니다. 빗소리의 타닥거림을 통해 자연의 자극을 마치 침을 맞듯 느끼고, 어느 순간 자연의 느낌에 흠뻑 젖어들어 가는 것을 느낍니다.

저의 주 업무는 한방병원에서 화병 환자를 보는 것입니다. 화병 환자에게도 명상은 매우 중요한 치료 방법입니다.

화병 환자들은 억울하고 분한 감정이 오랜 기간 동안 쌓아 오던 중 분노와 함께 폭발하게 됩니다. 과거에 쌓인 분노 그리고 폭발하는 감정을 다룸에 있어서 명상은 큰 도움이 됩니다. 자신이 현재 드러내고 있는 분노의 감정을 알아차림하고, 호흡과 이완을 통해 안정시키고 또 과거의 억울함을 받아들이고 또 흘려보내고, 궁극적으로 용서를 하는 작업은 명상을 통해서 합니다. 분하고 억울한 감정으로 똘똘 뭉쳐서 병원을 찾는 환자에게 과거의 억울함과 분함을 현재까지 끌고 와서 스스로 고통을 받고 있다는 것을 알도록 도와주고, 호흡을 통해 자신의 불균형한 리듬을 정상으로 회복하고, 마음속의 적개심을 자애심으로 채우는 작업을 진행하게 됩니다. 그 과정에서 가장 중요한 것은 명상적 알아차림입니다.

명상은 생활에 변화를 주고, 습관을 만들어 가는 힘이 있습니다. 한 끼 밥을 먹는 것도, 한 번의 숨도 그리고 한 발자국의 걸음도 마음챙김이라는 요소를 넣게 되면 삶이 더욱더 충실해집니다. 그리고 이것의 결정판으로 걷기 여행, 명상이 함께하는 걷기 여행이 있습니다.

걷기 명상과 명상 여행

걷기 여행에서 명상이 결합되면 치유의 힘은 배가됩니다.

1. 걷기는 호흡과 같이 인체가 조절을 할 수 있는 리듬입니다. 호흡 명상을 지속하기는 어렵지만, 걷기는 몇 시간을 지속할 수도 있습니다. 결국 자신의 리듬을 찾도록 만들어 줍니다.

2. 걸으면서 마음챙김을 할 수 있습니다. 자신이 원하는 어느 곳이라도 갈 수 있어서 목적을 달성할 수 있습니다. 그렇지만, 더 중요한 것은 걸으면서 무엇이든 할 수 있다는 것입니다. 보고, 듣고, 냄새 맡고, 피부로 느끼고, 다른 사람과 대화를 할 수 있습니다. 이렇게 오감으로 마음챙김 할 수 있을 뿐 아니라 타인과도 연계하고 또 자연과도 만나게 됩니다.

일상에서 걷기는 늘 하는 행위로, 걷기에 명상이라는 요소를 추가한다면 걷기와 명상의 효능을 극대화할 수 있습니다. 걷기 명상을 하려고 한다면 우선 걷기에 집중할 수 있는 장소를 고릅니다. 가능하면 30분 이상, 최소한 10분 이상은 마음챙김 하면서 걸을 수 있는 장소가 필요합니다.

처음에는 매우 느리게 걷습니다. 발의 뒤꿈치부터 시작하여 발가락까지 순차적으로 땅에 닿게 하면서 걷는 행위에 대하여 충분하게 알아차림 하는데, 발바닥의 감각에서 시작하여 종아리와 무릎, 허벅지 등 다리에서의 느낌을 관찰합니다. 그리고 점차 전신의 움직임, 그리고 이후에 보이는 것, 듣는 것, 냄새 맡는 것 등의 오감과 손바닥과 전신 동작의 감각을 알아차림합니다. 이런 알아차림 이후에 호흡과 걷기를 맞추어 봅니다. 한 호흡에 한 걸음부터 시작하여 한 호흡에 서너 걸음까지 속도를 늘려보고, 또 자신에게 가장 맞는 리듬을 찾아봅니다. 그렇게 자신에게 맞는 리듬으로 시간을 늘려가며 걷습니다. 30분에서 시작하여 작정하고 1시간, 2시간 이렇게 늘려 가면서 자신이 어떤 정도의 걷기에 편안함과 생기가 도는지 확인하고 이를 일상에서 습관화합니다. 걷기에 자신이 생기면, 이것을 여행으로 연결하고, 이후에 작정하고 순례 여행을 하게 됩니다. 걷기 여행을 하게 되면 하루에 여섯 시간, 20~30 킬로미터 걷는 며칠 동안 꾸준히 할 수 있으며, 그렇게 꾸준히 걷는 가운데 몸과 마음의 건강과 행복을 얻을 수 있습니다.

걷기 여행 가운데, 권하고 싶은 것은 새벽 산책입니다. 새벽, 해가 뜨는 순간은 자연의 기운의 변화가 많기 때문에 그 변화를 알아차림 하기에 좋습니다. 더구나 떠오르는 태양의 기운을 받을 수 있기 때문에 생기를 얻는 데 도움이 됩니다. 이른 새벽 해가 뜨기 1시간 전쯤부터 걷습니다. 그리고 해가 뜰 무렵에는 조용하고 명상에 집중할 수 있는 장소를 선택합니다. 그리고 해가 떠오르는 10여 분의 시간 동안은 명상을 합니다. 이때 주위가 서서히 밝아지면서 보이는 것에 알아차림을 합니다. 고요함 속에서 생기 있는 자연의 소리에도 귀를 기울입니다. 온몸으로 태양의 기운을 느끼며, 태양의 기운이 온몸에 퍼져가는 느낌을 바디스캔합니다. 이렇게 10여 분을 명상하고 나면 생기를 확인하게 되며, 이후 그날의 일정을 건강하게 시작하면 됩니다.

마음챙김 차(茶) 명상으로
삶의 고요한 기쁨을 함께 나누는
명상학 박사

김배호

직장생활 은퇴 후 '차와 명상 공부'를 새롭게 시작하여 제6회 원효학술상을
수상하였고 72세에 명상학 박사 학위를 취득했다.
'차와 생활명상 연구원' 원장과 '현담재' 대표로 활동하고 있으며
정부공인 민간자격인 MTM(Mindful Tea-Meditation, 마음챙김 차 명상)
과정을 창설하였다.

대학을 졸업한 후 대기업에 신입사원으로 입사하여 CEO로 명
예롭게 퇴직할 때까지 한 직장에서 34년간 국가 기간산업인 시멘트
업계 발전을 위해 바쁜 시간을 보냈습니다. 그리고 세상 살아가는 요
령을 나름대로는 잘 터득하여 의미 있고 풍요롭게 살아왔다고 생각했
습니다. 그러다 문득 내 안이 비어 있는 듯한 허망함과 함께 내가 무
엇을 향해 가고 있는지, 무엇 때문에 살고 있는지 그리고 삶에 있어

서 중요한 무언가를 잃어버리고 살고 있는 건 아닌지 하는 회의가 들었습니다. 그래서 저는 100세 시대에 서드 에이지(Third Age), 즉 중년기에 어떻게 살아갈 것인지를 숙고하고 흐트러진 내 마음을 다시 추스르게 되었습니다. 은퇴 후 그간의 경륜을 바탕으로 후학들을 위한 정신문화 함양훈도(涵養薰陶)를 통해 미약하지만, 인성 교육에 기여하기로 결심했습니다. 차(茶)와 명상은 수천 년 동안 인류에게 유익함을 가져다준 문화유산입니다. 차와 명상이 특권층만이 누리는 문화가 아니라 문턱을 낮추어 누구나가 쉽게 누릴 수 있도록 서당(書堂)과 차실(茶室)을 만들어 운영하기로 계획했습니다.

"머뭇거리지 마라. 현장으로 가라. 거기에 답이 있다." 앞으로 살아갈 새로운 삶의 현장에서도 치열하게 살겠다고 결심하고 10년간 마음 공부 계획을 세웠습니다. 그리고 본격적으로 차를 배우고 명상을 수행했습니다.

차, 마음챙김의 세계로 함께할 훌륭한 동반자

MTM(Mindful Tea-Meditation)은 마음챙김을 기반으로 하는 차 명상입니다. 세계적인 명상 지도자 틱낫한이 언급했듯 단순히 차를 마시는 행위에 머무는 것이 아니라 지금 차를 마신다는 사실을 자각함으로써 몸과 마음이 하나가 되는 명상입니다. 자칫 어렵게 느껴질 수 있는 명상을 '차'라는 도구를 통해 편안하게 접근할 수 있으며, 현재의 순간에 존재하는 경험을 맛보게 해주는 생활 명상입니다.

내면으로의 여행을 위해 차는 훌륭한 벗이자 통로입니다. 차와 함께하는 명상, 차 한 잔의 명상이 당신을 변화시킬 수 있습니다. 차와 명상은 우리를 행복으로 안내해 줄 나침반이자 친구입니다. 머리가 복잡할 때, 걱정이 앞설 때 MTM을 통해 두려움과 걱정에서 벗어나 현재에 머물며 자유로워질 수 있습니다. 나를 위해 짧은 시간 머리를 비우는 시간으로 '마음챙김 차 명상'을 활용하면 발걸음이 가벼워질 것입니다. MTM은 일상생활 속에서 알아차림을 확립시켜주는 빠른 길이 될 수 있습니다. MTM의 목적은 오롯이 현재 이 순간에 머무는 훈련을 하는 것입니다. 과거를 후회하거나 오지 않은 미래를 걱정하는 것이 아니라 차를 마시면서 자신의 몸과 마음(정신)을 바르게 알아 스스로 자유롭고 행복한 존재로 되어가는 길을 안내하는 것입니다. '마음챙김 차 명상'을 통해 알아차림과 편견 없이 세상을 바라보는 여실지견(如實之見)의 지혜를 얻고, 나아가 그것을 일상생활에서 활용할 수 있습니다.

기다림과 느림의 설계도, 차 생활의 에너지 샘

그날그날의 평범한 일상 중에도 몸과 마음이 하는 모든 일을 알아차려야 합니다. 찻물을 끓이고 우려내고 마시는 차 생활에는 기다림과 느림의 설계도가 들어 있습니다. 그 설계 도면을 읽으려면 눈, 귀, 코, 입, 모든 감각을 통해 천천히 꼼꼼하게 읽어나가는 지혜의 눈이 필요합니다. 저는 차를 마실 때는 그저 마시기만 합니다. 차를 즐길 뿐 고통이나 절망을 마시지는 않습니다. 계획이나 후회를 마시지도 않습니다. 이 순간 이곳에 깨어 있는 마음으로 있는 것은 마르지 않는 에너지 샘을 갖는 것입니다. 이 에너지는 우리의 내부에서 발생하는 것이지 외부에서 들어오는 것이 아닙니다. 마음챙김 에너지는 지금 여기에만 있게 해주는 힘입니다. 차를 마실 때도 내가 지금 차를 마시고 있다는 것을 마음챙김하면 몸과 마음이 하나가 됩니다. 나 자신이 현실인 것처럼, 내가 마시는 차도 현실입니다.

서울불교대학원대학교 평생교육원에서 다섯 학기 동안 차 명상 과정을 진행했을 때입니다. 본인도 3급 시각장애인이면서 불의의 사고로 10여 년을 식물인간으로 누워서 지내는 남편의 병시중을 하느라 괴롭고 절망적인 얼굴로 찾아온 여성이 있었습니다. 차 명상 수행을 함께하면서 횟수가 지나갈수록 점점 긍정적으로 변화되어 밝게 살아가는 모습을 확인했고, 함께 한 도반(道伴)들도 다 같이 정진의 기쁨을 나누었던 보람도 있었습니다.

차 한 잔을 앞에 두고, 당신은 어떤 마음으로 차를 마실 것인가?

차는 수천 년 동안 사람 사이의 소통, 마음의 치유, 그리고 삶의 즐거움을 가져다주는 매개체로 우리 곁에 함께해 왔습니다. 일상생활에서 차를 마실 때 행다(行茶) 동작 하나하나를 자각한다거나, 색·향·미(色·香·味)를 알아차리는 것도 필요하지만 먼저 무슨 마음으로 마시느냐 하는 것도 중요합니다. 마음이 어떠한 대상에 대하여 좋아하거나 싫어하는 마음이 일어났다면 그 대상은 법의 대상, 바른 대상으로 보일 수 없습니다. 관찰할 수도 없고, 관찰해서도 안 됩니다. '탐심(貪心, 원하는 마음과 되게 하고자 하는 마음이 강한 상태)으로 마시는가?', '성급한 마음으로 마시는가?' 아니면 '들떠 있는 마음으로 마시는가?'를 알아차려야 합니다. 만약에 탐심이 있다면 마시는 것을 중지하고 다시 그 마음을 알아차린 뒤에 마셔야 합니다. 이렇게 한 뒤에 다시 '지금 무슨 마음으로 마시는가?'를 알아차려서 탐심이 없을 때 차를 마시기 시작해야 합니다. 그렇지 않으면 차를 마시는 것이 아니고 탐심을 마시는 것입니다. 그러므로 먼저 차를 마시고 싶어 하는 마음을 알아차리도록 해야 합니다. 알아차리는 습관은 약하고 탐심은 아주 강하기 때문에, 알아차리면서 마시는 것이 쉽지가 않습니다. 알아차려서 마음이 일단 편안해졌을 때는 탐심도 없고, 성급한 마음도 없고, 들떠 있는 마음도 없고, 긴장하는 마음도 없을 때입니다. 먼저 알아차려서 마음이 일단 편안해졌을 때 차를 마셔야 합니다. 차를 마시면서도 자주자주 마음을 알아차려야 합니다. 성급한 마음이 있으면 알아차릴 수가 없습니다. 그렇기 때문에 마음을 자꾸 점검해 주어야 합니다. 마음속이 편안한가, 아니면 긴장해 있는가 하는 것들을 자꾸 점검해야 합니다.

그리고 차를 마실 때 마음을 차나 다식(茶食)에 두지 말고 내 몸에 두도록 해야 합니다. 눈과 코와 혀에 마음을 두고 마시고 먹어야 합니다. 차나 다식에 마음이 팔리면 자꾸 탐심이 일어나고, 성급하게 취하려는(마시거나 먹으려는) 마음이 생깁니다. 차에 따라 내가 좋아하는 차가 있을 수 있습니다. 좋아하는 차가 있으면 탐심이 일어납니다. 그리고 싫어하는 차가 있을 때는 바로 싫어하는 마음이 듭니다. 이때 이런 마음이 일어나는 것을 알아차릴 수 있어야 합니다. 그래서 좋아하는 마음을 내도 안 되고, 싫어하는 마음을 내도 안 됩니다. 단지 일어나는 마음을 있는 그대로 알아차리기만 하면 됩니다. 알아차리면 좋거나 싫거나 하는 마음 없이 차분하게 마실 수 있습니다. 그러면 법을 알아차리면서 마시게 되고, 적당히 알맞게 마시게 될 것입니다. 차의 모양이나 이름을 마셔서는 안 되고, 차의 색과 향기와 맛을 마셔야 합니다. 녹차, 청차, 홍차, 보이차 등 차의 모양이나 이름을 마셔서는 안 되고 차의 색·향·미를 마셔야 합니다. 녹차는 관념이고 색·향·미는 실재하는 것입니다. MTM 수행자(위빠사나 수행자)들은 실재하는 색·향·미를 마셔야 합니다. 차의 색·향·미를 탐하기보다는 차가 가지고 있는 색·향·미라는 성품을 알면서 마시라는 것입니다. 그러면 차라는 명칭을 마시지 않으므로 해서 탐심이 생기지 않습니다. 이처럼 차의 색·향·미를 마실 때는 이의 변화에 주목해야 합니다.

차 명상이 우리에게 가져다주는 것

MTM은 차나 일상의 행위, 상황 등을 활용하여 보다 효과적으로 통찰을 실천하게 합니다. 우선 오감과 행위를 활용하여 '자각하기'를 실천합니다. '자각하기'를 통해 절제와 이완의 방법을 배우고 자각력, 정신력 등을 계발시킵니다. '자각하기' 다음으로 '집중하기'를 실천하는데 호흡과 차 생활을 활용하거나 자비 차 명상법을 실천합니다. 이를 통해 집중력과 수행에 대한 열의 등을 계발시킵니다. '통찰하기'를 통해서는 근본적인 인식의 전환을 이끌어 냅니다. 차 마시기와 일상의 상황에서 어떻게 통찰하는지를 훈련하고 실제 생활에서 지속될 수 있게 합니다. 차 명상을 통해 기본적으로 자각력, 집중력, 정신력, 통찰력 등이 계발됩니다. 이러한 정신적 기능들이 계발되면 스트레스나, 우울, 무기력, 불안 등에 대처 능력이 강화되고 창조적인 자기 계발과 관리 능력이 배양됩니다. 이를 통해 몸과 마음이 편안해지고, 스스로 자신 감을 만들며 인격의 변화를 이끌어 낼 수 있습니다.

추천하는 명상

마음챙김 차 명상

습관적으로 마시던 차에 대해 조금만 사려 깊게 주의를 모으면 우리는 쉽게 찻잔의 색상·모양·온도·질감·무게, 차의 색깔·향기·맛 또는 몸의 자세나 행위 등을 매번 새롭게 지켜볼 수 있습니다. 이렇게 보다 친밀하고 넉넉한 마음을 가지고 차를 마시는 나 자신을 지켜보고 있으면 깨어 있는 상태가 지속됩니다.

편안한 자세로 앉습니다. 찻잔을 두 손으로 가볍게 감싸 줍니다. 모든 편견을 내려놓고 오감을 총동원하여 호기심을 가지고 찬찬히 찻잔의 색상·모양·온도·질감·무게를 느끼고 살펴보세요. 마음이 찻잔을 살펴보는 일에 머물지 않고 다른 잡념에 빠져들거나 지금 고민하고 있는 이 일이 부질없는 짓이라는 생각이 들지는 않나요? 마음이 찻잔을 살피는 일로부터 다른 잡념 속으로 빨려 들어가 버렸다 하더라도 실수나 잘못을 한 것은 아닙니다. 단지 지금 이 순간 내 마음이 잡념에 빠져들어 있다는 것을 알아차림하고 나서 찻잔을 살피는 일로 조용히 되돌아오면 됩니다.

찻잔을 무릎 위에 편안히 올려놓습니다. 준비되었으면 눈을 감아 보세요. 눈을 감은 채 들이쉬고 내쉬는 호흡을 느껴 봅니다. 숨을 내쉴 때마다 어깨나 가슴의 힘을 뺍니다. 호흡은 자연스럽게 합니다. 주변에서 들려오는 소리를 가만히 들어 보세요. 손에 들고 있는 찻잔을 느껴 보세요. 잔이 따뜻한지 식었는지, 질감은 매끈한지 거친지 혹은 찻잔의 무게가 가벼운지 무거운지, 한 번 느껴 보세요. 찻잔을 가슴 높이까지 천천히 들어올립니다. 손을 아주 조금씩 움직여서 잔을 위로 천천히 움직입니다. 느리게 아주 느리게 손과 잔이 위로 움직이고 있는 느낌을 잘 느껴 보세요. 찻잔이 가슴 높이에 와 있으면 잠시 멈추고 편안하게 호흡을 합니다. 이제 다시 찻잔을 천천히 들어올립니다. 코 가까이 잔을 들어올립니다. 찻잔이 코 가까이 와 있으면 코끝으로 찻잔 속의 느낌을 느껴 보세요. 어떤 열기나 향기가 느껴지는지 잘 느껴 보세요. 어떤 냄새가 납니까? 지금 맡고 있는 독특한 그 냄새가 계속 지속됩니까? 그 냄새가 어떻게 바뀌어 갑니까? 처음 맡았던 그 냄새가 그대로 지속되지 않는다면 어떻게 바뀌어 갑니까? 그 냄새가 점점 약하게 사라져 가는지도 살펴보십시오. 오직 그 냄새의 변화와 함께 하십시오.

차를 천천히 한 모금 입속에 머금습니다. 그러나 아직 삼키지는 마십시오. 잠시 입 속에 들어와 있는 차를 느껴 봅니다. 어떤 일이 일어나는지 살펴보십시오. 삼키기 전에 입 속에서 차를 두세 번 굴려 보십시오. 느낌이 어떻습니까? 지금 하고 있는 이 일에 어떤 생각이나 이야기 또는 어떤 판단이 일어나는지 살펴보십시오. 어떤 생각이나 판단을 하고 있다는 것을 알아차림 했다면 그것을 내려놓고 입 속의 찻물 주변에서 일어나고 있는 직접적 감각에만 마음을 집중하십시오. 이제 차를 삼킵니다. 목을 타고 뱃속 깊숙이 내려가고 있는 차를 느껴 봅니다. 삼킨 후에도 입 안에 차 맛이 남아 있습니까? 맛이 남아있다면 입 속 어느 곳에 주로 남아 있습니까? 지금 입 안에 남아 있는 미각들과 함께 편안하게 머무르십시오.

다시 찻잔을 가슴 높이까지 천천히 내립니다. 찻잔이 가슴 높이에 와 있으면 잠시 멈추고, 세포 구석구석까지 퍼져나가고 있는 차의 기운을 느끼며 편안하게 호흡을 합니다. 천천히 두 번째 차를 마십니다. 마실 때마다 처음 하는 것처럼 초심으로 순간순간 머무르십시오. 이번에는 입안의 느낌을 지켜봅니다. 온도의 차이, 향의 사라짐, 맛의 변화 등을 바라보면서 느낌은 조건적이고 일시적으로 만들어지고 있는 것임을 알면서 들이쉬고 내쉽니다. 세 번째 차를 마저 마십니다. 이번에는 몸 안의 느낌이나 마음 상태를 있는 그대로 살펴봅니다. 몸 안의 느낌이나 마음 상태가 조건적이고 일시적으로 만들어지고 있는 것임을 알면서 숨을 들이쉬고 내쉽니다. 다시 들고 있는 찻잔의 느낌이나 몸의 상태 변화를 바라보면서 들이쉬고 내쉽니다. 이제 움직임과 느낌을 지켜보면서 찻잔을 처음 위치로 천천히 내려놓습니다. 찻잔, 들려오는 소리, 몸의 느낌, 마음 상태 중에서 가장 두드러지게 느껴지는 것을 들이쉬고 내쉬면서 주의 깊게 관찰합니다. 지금 이 순간 우리의 몸과 마음의 작용은 매 순간 조건적이고 일시적으로 만들어지고 있습니다. 차 한 잔을 마시며 그러한 사실을 사실대로 잘 알고 있으면 점차 알아차림 능력과 함께 통찰 지혜가 계발됩니다. 통찰 지혜를 통해 우리는 마음을 다치지 않게 되고 인격의 변화를 이끌어낼 수 있습니다. 명상이 끝나면 여러분들의 마음은 맑고 가벼워져 있을 것입니다.

마음챙김을 위한 하이쿠와 시조
그리고 메타포를 연구하는
임상심리학 교수

손정락

전북대학교 심리학과 명예교수이자 정년후 연구교수다.
전북대학교에서 36년간 임상심리학, 건강심리학 및 성격심리학 분야의
강의와 연구를 하였다.
〈마음챙김을 위한 하이쿠와 시조〉, 〈ACT와 은유〉의 연구와 저술에 전념하고 있다.
저서 및 역서로 《ACT 메타포 모음집》 등 30여 권이 있으며,
200여 편의 논문을 출판하기도 하였다.

우리는 바람을 통제할 수 없다.

다만 돛을 조절할 수 있을 뿐이다

– 칼릴 지브란 –

심리학자로서 자연인으로서 걸어왔던 길에서 명상을 만날 기회가 부단히 있었습니다. 80년대부터 연구해 오던 바이오피드백은 '전기 선(Zen)'이라는 별칭을 듣기도 했고, 90년대부터 수련해 온 검도는 '움직이는 명상'으로 다가왔습니다. 그 후 90년대 후반에 국선도와 MBSR을 만나고, 뒤이어 ACT(수용전념치료)를 만난 이래로 마음챙김과 메타포 연구로 그리고 명상 수련에 이어지는 길을 걷고 있습니다.

2000년 중반부터는 임상심리학 전공 대학원생들에게 마음챙김과 ACT 관련 주제로 프로그램을 만들고 그 효과를 검증하는 논문을 지도하여 출판하면서, 학생들이 장차 임상 현장에서 환자를 대할 때 '감정이입(Empathy)'의 함양이 절실히 필요하다는 생각을 하게 됩니다. 마음챙김은 말할 것도 없고요. 그럴 때 마침 류시화의 《한 줄도 너무 길다》라는 책을 보게 되고, 하이쿠를 만난 이후, 일문학 전공 교수들의 소개도 받아 하이쿠에 심취하게 되었습니다. 어디를 가나 자연과 계절을 유심히 관찰하여 하이쿠 한 수를 짓는 버릇이 생겨버렸지요. 그러던 중 하이쿠가 현재 순간의 관찰 수단으로써 정말 뛰어날뿐 아니라, 감정 이입과 마음챙김의 연습으로 딱이라는 생각이 불현듯 머리를 스치게 되었습니다. 그래서 대학원생들에게도 하이쿠를 매주 한두 편씩 짓게 하였는데, 처음에는 서툴렀으나 점차 번뜩이는 관찰력을 보이기 시작하여 적잖이 감동을 받기도 하였습니다. 그래서 하이쿠 시 짓기로 감정 이입과 마음챙김을 함양할 수 있을 것이라는 아이디어를 얻게 되었던 것입니다. 지금도 임상 현장에서 일하는 제자들 사이에는 하이쿠 일화가 회자되기도 하고, 자신을 한발 물러서서 보게 되는 수단이 되고 있다는 말을 들으면 흐뭇한 마음도 듭니다. 시조는 우리 것에 대한 사랑이라고 할까요? 반드시 우리가 다루어야 할 소중한 유산으로 생각합니다. 한편, 행동 치료의 제3 흐름인 ACT 등을 다루면서는 메타포의 중요성을 깨달으면서 지금도 제 연구의 주요한 주제가 되어 있습니다. 메타포는 어떤 문화에서도 면면히 이어 옵니다. 우리가 반드시 눈여겨보고, 활용할 필요가 있음을 절감하고 있습니다. 하이쿠와 시조, 마음챙김과 메타포는 우리의 삶을 풍성하게 하는 매우 소중한 우리의 친구들입니다.

하이쿠, 순간을 포착하지만 영원을 내포하는 것

"하이쿠는 세상에서 가장 짧은 시 형식인 17음절(초, 중, 종장의 5-7-5 음절) 안에, 자연의 변화를 담는 계절어를 포함하며, 그 순간의 마음의 기록인 시어로 함축하여 표현하는 일본의 정형시입니다. 하이쿠를 잘 짓기 위해서는 잘 표현된 스냅 사진과 같이 순간을 포착하지만, 영원까지도 내포할 수 있는 시 짓기의 자세가 필요합니다. 따라서 하이쿠는 여기 지금을 가장 잘 포착하는 수단을 제공하는 시 형식으로 마음챙김을 함양하고 감정 이입을 탐구해 내는 훌륭한 시 형식이라고 할 수 있습니다. 일본의 한 유명한 시인은 하이쿠란 '감동을 만들어 내는 언어 장치'라고 했습니다. 한 마디라도 가슴과 영혼에 신선한 충격을 주고, 자신을 북돋아 주고, 깨닫게 해 주는 말이 곧 하이쿠의 말인 것입니다.

　　마음챙김을 하는 가장 좋은 방법 중 하나는 바로 지금 이 순간
의 나의 느낌과 감정을 표현해 내는 것입니다. 우리는 하이쿠 짓기,
시조 짓기와 같은 표현의 방식으로 마음챙김에 이를 수 있습니다. 최
근 출판된 논문 하나를 소개합니다.

〈하이쿠 시 짓기가 임상심리학 전공 대학원생들의
마음챙김과 감정이입 함양에 미치는 효과〉

이 연구는 하이쿠 시 짓기가 임상심리학 전공 대학원생들의 마
음챙김과 감정 이입을 함양하는 데 유용할 것이며, 이와 관련
된 자기 자비와 수용도 함께 증진될 것이라는 가설을 검증하기
위해 수행되었습니다. 22명의 임상심리학 전공 대학원생들이
한 학기 동안 자연, 상황, 자신에 대한 하이쿠 시 짓기를 하였습
니다. 하이쿠 시 짓기 프로그램 전과 후에 마음챙김, 감정 이입,
자기자비 및 수용을 측정하고 분석하였으며, 프로그램이 끝난
후의 주관적인 소감에 대한 질적 분석을 하였습니다. 연구 결과
는 다음과 같습니다. 먼저, 양적 분석 결과로 하이쿠 시 짓기는
마음챙김, 감정 이입, 자기자비 및 수용에 유의한 효과가 있었
습니다. 질적 분석 결과에서도 하이쿠 짓기는 이들 구성개념에

서 아주 긍정적인 변화가 있는 것으로 나타났습니다. 하이쿠가 마음챙김에 미치는 영향에 이어 우리 시조가 마음챙김에 미치는 효과도 검증해 볼 일입니다.*

은유, 언어적 맥락으로 언어의 덫을 우회하는 것

수용전념치료(ACT)에서 은유란 무엇인가? 은유의 스토리 같은 특징은 풍부한 교훈적 가르침을 줄 뿐만 아니라, 내담자들이 새로운 행동을 탐구하고, 관계 틀을 발견할 수 있는 언어 세계를 창조하고, 학습된 잠재적인 덫을 우회하도록 해 줍니다. 고전적인 예로 '배고픈 호랑이' 은유는 불안과 회피의 기능적 분석을 통한 연결 고리에 관한 것입니다. 행동주의에서 나온 관계 틀 이론과 기능적 분석이 바탕이 된 ACT의 은유는 이론과 임상에서 많은 기여를 하고 있습니다.

수용전념치료에서의 은유는 ACT 육각형의 심리적 유연성을 함양하는 데 중요한 역할을 차지합니다. 다음과 같이 출판 예정인 저서를 한 권 소개하고자 합니다.

강혜자; 손정락, "하이쿠 시 짓기가 임상심리학 전공 대학원생들의 마음챙김과 감정이입 함양에 미치는 효과", 2018

《메타포(은유)와 수용전념치료(ACT): ACT에서 관계 틀 관점으로 은유를 이해하고, 활용하고, 창조하기》

(학지사, 2020년 출간 예정)

수용전념치료는 최근 약 10여 년간 한국에서도 연구와 그에 따른 활동이 매우 활발하게 이루어지고 있으며 많은 성과와 진전이 이루어지고 있습니다. 그런데, ACT 프로그램을 실행하는 대부분의 연구자와 실무자들은 ACT에서 주요한 부분을 차지하고 있는 메타포(은유)의 메시지 전달에 대한 불만족 혹은 아쉬움을 느끼고 있는 것이 사실입니다. 즉, 서구 문화권에서는 서구 문화에서 나온 은유의 메시지가 자연스럽게 잘 전달되더라도 한국과 같은 동양 문화권에서는 그렇지 않다는 것입니다. 예를 들어, "구덩이에 빠진 사람"에 대한 은유는 이 은유가 의도한 대로 잘 전달이 되지 않습니다. 우리 문화권에서는 구덩이에 빠지는 예가 드물고, 빠지더라도 거기에서 빠져나오는 방법에 대한 생각이 서구적인 생각과는 다르기 때문으로 보입니다.

메타포(은유)란 한 개념을 설명하거나 전달하려고 할 때 어떤 다른 것에 비유해서 설명하는 것입니다. 우리 인간의 많은 활동은 은유적이며, 위대한 사상가나 현자, 성인, 스승, 어른, 및 부모들은 의미를 잘 전달하기 위해 은유를 사용해

왔습니다. 그런데, 그 은유는 문화와 맥락에 따라 달라질 수밖에 없는 것입니다. 물론 공통적인 부분도 있어서 오늘날에는 이전보다는 더 잘 소통이 되기도 하고 이해할 수도 있습니다. 그렇지만, 은유가 본래의 의도대로 그 의미가 더 잘 전달된다면 더할 나위 없을 것입니다. 따라서, 이미 ACT에서 사용하고 있는 다양한 은유를 ACT의 여섯 가지 핵심치료 과정(현재에 접촉하기, 수용, 탈융합, 맥락으로서의 자기, 가치 및 전념행동)에 따라서 모으고 분류하며, 또한 한국인들에게 그 의미가잘 전달되는 다양한 은유를 우리 문화에서 발견하여 모으고 분류하는 작업을 하려고 합니다.

이를 위해서 첫째, ACT에 대한 개관을 특히 심리적 경직성과 심리적 유연성 면에서 다루고 둘째, ACT의 탄탄한이론적 배경인 행동주의의 관계 틀 이론과 기능적 맥락주의를 메타포의 견지에서 비교적 자세하게 살펴보고 셋째, 심리학과 심리치료에서 메타포(은유)를 다루어 온 역사를 다룹니다. 끝으로, ACT의 핵심치료 과정인 육각형에 따른 기존의 ACT와 새로운 ACT의 생성(동양 문화권과 한국 문화에서)을 다루며, 특히 마음챙김, 경(敬), 감정 이입 및 자비를 위한 하이쿠와 시조를 통한 새로운 방법을 시도해 봅니다. 그리하여 ACT 육각형을 위한 메타포의 창조를 목표로 할 것입니다. 요약하면, 수용전념치료(ACT)에서 행동주의의 관계 틀 관점으로 메타포(은유)를 이해하고, 활용하고, 창조하기를 특히 동양 문화권에 속하는 한국 사람들에게 더 잘 전달하도록 연구자들과 실무자들을 위한 은유 지침서를 만들어 내는 것이 이 저술의 목적입니다.

명상은 최고의 중용(中庸), ACT는 최고의 지행합일(知行合一)

끝으로, 마무리 생각을 더합니다. 유명한 심리학자 윌리엄 제임스는 "우리 시대의 가장 위대한 발견은 인간이 자신의 마음가짐을 바꿈으로써 삶을 바꿀 수 있다는 사실을 발견한 것이다."라고 한 바 있습니다. 명상은 동서고금의 모든 문화권에서도 추구해 왔지만, 특히 마음챙김 명상에 대한 심리학자들의 접근은 심리치료와 불교 모두에 엄청난 발전을 가져다주었습니다.

저는 심리학 교수로서 강의, 연구, 학생 지도, 저술을 통해 마음챙김에 관한 주제로 많은 성취를 이룰 수 있게 되어 감사하고 있습니다. 그리고 10여 년 전에 큰 수술을 겪으면서, 자신의 삶에 대해서 많은 것을 다시 볼 수 있는 계기가 있었는데, 마음챙김 명상이 참으로 많은 도움이 되었습니다. 모든 것이 '일기일회(一期一會)'입니다. 제가 생각하는 명상은 최고의 중용이요, ACT는 최고의 지행합일입니다.

손정락
마음챙김을 위한 하이쿠와 시조 그리고 메타포를 연구하는 임상심리학 교수

마음챙김을 위한 하이쿠와 시조

하이쿠는 세상에서 가장 짧은 시형식인 17음절(초, 중, 종장의 5-7-5 음절) 안에, 자연의 변화를 담는 계절어를 포함하며, 그 순간의 마음의 기록인 시어로 함축하여 표현하는 시입니다. 다음과 같이 하이쿠 시 짓기를 하면 됩니다. 많은 관찰과 연습도 필요합니다.

1. 하이쿠는 일본의 정형시로 5-7-5 음절로 되어 있어서 세상에서 제일 짧은 시형식의 하나로 여겨지고 있습니다.

> 한 낮의 정적
> 바위에 스며드는
> 매미의 소리
> - 마츠오 바쇼

2. 전통적인 하이쿠 시 짓는 방법은 이 음수율을 지키면서, 계절을 상징하는 시어(季語)가 들어갑니다. (예. 개구리)

> 오래된 연못
> 개구리 뛰어드는
> 물소리
> - 마츠오 바쇼

3. 초장, 중장 혹은 종장 어느 한 곳에 키레지(切字)라고 하는 여운을 남기면서 전환을 꾀하는 어구를 다음과 같이 넣기도 합니다.

1). 유채꽃이여/ 달은 동녘에/ 해는 서산에. (요사 부손)

2). 밤이 새도록/ 추풍에 귀를 기울이누나/ 뒷산. (카와이 소라)

3). 길가의 무궁화/ 말에게/ 먹히고 말았구나! (마츠오 바쇼)

하이쿠는 누구나 쉽게 지을 수 있는 시 형식이라고 할 수 있습니다. 자연, 24절기, 일상생활, 여행, 자기 자신 등 모든 대상으로 그때마다, 혹은 매주 1~2수 이상의 하이쿠를 짓는 습관을 의도적으로 들인다면 하이쿠 시 짓기와 더불어 저절로 마음챙김이 함양되는 놀라운 경험을 할 수 있을 것입니다.

시조는 우리 한국의 고유한 정형시입니다. 우리의 문화가 녹아 있는 위대한 유산입니다.

애벌레 매미되어 날개 뻗어 하늘 난다
높은 나무에서 우는 소리 좋지만
그 위에 거미줄 있으니 부디 조심하거라
- 이규보

위와 같이 시조는 3-4-4-4(15, 초장), 3-4-4-4(15, 중장), 3-5-4-3(15, 종장)으로 된 약 45음절의 한국의 전통적인 정형시입니다. 대체로 3-4조 또는 4-4조로 되어 있으며, 종장의 첫음절은 반드시 세 음절로 되어 있어야 하는 정형시입니다. 이것이 기본적인 시조의 형식입니다. 세 음절, 네 음절로 되어 있는 것은 우리말이 대부분 그렇게 되어 있기 때문이라는 말도 있습니다.

시조는 관념의 시로 이념, 논쟁적 주장, 교훈적 가르침을 주려고 하고, 음절이 많은 데 비해, 하이쿠는 순간을 포착하여 표현하고, 어떤 깨달음으로 영원을 지향하려는 데 주안점을 준다는 점에서 다릅니다. 마츠오 바쇼의 매미와 이규보의 매미에서도 이를 확연히 볼 수 있습니다.

이처럼 시조는 길이가 길고, 매우 관념적이며 인지적인 측면이 강하여서 창작이 매우 어렵다고 받아들여지고, 하이쿠는 순간의 직관을 짧은 몇 마디 음절로 짓는 것이기 때문에 우선 시도해 보는 데는 용이한 점이 있다고 알려져 있습니다. 그래서 하이쿠가 시조보다 전 세계 60여 개 국가에서 자국어로 하이쿠를 짓는 대중화가 가능하였을까요? 그래서 시조도 하이쿠처럼 단순미를 살려서 이를 인지적인 접근보다는 감성적인 접근으로 시도해 보면 마음챙김 함양에도 어떨까 하는 생각이 드는 것입니다. 릴케의 말대로 시는 어떤 것이든 사물에 대한 냉혹한 관찰이기 때문입니다. 하이쿠든 시조든 '시의 언어란 자연이 준 느낌과 그 파문에 가닿기 위한 나룻배일 뿐이기' 때문입니다. 현재 한국의 대표적인 서정 시인인 유재영의 현대 시조를 살펴보기로 합니다.

분홍빛
물여뀌꽃

날개 말리는
밀잠자리

늙은 화강암
그늘 아래

꼬리 끊는
도마뱀

여울엔
버들치 닮은

낮달이
빠져 있다

-〈가은리〉 *

유재영의 이 시조는 시조의 모든 형식을 그대로 간직하고 있지만 자연의 아름다움을 그대로 보는 관조가 돋보입니다. 그러므로 이처럼 시조를 마음챙김이나 수용의 방법으로 활용하는 것도 충분히 가능할 것입니다. 물론 이에 따른 기법적인 기술을 개발한다면 시조만의 장점이 널리 받아들여질 수 있을 것으로 믿습니다.

유재영, 《절반의 고요》, 동학사, 2009

마음챙김으로
가치 있는 삶을 향해
나아가기

장영수

자아초월상담학 박사로 몸과 마음을 통합한 심신 통합적 접근을 통해 만성통증 프로그램,
심층이완 프로그램, 마음챙김에 기초한 프로그램 등을 진행하고 있다.
주 상담 분야는 개인 상담, 집단 상담, 부부·가족 상담, 청소년 상담이며
서장심리상담센터를 운영하고 있다.

    우울증, 불안장애, 공황장애, 조현병, 허무감과 무기력감 등의
진단을 받은 내담자들과 가치 작업을 할 때면, 그들은 심각한 증상에
서 잠시 빠져나와 눈이 반짝입니다. 또는 심사숙고의 모습으로 침묵
합니다. 눈물을 보입니다. 통곡도 합니다. 고개를 끄덕입니다. 진단
명은 환자를 한 인간으로서 제대로 보지 못하게 합니다. 내담자들은
증상의 이면에, 삶에서 명료하게 선택-결정하지 못한 어떤 부분들이

보류된 채 숨어 있다는 사실을 알게 됩니다. 그리고 그들은 내면세계로 들어가서 삶에서 일어나는 현상들에 대한 맥락적인 이해를 외부 현실로 가지고 나옵니다. 증상들 속에서 자신만의 가치 있는 삶이 누락되어 있음을 발견하고 그런 자신을 이해합니다. 그리고 크고 작은 통찰을 내놓습니다. 이러한 과정에 알아차림이 함께 합니다.

고통은 삶 본연의 가치에서 벗나감으로부터 시작된다

상담실로 찾아오는 내담자들을 만나보면 고통의 이유와 수준은 제각각 다르지만 대다수가 각자의 인생에서 삶의 가치가 보류되어 있음을 알 수 있습니다. 여기서 말하는 삶의 가치는 사회적 가치가 아닌 개인적 가치입니다. 개인적 가치는 개개인이 그렇게 살기로 선택한 삶의 방향에서 자신이 인생의 주인공이 되어 자기답게 사는 것을 의미합니다. 이렇게 살려면 삶의 순간순간마다 자신이 살고자 하는 목적과 의미에 늘 깨어 있으면서 가치의 방향으로 나아가기 위해 매 순간 행동으로 조정하는 것이 요구됩니다. 마음챙김은 가치 있는 삶을 위해 우리가 가고자 하는 곳으로 마음이 향하도록 매 순간 깨어 있게 합니다. 자기답게 살기를 진정 원하는 사람들에게 마음챙김은 나침판 역할을 합니다.

그렇다면 마음챙김은 삶을 가치 있게 살고자 하는 데 있어서 어떤 도움이 될까요? 삶을 살아내느라 힘들어하는 내담자들을 만날 때마다 명상과 심리학이 접목된 이해로 다가갑니다. 이때 제일 먼저 떠오르는 질문은 '인간 존재가 고통에서 벗어나는 가장 좋은 방법은 무엇일까? 인간 존재가 진정 원하는 것은 무엇인가?'입니다. 오랜 영적 전통에서는 인간에게 보편적으로 편재해 있는 고통의 근원을 알아내고 그 고통에서 벗어나기 위해 다양한 방식의 명상법을 사용했습니다. 한편으로 사람들은 삶에서 고통을 겪더라도 그 고통의 의미가 인생에서 가치가 있다면 당연한 듯이 고통을 감내하며 삶을 살아갑니다. 사람들의 마음속에는 이 세상에서 '가치 있는 존재'로서 가치 있게 살고자 하는 염원이 우선적으로 존재합니다. 의식은 물론 무의식적으로도 말입니다. 가치는 무엇을 행동하게 하는 강한 힘입니다. 실제로 어느 개인에게 어떤 일이 가치가 있다면 고통을 감내하면서도 가치를 실현하기 위해 앞으로 나아가는 모습을 주변에서 종종 목격합니다.

사람들이 인생에서 가치를 실현하며 사는 과정은 때때로 괴로움을 수반합니다. 이때 마음챙김의 적용은 일상적 시간과 공간 사이사이를 평온함과 유연함, 그리고 활기찬 에너지로 채워 줍니다. 명상은 인생을 새로운 각도로 보고 새로운 존재가 되도록 해줍니다. 왜냐하면 현재라는 순간을 새롭게 인지하고 존중하면 진실로 마력과 같은 특이한 힘과 용기가 드러나기 때문입니다.

사람들은 사는 게 힘들다고 말합니다. 특히 상담실에 찾아오는 사람들은 우울, 불안, 공황장애, 무력감, 허무함, 만성 통증, 조현병 등의 진단을 받고 그 고통에서 벗어나고자 상담실 문을 두드립니다. 사람들이 신체적, 심리적, 사회적으로 괴로워하는 것을 들여다보면,

사람마다 세상에서 살고자 하는 방향이 있으나 현실이 그대로 따라주지 않을 때 '증상'이 생기는 것을 알 수 있습니다.

진정한 삶의 가치를 찾았을 때 우리는,
삶의 고통을 감내해낼 수 있다

한 만성 통증 환자는 전신 통증으로 오랫동안 여러 병원에 다니며 치료를 받았으나 호전되지 않아 완치를 포기한 채 상담심리센터에 왔습니다. 이 환자는 30년 이상 동네에서 작은 꽃집을 운영하며 가정 경제를 책임지고 어렵게 자녀들을 키우며 살아왔습니다. 이제는 모두 결혼하여 각자의 삶을 잘 살고 있고 경제적으로도 어려움이 없다고 합니다. 그럼에도 불구하고 뚜렷한 병명 없이 전신이 아파서 유명하다는 병원 치료를 다 받았지만, 완치가 되지 않았습니다. 만성 통증 프로그램에 참여하게 되면서 마음챙김 훈련과 가치 작업을 해나가던 중 잘 운영되던 꽃집을 그만두기로 하고 가게를 내놓기로 결심하게 됩니다. 그러면서 통증도 줄어들었습니다. 돈을 벌기 위해 꽃집을 운영하느라 그동안 자신의 인생에서 가치 있다고 여겨진 일들을 하지 못한 것이 통증의 원인이었다는 사실을 알게 된 것입니다.

만성 통증 환자들은 그들의 만성적인 통증 때문에 아무것도 할 엄두를 내지 못합니다. 그들은 극심한 고통 때문에 삶에서 중요한 가치들을 보류하고 있는 것입니다. 또한 역설적으로 삶에서 의미 있는 가치를 선택하지 못하거나 행동으로 실현하지 못해서 만성 통증에 시달리는 경우도 많습니다. 이때 자신의 삶에서 중요하다고 여기는 가치를 찾게 되면 통증은 줄어들고 가치 실현에 더 많은 에너지를 쏟으며 삶의 활기를 되찾습니다. 마음챙김 명상 훈련을 실제로 하면서 삶의 가치를 발견하는 일은 몸과 마음에서 일어나는 신기하고 멋진 경험입니다.

돈을 잘 버는 것은 좋은 일이지만 인생에서 돈보다 더 가치 있는 일이 보류되어 있었던 것입니다. 이 환자는 꽃집 운영을 그만두고 자신의 인생에서 중요하다고 생각한 일들을 찾아냈습니다. 그동안 하고 싶은 공부도 하고 여행도 다니고 사람들과 함께하는 만남을 계획하며 이런 선택을 한 것이 무엇보다 행복하다고 합니다. 환자는 자신의 삶에서 가치를 명료화하고 그 가치대로 살고자 의지를 내어 기꺼이 행동한 것입니다. 마음챙김 훈련과 삶의 가치 작업이 인생을 의미와 목적이 있는 삶으로 재정향하게 하는 동시에 만성적인 통증에서도 벗어나게 한 것입니다.

마음챙김, 알아차림.
가치 있는 삶을 인도하는 내 안의 등대

'알아차림'을 통하여 자신과 타인 그리고 세상을 이해하는 정도에 따라 통찰의 수준도 달라집니다. 마음챙김은 내담자들이 마음을 챙겨 삶의 가치에 눈을 돌리게 하는 데 유용합니다. 자기 내면세계에 머물러 분명한 가치를 발견하고 자신만의 가치 있는 삶을 위해 방향을 잡게 합니다. 그러면 우울과 불안장애, 공황장애, 허무감, 무기력감, 만성 통증 그리고 조현병 등이 약화되거나 없어지기도 합니다. 인지행동치료의 수용전념치료에는 마음챙김이 주요한 치료적 요소로 포함되어 있습니다. 마음챙김은 이전에는 회피했던 내적 경험이나 증상들의 노출을 촉진하여 자기 관찰을 통해 인지적 변화나 태도의 변화를 끌어내 증상을 다룰 수 있게 합니다.

활력 있는 삶과 무기력한 삶의 기로, 신체적 심리적 증상이 생기고 사라지는 것은 가치 문제와 관련이 있습니다. 사람이 죽은 뒤 그가 무엇을 위해 살았는가, 삶과 죽음을 조망하는 데도 가치문제가 존재합니다. 이런 가치 있는 삶의 여정에 마음챙김은 빛을 비추며 삶을 새롭게 이끕니다. 자각이 우리를 아름답고 멋지게 살게 합니다.

가치 있는 삶을 위한 장례식 명상

조용히 주의를 집중할 수 있는 시간과 장소를 찾아보십시오. 편안하게 누울 수 있는 공간이면 더욱더 좋고, 산만해질 수 있는 곳은 피하십시오. 이 연습이 강력한 정서적 경험이 될 수 있음을 유념하세요. 하지만 죽음을 직면하려는 것은 아니며 오히려 삶에 직면하려는 것입니다.

"당신이 이 땅에서 얼마의 시간을 더 살지 모른다. 만일 당신이 삶을 통해 실현하고자 하는 것을 자유롭게 선택할 수 있다면, 인생의 마지막에 당신 존재의 무엇이 분명하게 드러나겠는가?"

충분한 시간을 두고 다음의 시나리오를 시각화한 후에 질문에 답하십시오. 당신이 진정 인생을 통해 무언가를 하고자 한다면, 당신의 삶이 남긴 발자취가 어떠길 바라는지 그 관점에서 바라보면 도움이 될 것입니다. 더하여 당신을 기억하는 가까운 사람들이 당신의 삶에 대해 어떻게 생각해 주기를 바라는지 당신의 마음을 보면 도움이 될 것입니다.

이제 편안하게 누워서 눈을 감고 몇 차례 깊이 호흡하세요. 당신의 호흡에 집중하는 가운데 몸과 마음이 고요하게 편안해졌다면, 당신이 죽어서 당신의 장례식에 있다고 상상해 보십시오. 그리고 당신의 영혼이 당신의 장례식장에서 일어나는 모든 일들을 꿰뚫어 볼 수 있는 능력이 생겼다고 상상해 보는 겁니다. 장례식이 어디에서 어떤 모습으로 진행되고 있는지 상상해 보고 천천히 시간을 가지고 장례식의 생생한 장면을 시각화해 보세요. 당신의 장례식에 온 사람들이 누구누구인지 하나하나 둘러보고 그들이 삼삼오오 모여 앉아 당신에 대해 이야기 나누는 것을 들어 보세요. 그리고 그들이 당신에 관해 말하는 것을 들어 보십시오. 당신은 어떤 사람이었고, 어떻게 살았던 사람이라고 말하는지 그들의 이야기에 귀 기울여 들어 보세요.

당신의 마음속에서 그들이 말할까 봐 두려워하는 부분이 있다면 그것이 어떤 것이든 당신은 알아차릴 수 있습니다. 그리고 그 부분에 대해 자기를 정당화하려는 마음이 있음을 가정해 보세요. 이번에는 당신이 장례식에 온 사람들의 마음속을 다 들여다볼 수 있는 초능력이 있다고 상상해 보세요. 그리고 그들이 당신에 대해 말하고 싶으나 입 밖으로 내지 않는 속마음을 들여다보십시오.

지금까지는 당신이 삶에서 두려워하는 것에 대한 내용이었습니다. 그러나 당신의 삶에 그런 것만 있는 게 아닙니다. 이번에는 당신의 삶에서 중요한 사람들을 장례식에 모두 초대하고 당신의 장례식을 치르는 그들을 바라보세요. 당신이 내면 깊숙한 가치로 얼마나 충실하게 살았는지 그들은 잘 알고 있습니다. 당신이 그들에게서 듣고 싶은 추모사를 상상해 보세요. 당신에게 중요한 그들이 당신의 장례를 치르면서 당신이 어떤 사람이라고 말하는지를 말이에요. 이번 생에서 당신이 가장 이루고 싶은 의미와 가장 드러내고 싶은 목적이 담긴 추모사를 그들의 목소리로 들어 보세요. 그리고 당신의 묘비에 새겨진 아름다운 비문을 상상해 보세요.

지금까지 당신이 상상한 것을 적어 보세요. 그리고 다시 읽으면서 불완전하거나 목적에서 빗나간 부분이 있다면 다시 기록해도 좋습니다. 당신의 장례식이니까요. 당신은 당신이 상상하고 적어 본 글 속에서 이미 자신 안에 있던 무언가를 보았을 것입니다. 당신은 자신의 삶을 통해 실현되기를 바라는 것이 무엇인지 명료해졌나요? 당신이 생을 마친 후, 다른 사람의 기억 속에 있는 당신의 모습은 당신이 지금 무엇에 가치를 부여하는가에 대한 좋은 아이디어를 제공합니다.

당신에게 중요하고 당신이 사랑하는 사람들은 매일매일 당신이 취한 선택과 행동을 기억할 것입니다. 그것을 오늘, 지금 시작할 수 있다면 얼마나 좋은 일인가요?

격동 속의 고요,
태풍의 눈에 앉아
소용돌이를 알아차리는 수행자

정광주

교육학 박사(상담심리 전공)로 내 안에 고요를 만나다 상담치유연구소를 운영하며
마음챙김 교육, 심리상담 교육, 개인 상담 등을 진행하고 있다.
그리고 대학에서 상담심리 관련 전공 과목을 강의하고 있다.
매일 같이 새로운 깨달음을 얻는 것을 보람으로 여기며
도반들, 내담자들과 그 즐거움을 나누고자 한다.
명상과 상담 관련 저역서로 《마음챙김 교육법으로 행복 가르치기》 등 다수 있다.

때는 IMF 외환 위기로 온 나라가 흔들릴 때였습니다. 결혼하고 몇 년 되지 않았는데 시댁의 사업이 도미노처럼 무너지면서 그동안 경험하지 못한 경제적 어려움을 겪게 되었습니다. 안정된 직장인이었던 남편과 저는 시댁의 부도로 말미암아 엄청난 빚을 지게 되었습니다. 그 시절, 현관 앞에 놓인 빨간 딱지 우편물들은 삶의 의욕을 단번에 떨어뜨리고 분노와 절망으로 몰아갔습니다. 보증에 대한 관념이

전혀 없던 저희의 잘못이기도 했지만, 타인이 저지른 빚을 갚기 위해 절약에 절약을 거듭해야 했던 제 삶은 참을 수 없는 고통이었습니다. 그 시절 기가 딱 막히는 은행 빚을 갚느라 아이 분유 값조차도 걱정해야 했으니까요.

고양이는 왜 없어지지 않았을까

그 시절 세상의 고난을 다 짊어진 무거운 마음으로 천안에 있는 '호두마을'이라는 위빠사나 명상센터에 그냥 들어갔습니다. 집을 떠나지 않으면 고통에 타죽을 것 같아 생전 처음으로 명상 수련을 경험하였습니다. 저는 특별한 종교도 없고, 그냥 쉬고 싶어서 간 곳에서 열흘 동안 수련하고 인터뷰를 받으며 처음 며칠은 뭐가 뭔지도 모르고 그냥 지나갔습니다.

그때 꾸었던 꿈을 저는 평생 잊지 못합니다. 그 꿈은 단번에 저의 상태를 알려주었습니다. 사방이 말끔한 작은 방, 그 하얀 천장에 조그만 구멍이 툭 생기더니 그곳에서 고양이들이 정말 수도 없이 방으로 떨어지는 것이었습니다. 하얀 방에 가득 찬 고양이들을 온 힘을 다해 없애려 했지만, 숫자는 더 늘어나고, 심지어 전자레인지까지 돌리면서 계속 죽이려고도 했지만 소용없었습니다. 그 꿈을 꾸고 나서 저는 무언가에 뒤통수를 대차게 갈겨 맞은 것 같은 깨우침이 들었습니다. '몇 년 동안 번뇌를 참으며 없애려 부단히 애써 왔는데 참으로 부질없는 짓이었구나!' 그리고 다음 날 아침 좌선에서 내 안에서 불고 있던 미친 듯한 바람과 마주하게 되었고, 하나씩 하나씩 보는 경험을 통해 조금씩 삶의 고통이 잦아들기 시작하였습니다. 이후, 여름과 겨울에는 정기적으로 집중 수련에 참여하면서 이제까지 경험하지 못했던 삶에 대한 새로운 관점을 배워가게 되었습니다. 그리고 지금 매일 하는 새벽 좌선은 제 삶에서 큰 영적 자원이 되고 있습니다.

내 안의 소용돌이가 멈출 수 없는 것임을 알아차리고 놓아버릴 때 나는 비로소 그 소용돌이의 중심에 서게 됩니다. 그 안은 격동하면서도 조용하고, 텅 비어 있으면서도 움직임으로 가득 차 있습니다. 그 순간 이후로 매일 새벽마다 명상을 합니다. 내 안에서 일어나고 변화하고 사라져가는 욕망, 기대, 판단, 감정 등을 보면서, 내 안이 그러하듯이 이 세상 모든 것도 그러함을 하루하루 새롭게 몸으로 마음으로 알아가고 있습니다. 명상을 통해 새날, 새 아침이 주는 귀한 선물을 받습니다. 어느 순간 마음을 놓치고 헤매더라도, 또다시 제자리로 돌아와 깨칠 수 있어 참 가볍고 상쾌합니다.

깊은 공감은 '나의 내면'에 대한 경청에서 시작한다

상담자로서 내담자에 대한 깊은 수준의 공감과 경청은 모든 상담 기법을 넘어선 핵심 역량입니다. 생각해보면 명상은 자기 자신의 몸과 마음에 대한 공감과 경청입니다. 상담자 스스로 몸과 마음에 대한 자각이 깊고 풍성해질수록 내담자에 대한 자각과 이해는 더욱 심화될 수 있습니다.

인간중심상담을 정립한 칼 로저스의 사상은 오늘날 상담과 심리치료의 모든 이론들에 스며들어, 긍정적이고 성장을 촉진하는 치료적 관계 확립을 위해 상담자가 지녀야 할 태도로써 받아들여지고 있습니다. 그런데 인간중심상담에서 강조하는 무조건적 긍정적 존중, 진실성, 일치성 등은 치료적 촉진조건으로 동의하는 태도들이지만, 이를 훈련하는 구체적인 방법론을 제시하고 있지 않아 날 선 비판을 받곤 합니다. 마음챙김은 지속적인 태도 훈련으로서 상담자의 일치성과 진실성을 훈련하는 구체적인 방법론이 될 수 있습니다. 유능한 상담자는 그들 스스로 자신을 자각한 것과 다른 사람들에 의해서 그들이 어떻게 자각되는지 잘 통합하고, 판단 없이 있는 그대로를 수용하여 내담자의 신뢰와 개방을 촉진시키도록 돕습니다. 이런 의미에서 마음챙김은 상담자가 근본적으로 지향하는 태도에 대한 구체적 훈련법이 될 수 있습니다.

저는 마음챙김 수행을 통해 상담자로서 더 배우고 성장할 수 있었고, 힘든 순간마다 스스로 다그치기보다 격려하며(Kind Awareness) 다시 일어나는 용기를 냄으로써 직업적 소진을 예방할 수 있었습니다. 제 연구소에서는 상담의 종결 시점이 되면, 내담자와 협의를 거쳐 마음챙김 훈련을 통해 상담을 마친 후에도 내담자 스스로 지속적인 예방과 자기치유의 길에 설 수 있도록 돕고 있습니다.

자녀는 부모의 숨겨진 스승: 당신의 스승님은 안녕하십니까?

부모로서 저는 마음챙김을 통해 더 나은 태도를 배울 수 있었습니다. 물론 지금도 수없이 실수하곤 하지만, 다시 중심으로 돌아가는 회복력은 점점 더 커졌습니다. 자녀의 개성을 비교하지 않고, 판단하지 않고, 있는 그대로 보고 매 순간 초심으로 돌아가 아이의 장점에 주의를 두고자 했던 노력은 헛되지 않습니다. 이 점은 제가 학부모와 교사 교육을 할 때 늘 강조하는 지점이기도 합니다. 또한 다른 아이들을 내 아이처럼 사랑하는 마음을 내면, 내 자녀 역시 누군가에게 그 사랑을 충분히 받게 됩니다. 우리는 모두 연결된 존재니까요.

그런데 부모로서 무의식적으로 갖게 되는 자녀에 대한 기대와 판단, 선입견을 내려놓고 자녀라는 존재를 있는 그대로 본다는 것은 참으로 어렵습니다. 제 막내 아이는 초등학교 입학 전 발달이 더뎌 꽤 오랜 시간 놀이치료를 받았습니다. 또래 아이들과 달리 인지적, 언어적으로 많이 뒤떨어져 보이는 모습과 맞벌이 부모의 죄책감까지 더해져 그 시절에는 너무도 가슴 아팠습니다.

그런데 아이가 초등학교 2학년이었을 때, 퇴근 후에 우연히 방학 숙제로 그린 자화상을 보게 되었습니다. 아이는 자신의 자화상으로 다름 아닌 '거북이'를 그린 것이었습니다. 아이는 서툴게 그린 거북이 그림 위에 '느리지만 잘 가는 거북이'라고 삐뚤빼뚤한 글씨로 제목을 달았습니다. 저는 순간, 눈물이 쏟아졌고 그제야 상황을 제대로 보게 되었습니다. 아이는 지금까지 자기의 속도로 충분히 잘 가고 있었음을 비로소 깨달았기 때문입니다. 이후 더 이상 아이를 다른 대상과 비교하지 않고 아이의 모습 그대로 보려고 노력할 수 있었습니다. 아이는 속도와 개성이 좀 다를 뿐, 자기 자신 그 자체로 정말 괜찮고 완벽한 존재였던 것입니다. 그리고 지금, 제 아들은 자기의 속도로 충분히 행복하게 자신의 삶을 살아가고 있습니다.

마음챙김 훈련을 통해 자녀에게 갖게 되는 기대와 판단을 알아차림 하게 되면, 한 발짝 떨어져서 아이의 상황을 객관적으로 보고 이해하는 관점이 생겨납니다. '이해한다(Understand)'는 것은 어원 그대로 누군가의 아래(under)에 서서(stand) 대상을 겸허하게 존중하는 것을 의미합니다. 어쩌면 자녀는 부모의 스승으로 이생에 태어난 것이 아닐까요? 저는 자녀를 키우며 이해와 존중의 의미를 '제대로' 알게 되었습니다.

사회적 조건화에서 비롯된 기대와 욕심이 얼마나 부모의 눈을 혼탁하게 만드는지요. 순간순간 알아차리지 않으면 사회에서 주어진 판단기준, 비교를 통한 경쟁과 성취에 순식간에 동일시되어 마음은 극도로 조급해집니다. 아이의 속도를 존중하고 인내심을 가지고 믿고 기다리는 마음, 그것은 마음챙김 훈련을 통해 체화되는 중요한 역량이라 할 수 있습니다.

내 안의 고요를 만나다

명상은 끝없는 자기 탐구의 길이라고 생각합니다. 명상을 통해 경험하는 '고요'의 의미는 그저 차분하고 편안한 느낌에 그치지 않습니다. '고요'란 흔들리는 세상 속에서 알아차림을 유지하며 볼 수 있는 평정심을 가진 상태, '태풍의 눈'에 조용히 앉아 거친 태풍을 바라볼 수 있는 힘을 의미합니다. 그 속에서 끝없이 변화하고 있는 몸과 마음을 탐구하며, '자기'라는 내면의 텍스트에 대한 끝없는 관찰과 실험을 거듭하고 호기심을 가지고 늘 새롭게 시도되는 탐구말이죠. 그래서 저에게 있어 명상이란, '내 안에 고요를 만나다'라는 표현으로 귀결됩니다.

저 대양에 육지와 동떨어져 있는 섬은 외로이 홀로 있는 것 같지만, 실은 바다 저 깊은 곳에서 대륙과 온전한 하나로 탄탄하게 연결되어 있습니다. 그래서 명상을 통한 자기 탐구는, '연결되어 있는 우리 전체에 대한 탐구'라 해도 과언이 아닐 것입니다.

명상을 통해 알게 된 것들, 경험을 통해 배우게 된 것들을 아침마다 묵상 노트에 적어두곤 합니다. 때론 많은 설명보다 짧은 구절이 마음에 더 다가오는 것 같습니다. 제가 명상수련을 통해 일상에서 배우고 느낀 것들을 다음과 같이 표현해 보았습니다.

일단 거기까지!

생각을 멈추자

한 발짝 떨어져서, 큰 숨 한 번 쉬자

내 할 일은 다했으니

이제 물러나 일어나는 대로 받아들이자

세상이 저 나름대로 펼쳐지도록 그냥 내버려두자

마음은, 알아차림으로 헹구는 것

졸졸졸 맑은 물에
오랜 습에 찌든 걸레를
날마다 헹구고 또 헹군다.

걸레에도 나름 쓸모가 있다
엄청 더러운 곳을 닦는 걸레, 덜 더러운 곳을 닦는 걸레
쪼금 더러운 곳을 닦는 걸레…

날마다 헹군다, 알아차림으로.
다시 더러워져도, 잊지 않고 돌아와 헹군다.
습관처럼 이렇게 헹구다보면,

거짓말 같이
선녀 옷처럼 천사 옷처럼
반짝 반짝 빛나지 않을까. 우리 존재의 빛이.

그런데
어쩌면 걸레가 행주되는 건
정말 순식간일 수도 있다!

숨은 그림 찾기

삶은 숨은 그림 찾기

구름 한 점 없는 땡볕 속, 숨은 바람

큰 한숨 속에 숨어 버린, 작은 행복

애쓰지 않고 알아차리기

새로운 삶의 사냥꾼들

웃찾사, 웃음을 찾아낸 사람들

미찾사, 미소를 찾아낸 사람들

수행자, 세상 안에서 세상 밖 웃음을 찾아낸 신(神)의 바보들

설거지 명상, 세수 명상

설거지할 때 어떻게 하시나요? 대부분 후딱 해치우려하거나, 설거지하면서 많은 생각, 계획, 공상 등을 하게 됩니다. 설거지할 때 그냥 설거지만 해 보세요. 참 재미있고 편안해집니다. 수도꼭지를 틀 때 꼭지에 닿는 차가운 감각, 찬물과 따뜻한 물이 손가락에 닿는 느낌, 그릇마다 다른 촉감들. 뽀드득거리는 그릇을 헹구는 느낌. 세제와 물을 섞어 거품 낼 때 보송보송한 거품의 느낌… 감각에 머물러 설거지를 하다 보면 마음이 편안하게 정돈되는 느낌을 받습니다.

생각해 보면 수행자는 이 세상에서 '수세미' 역할을 하는 사람 아닐까요? 수세미는 제 몸에 거품을 내어, 자기를 씻고 자신과 접촉하는 다른 모든 것을 함께 씻어냅니다. 우리는 이런 수세미처럼 '홀로 또 같이' 정화하는 즐거움으로 깨끗함을 나누게 되지요.

'세수'도 이렇게 순간순간 다양한 감각에 깨어서 해 보세요. 판단 없이, 해석 없이 말이지요. 보통은 일하고 집에 돌아와 씻는 일이 참 귀찮게 느껴집니다. 세수를 하려 할 때 귀찮거나 싫은 마음이 들면, 바로 우리의 마음은 순식간에 그 기분에 물들어 버립니다. 그래서 대충대충하고 쉬고 싶어 하지요.

조금 다르게 해 보세요. 하기 싫은 그 마음을 알아주고, 두 손이 피부에 닿는 감각으로 주의를 돌리고 뽀득뽀득 문지르며 거품을 내어 보세요. 거품이 손바닥에서 만들어지고 풍성해지고 부서져 가는 감각을 느끼며 눈 주변, 코, 입술을 부드럽게 문질러 보세요. 광대, 코, 입술, 볼, 이마 등을 문지를 때 피부마다 다른 결이 느껴지고, 비누와 하나 되면 또 다른 감각이 매끈매끈 느껴집니다. 단지 그 감각에 머무르며 씻어 보세요.

늘 하는 일도 태도에 따라 다르게 느껴집니다. 같은 일을 매번 다르게 할 수 있는 방법, 그것은 열린 마음으로 호기심을 가지고, 새로운 감각을 그대로 느껴 보는 것입니다. 명상은 결코 특별한 것이 아니라, 일상의 삶 하나하나에 깃들어 있습니다. 물론 특정한 시간을 내어 마음을 수련하는 일도 필요하지만, 결국 '깨어있는 연습'을 일상의 삶에 널리 적용하기 위해서 필요한 부분이겠지요. 그럼으로써 일상이 명상적인 태도가 되어가는 삶, 그것이 우리를 좀 더 평안하고 활기차게 할 것입니다.

과학의 옷을 입은 명상으로
암환자의 치유를 돕는
명상 전문가

류정수

마인드플러스 스트레스 대처연구소 부소장, 마음챙김 명상 치유센터 원장이다.
현재 대학 종합병원 암센터에서 <암 통합 건강 강좌>와 명상을 통해
암 환우들의 치유에 도움을 주고 있으며 여러 장르에서 대중 명상 강좌들을 통해
명상의 사회화, 대중화에 노력하고 있다.
마음의 다른 모습인 꿈에 관한 내용으로
2004년 《꿈과 마음의 비밀》이라는 책을 내기도 했다.
자유롭고 행복하게 사는 길을 많은 사람들과 함께 하고자 정진하는 중이다.

　사춘기 시절은 누구나 그렇겠지만 자신의 존재에 대한 의문, 세상과 삶에 대한 의문들로 물음표투성이였고 당연히 정신 세계의 영역을 기웃거릴 수밖에 없었습니다.

　"너희들, 동양사상(Tao Psychology)이라고 아는가? 선(禪, Zen)은?"

　장현갑 교수님께서 심리학 개론 시간에 풀어주셨던 명상에 대한 말씀은 그간 내가 찾아다녔던 수많은 의문의 답을 찾을 수 있는 이

정표를 던져주는 듯하였습니다. 민주화 항쟁이 진행되는 격변의 시기를 겪은 청년 시절, 세상의 부조리 속에서 번뇌하였고 중국의 우슈(무술), 태극권, 기공(氣功), 요가 수련 등을 하며 선도(仙道)의 스승들과 불가(佛家)의 스승들을 찾아다니기 시작했고, 틈나는 대로 산에서, 절에서 깨달음과 나를 찾기 위한 수행을 이어 나갔습니다.

깨달음의 실체를 찾아 헤매다. 명상, 이 뭣고?

이러한 수련, 수행을 끊임없이 추구하면서 수행을 통해 나 자신의 몸과 마음에 실제로 여러 긍정적인 변화가 일어나는 것을 느꼈고 그것을 바탕으로 수련센터도 열어서 많은 사람들의 몸과 마음의 건강을 찾아 주기도 했습니다. 그러나 내가 수행한 명상의 목표 도달이나 수련 방법, 문제 해결을 위한 적용 등에서는 많은 아쉬움이 있었습니다. 즉, 이러한 명상의 목표들은 대다수 일반인에게는 먼 나라 이야기였고 동기 부여조차도 보편적일 수 없었으며 수련 방법도 쉽게 배울 수 있는 것이 아니었던 것입니다. 많은 사람들이 각자 가진 몸과 마음의 문제들을 해결하기 위해 쉽고도 보편타당한 방법을 제시하기에는 많은 고민과 어려움이 따랐습니다.

명상에 과학의 옷을 입히다: '과학적 명상'의 패러다임

이러한 때에 다시 장현갑 교수님과의 인연이 닿게 되었습니다.

그 당시 K-MBSR 프로그램을 개발하고 계셨고 허버트 벤슨의 이완 반응 명상 등 여러 심신 중재 기법들을 연구하고 있었습니다. 그때 저도 장현갑 교수님의 마인드 플러스 스트레스 연구소에 참여하게 되었습니다. 선생님의 심신통합의 원리로서 심신의학, 스트레스의학, 심리학, 뇌과학 등과 결합된 소위 과거의 명상에 과학의 옷을 입힌 '과학적 명상'의 모든 것은 제가 가졌던 오랜 문제점들을 타파하는 그 무엇이었습니다. 흡사 과거의 여러 명상 수행법들이 제각각의 가치를 지닌 하나의 보석 구슬이었다면 '과학적 명상'이라는 패러다임은 그 구슬들을 꿰어 새로운 가치를 지닌 찬란한 보석 목걸이로 탄생되는 것과 같았습니다.

과학 명상의 활용: 암센터에서 빛을 발하다

연구소 산하 '마음챙김 명상 치유센터'를 운영하면서 과학적 명상으로서 '마음챙김'을 기반으로 하는 명상법들의 효과는 참으로 놀라웠습니다. 우울이나 불안, 공황과 같은 부정적 정서나 감정에 시달리는 사람들이 빠른 시일 내에 문제 해결의 길을 찾았고 암센터의 암 환우들에게서도 희망과 치유의 빛이 되었으며 실제로 치유의 도움을 받은 사례들도 많이 나왔습니다. 이것이 가능했던 이유는 무엇일까요?

첫째, 심신이 불편한 사람들이 문제 해결을 위해 자신의 문제를 스스로 자각하게 된 것이고

둘째, 몸은 몸으로, 마음은 마음으로라는 이분법적인 방식이 아

니라 몸과 마음은 하나라는 심신 상관, 심신 통합의 원리를 깨달아 가면서 치유가 일어났던 것이며

셋째, '모든 길은 로마로 통한다.'라는 말이 있듯이 우리의 감각, 호흡, 생각, 감정들은 서로 밀접한 관계에서 통일적으로 작용하기에 어느 경로를 통해서도 문제 해결의 길이 열렸기 때문이며 결국, 치료의 마지막이자 중요한 '자기 치유'가 만족된 것이기 때문입니다.

명상은 구체적으로 자신의 몸과 마음을 이해하고 깨달아 가는 과정인데, 명상 수련의 태도에 있어서 마냥 매달리고 몰입하는 게 능사가 아니라는 것입니다. 명상에 대한 '준거틀(Reference)'을 분명하게 인식하고 명상을 해야 한다는 것입니다.

명상, 과학적 이해 속에 진정한 뿌리를 내리다

'나'라는 것이 몸과 마음이라고 했을 때 몸과 마음은 거울을 보는 것과 똑같은 상관관계에 있습니다. '마음'도 보이지 않는다고 해서 막연하거나 비현실적, 초월적인 그 무엇이 아니라 매개체인 뇌를 통해 마음이 그대로 반영된다는 엄연한 사실을 자각할 수 있습니다. 즉, 뇌의 활동 패턴이 바로 마음의 원리를 반영하고 있다는 것입니다. 과거에는 '마음이 뭔가?', '마음을 어떻게 깨달을까?'라는 문제로 아무런 준거틀 없이 노심초사해 왔고 그 과정에서 많은 부작용도 나타났습니다. 마음속에 갇혀서 그 마음을 알려고 하는데, 그것이 쉽겠습니까?

뇌의 원리를 이해하며 마음을 이해하는 게 더 쉽고 구체적입니다. '준거틀'의 자각은 이런 의미입니다. 신비나 관념에 매달려 엄연한 객관적 사실을 놓치지 말고, 있는 그대로의 직관과 상호 소통의 준거틀을 활용해야 합니다. 꿈에서 깨어나지 못한다면 모든 것은 다만 꿈속의 일일 뿐이듯이, 명상도 있는 그대로의 진실, 참을 알고 깨닫는 데 있습니다. 바로 지금, 여기에 깨어있는 것이 명상의 시작이고 끝입니다.

만트라(Mantra) 명상

만트라 명상은 집중과 통찰을 동시에 만족시킬 수 있습니다. 그리고 소리 파동(진동)을 통해 긍정적 파동 에너지(우주는 파동과 입자로 구성되어있습니다. 그 중에 파동 에너지는 일종의 정보와 결합된 정보 에너지이고 그 파동의 상태가 몸과 마음의 영향을 미칩니다.)를 형성하여 몸과 마음을 긍정적 상태로 만들 수 있습니다.

과학적 증거로는 하버드 의대의 허버트 벤슨이 만트라 명상 수행자의 명상 상태의 뇌를 f-MRI(기능적 자기공명영상장치)로 측정한 데이터가 있습니다. 만트라 명상을 하니 f-MRI에서 명상동안 안정과 동요의 역설 현상(Paradox of calm commotion)이 일어나는데, 이는 명상을 하는 동안 전반적인 뇌의 활동은 안정적인데 주의 집중과 자율신경 관련 뇌는 활동적 양상을 보이는 것을 말합니다.

먼저 긍정적 파동 에너지를 일으키는 만트라를 선정합니다. 옴(AUM) 만트라가 가장 기본적인 것으로 수련 효과도 좋습니다. 자세는 앉아서도 서서도 할 수 있는데, 다만 에너지의 흐름이 좋도록 척추 에너지선을 반듯이 하는 게 좋습니다. 다음은 호흡과 결합시켜서 들숨 때 숨을 아랫배 깊숙이 마시고 내쉬는 숨에 '오'음을 5초 동안 발음하고, 바로 '옴'으로 계속합니다. 바로 '오~옴' 소리가 나게 됩니다. 만트라 파동(진동)을 일으키면서 의식은 '오~옴'에 집중하고 몸에 진동이 일어날 때는 그 진동의 미묘한 감각을 알아차림 하면 됩니다. 수련 시간은 보통 5~30분 정도 하면 좋습니다.

마음의 변화로
치유의 순간을 만들어 내는
특수교육 전문가

박지영

심신통합치유학과 요가통합치료학 박사 학위를 취득하였으며,
발달장애, 정서장애 및 다문화가족 등 정서적 도움을 필요로 하는 학생과
우울, 불안, 트라우마, 공황장애 등 정서적 어려움이 있는 성인을 대상으로
심신 치유 프로그램을 개발하여 1:1상담, 혹은 가족치료 등
현장에서 명상을 다양하게 활용하고 있다.
심신치유 & 특수교육센터 해인원 원장이다.

어느 날 문득 1만 배를 해 봐야겠다는 생각이 들었습니다. 첫 직장에서 퇴사한 후, 막연하게 느껴지는 미래와 현실 사이에서 방황하던 날. 어린 시절 어머니를 따라 사찰에서 시작한 참선과 절이 기억나서였을까요. 가방 하나 달랑 들고 절에 가서 수행을 하기 시작했습니다. 3박 4일간의 그 여정은 지금도 잊지 못할 것 같습니다. 그저 절이라는 행위를 하고 있을 뿐인데 마음에서는 수백 가지 수천 가지의 생

각이 일어나 마음을 혼란스럽게 만들었습니다. 절을 하며 보았던 밤 하늘의 달, 염주 돌아가는 소리, 깨질 듯이 뜨거워진 손목과 발목, 방석에 닿는 소리, 풀벌레 소리… 한 번 한 번 일어나고 앉을 때마다 일어나고 흘러가는 마음의 변화… 그렇게 첫 1만 배를 시작하여 두 번째, 세 번째 1만 배를 할 즈음 제가 알아차림하게 된 것은 무엇을 위해, 어떤 목표를 달성하기 위해 수행하는 것이 아니라 지금 이 순간, 그저 절을 하고 있는 그 자체가 중요한 것임을 알게 되었습니다. 이후 제 삶은 조금씩 변화하였고 무엇을 이루기 위함보다 삶 속에 어떻게 존재해야 할까에 대한 사유가 시작되었고 그것이 저를 명상적 삶으로 이끌게 되었습니다.

특수교육 전문가로서의 명상, 장애 아동의 삶과 치유의 장에서 함께하다

명상은 제게 있어 직업이기도 하고, 취미이자, 놀이이기도 하며 쉼이기도 한 제 삶이라고 할 수 있습니다. 처음 특수교육 전문가로 활동을 하면서 치료만으로는 많은 한계에 부딪히게 되었고 좀 더 근원적인 치료를 하고 싶었습니다. 이미 출발선 자체가 다른 장애 아동과 함께하며 그 가족이 가지고 있는 정서적 어려움, 특수교육이 가지고 있는 한계점 등은 전문가로 활동하고 있던 제게 많은 물음표를 던져주었습니다. 결국 그 문제의 해결은 내가 이 세상을 바라보는 삶의 태도 변화에 답이 있다는 것을 알게 되었습니다. 이후 명상을 통한 가족

중심의 프로그램을 진행하게 되었고, 장애 때문에 불행이라고 생각한 삶의 태도를 장애 덕분에 더 행복한 삶을 살고 있다는 감사함의 태도로 바꾸는 가족을 보며 보람을 느끼기도 하였습니다. 발달장애 치료부터 시작하여 지금은 학부모 상담, 가족 치료, 비장애 청소년 상담, 다문화 상담 등 명상을 활용한 프로그램의 영역을 점점 넓히고 있습니다. 대부분, 과거의 후회, 미래에 대한 불안, 어떤 대상에 대한 집착 등 다양한 정서적 문제를 가지고 있었고, 박사과정에서 배운 몸과 마음의 통합적 치유는 명상을 통한 치유 과정을 더욱 단단하게 해 주었습니다. 지금은 다양한 계층, 다양한 이들과 함께 명상을 통한 치유의 과정을 걷고 있습니다.

'당신 때문이 아닙니다' 마음챙김이 전했던 치유의 메시지

7~8년 전 한 여성이 아이의 언어치료를 위해 센터를 방문했습니다. 아이는 발음도 어눌하였고 어머니와의 애착 문제, 과잉 행동, 산만함 등 여러 가지 문제를 복합적으로 가지고 있었습니다. 또한, 아이 어머니 역시 우울, 불안과 함께 분노도 많아 아이들에게 그 분노의 감정을 자주 표출하였고 이로 인한 가족 문제도 심각한 편이었습니다. 아이의 치료에 앞서 어머니와 명상 치유 프로그램을 먼저 진행하였습니다. 호흡과 바디스캔을 통하여 몸에 주의를 두는 법을 익혔지요. 처음에는 몸에 주의를 둔다는 것이 무엇인지 몰랐고 그저 머릿속을 빙빙 도는 '타인이 자신을 비난하는 것 같은 마음'에 모든 주의가

가 있었습니다. 아이들이 지나가듯이 하는 "엄마 때문이야."라는 말은 그를 분노하게 만들고 폭력을 쓰게 만들었습니다. 그는 고요히 분노의 감정과 함께하는 호흡과 몸을 관찰하였습니다. 명상 프로그램을 통해 그가 자각하게 된 것은 "엄마 때문이야, 당신 때문이야, 너 때문이야."라는 말은 어린 시절 학교생활에서 경험한 트라우마가 지속적으로 성장에 영향을 끼쳤고 결혼, 출산과 함께 증폭된 마음에서 일어나고 있음을 알게 되었습니다.

요가와 정좌 명상 등을 통해 그는 마음과 몸이 둘이 아닌 하나라는 것을 알 수 있었습니다. 그리고 부정적으로 바라보는 생활 태도의 습관에서 문제가 발생하고 있음을 이해하고 이후 지금까지 계속 명상과 함께 치유의 과정을 걷고 있습니다. 여전히 그에게는 아이들 문제, 가족 문제가 발생하고 있습니다. 하지만, 예전의 그는 아이 탓, 남편 탓, 나를 이해하지 못하는 남 탓, 그리고 자신의 탓이라며 자책을 하였다면 지금은 이 순간에 집중하는 법을 알게 되었지요. 화가 올라올 때 화가 올라옴을 알고, 분노가 일어날 때 분노가 일어남을 알며, 자책하고 있을 때 자책함을 알고 있습니다. 그러기에 화와 분노가 일어나면 부딪히지 않고 걷기 명상과 맛 좋은 커피로 자신의 몸과 마음을 다스릴 수 있고 자책감이 올라올 때 스스로를 위로할 수 있게 되었으며, 잘못하였을 때 먼저 사과하는 법을 알게 되었습니다. 작은 선물에 감사할 줄 알게 되었고, 신경질적인 말투보다 사랑한다고 말하고 미안하다고 말할 때 좋은 일이 많이 일어난다는 것을 경험하고 있습니다. 예전과 비교하여 환경이 변한 것은 없지만 그럼에도 불구하고 많은 것이 변한 행복한 삶이라고 느끼고 있다고 합니다. 그리고 상담을 시작했던 학생은 학교생활을 멋지게 잘 하고 있습니다.

사실 기본 상담 이외에 부모 교육이나 가족 상담을 함께 하길 권유하기란 쉽지 않습니다. 더 많은 주의와 애정을 가지고 그들과 함께 해야 하기에 나 자신에 대한 설득도 필요합니다. 하지만 명상을 통해 그 혹은 그들과 내가 다르지 않음을, 그저 고통에서 벗어나기 위함이고 행복해지길 간절히 바라고 있음을 깊이 이해할 수 있었습니다. 특히 장애 자녀가 있는 경우 그 아이들이 고통과 짐이 아닌 행복의 원동력임을 공유하는 가족이 늘어날 때마다 지치지 않고 즐거운 마음, 기쁜 마음으로 지금까지 그들과 함께하게 되는 것 같습니다.

명상, 마음의 변화에서 오는 기적을 기다리는 일

처음 명상의 깊은 의미를 모를 때에는 그저 주의집중의 요소로 명상을 사용하였고 명상을 하면 다 좋아진다는 잘못된(?) 신념을 가지고 있었습니다. 하지만 가끔은 명상을 해도 변화가 없거나 사용할 수 없는 때도 있습니다. 그럼 괜스레 불안하거나 맞지 않는 것은 아닐까 하는 생각도 했습니다. 하지만 명상은 좋아지려고 하는 것이 아닌 지금 이 순간의 나를 있는 그대로 바라볼 수 있도록 하는 것임을 이해하고 나서는 여러 가지 변화가 생기고 있습니다. 중증장애인이 와도, 불안과 우울감이 심한 내담자가 와도, 시간이 지나도 변하지 않는다는 분들이 와도 불안해하거나 초조해하지 않는 저의 모습을 발견하게 되었습니다. 지금 이 순간 있는 그대로의 그들을 볼 수 있게 되었고, 지금 이 순간의 그들을 공감해주고 지지했을 때 치유가 저절로 일어남을 자주 경험하게 됩니다.

그들과 함께한 치유의 과정에서 우리가 함께 경험한 것은 '마음의 변화에서 오는 기적'이라는 것입니다. 삶의 태도의 변화가 가져오는 행복, 지금 이 순간 내 앞에 놓여 있는 삶이 고통과 불행이 아니라 행복이며 개개인의 성장을 만들어낸다는 것입니다. 여전히 그들은 아프기도 하고, 불안 혹은 걱정이 있습니다. 하지만 지금은 힘들 때 힘듦을 알고, 웃을 때 웃고 있음을 알며, 감사할 때 감사할 줄 아는 삶과 함께하면서 그 순간순간을 지혜롭게 잘 건너가고 있습니다. 아마도 명상을 통한 삶의 태도 변화가 아니었다면 경험할 수 없는 것이었을 겁니다.

오체투지

절명상의 하나인 오체투지를 추천합니다. 머리와 가슴, 팔, 배, 다리, 다섯 부분이 땅에 닿도록 하는 명상으로 자신을 낮추며 상대에게 최대의 존경을 표하는 고대 인도에서부터 시작된 의식입니다. 자신을 낮추어 몸과 마음의 교만함을 없애고 하심(下心)의 의미를 되새기는 티베트의 오랜 기도법이기도 하지요.

집중이 잘 되지 않거나 생각이 많아질 때는 몸을 움직여 한 대상에 주의를 기울일 수 있는 오체투지와 같은 움직임 명상이 효과적입니다. 오체투지는 온몸을 사용하기 때문에 현대인들에게 운동요법의 대안이 될 수 있고, 특히 학생이나 수험생들처럼 집중을 필요로 하면서도 몸의 움직임이 적은 사람들에게 짧은 시간 동안 온몸을 움직일 수 있는 좋은 운동법이기도 합니다. 오체투지를 할 때 속도나 숫자의 제약은 없기 때문에 자신의 신체 조건을 고려하여 몇 개부터라도 천천히 수를 늘려가면 됩니다. 하루 3번에서 시작해 10번, 20번, 이렇게 늘려가면 됩니다.

티베트인들은 오체투지를 자비 명상의 방법으로 사용하는데 자신을 희생하여 만물을 살린다는 의미와 함께 수련하기도 합니다. 일상에서 많은 것을 소비하며 살아가는 지금, 이 수련을 통해 삶에 감사하고, 나와 너, 그리고 세상이 우리에게 주는 풍요로움에 대한 성찰과 감사함을 담아 수련한다면 그 어떤 명상보다도 효과 있는 자비명상법이 되지 않을까 합니다.

오체투지 방법은 다음과 같습니다. 첫째, 두 발을 모으고 양손을 합장하며 가슴에 둡니다. 둘째, 원을 그리듯 양옆으로 뻗어 머리 위에서 다시 합장한 뒤 손을 정수리, 이마, 입, 가슴에 댄 뒤 무릎을 꿇습니다. 셋째, 양손을 앞으로 뻗어 손바닥을 바닥에 놓고 이마, 가슴, 배, 무릎이 바닥에 닿도록 완전히 엎드립니다. 넷째, 엎드린 자세에서 손은 머리 위로 뻗어 합장 후 손을 정수리에 한 번 찍은 후 양손을 겨드랑이 옆에 둡니다. 다섯째, 팔의 힘으로 일어나 무릎을 꿇고 앉은 후 양손은 합장합니다. 여섯째, 양발을 모아 한 번에 일어납니다.

지금 여기에
가장 충실할 수 있는
휴양지를 만들다

신일호

걷기 명상을 통하여 영감을 얻고,
시를 짓고 캘리그래피를 제작하며 명상적 일상을 보내고 있다.
행복한 숲이라는 펜션을 운영한다.
누구나 펜션에 와서 '명상적 삶을 살아가는 주인과 만날 수 있다.

진리에 목말랐기에 많은 길을 기웃거렸던 날들이었습니다. 금융권 직장에 다니면서도 진리에 대한 궁금증은 멈출 수 없었습니다. 불교를 만나고 나서야 비로소 '인간의 마음'의 실마리를 찾을 수 있었던 것 같습니다. 하지만 공부를 하다 보니 마음은 책으로 만나는 게 아님을 알게 되었고 본격적으로 수행의 길로 접어들게 되었습니다.

명상을 시작한 뒤에도 실망과 기대를 반복하고…

조계종의 재가 수행 단체를 통해 화두선을 처음 시작하였을 때 사회생활을 하면서 생기는 불만족과 소외감, 무기력 등을 해결할 수 있는 답을 수행을 통해 찾을 수 있으리라 기대했습니다. '나는 왜 일상생활에 만족을 못 하는가? 대인관계가 원만하지 못 하는가?' 이런 질문이 저를 명상으로 인도했습니다. 명상은 현실의 대안이었습니다. 깨달으면 이 모든 것이 해결되는 것이라 생각했습니다. 그러나 명상을 하면서도 이런 고민과 질문들에서 자유로워질 수 없었고, 화두선에서 낙망하던 차에 위빠사나 남방 수행을 만나게 되어 초기불교의 길을 걷게 되었습니다. 위빠사나 명상이 합리적이고 과학적인 수행 방법임을 확신하고 매진하였습니다. 40대 말쯤에는 '깨달음'에 도전하기로 결심하고 직장을 그만두었습니다. 그리고 미얀마에 가서 집중 수행을 하기 시작했습니다. 열심히 수행했지만 결국에는 여기에서도 궁극적인 만족을 얻지 못했습니다.

명상, 특히 걷기 명상을 통해 순수한 의식을 경험

그러나 집으로 돌아와서 산책하던 중에 비로소 색다른 경험을 하게 되었습니다. 또랑또랑하고 지극히 고요함이 함께하는 의식을 만나게 된 것입니다. 이전의 명상과는 완전히 다른 것이었습니다. 대상을 알아차리는 명상에서 대상이 없는, 아니 알아차림이 대상인 명상이 시작된 것이었습니다. 누군가로부터 정식으로 배운 수련법이 아니었기 때문에 '혹시 내가 잘못된 명상을 하는 것은 아닌가?' 하고 중단하기도 했지만 결국엔 다시 그 명상으로 돌아왔습니다. 명상 그 자체가 저를 이끈 것입니다. 그 후 홍익학당을 알게 되었고 바로 그런 깨어있는 의식이 '참나'라는 것을 알게 되었습니다. 유불선에 대해서 통합적인 이해를 하게 되면서부터 모든 종교의 진리가 결국 내 안의 나를 만나는 것이라는 사실을 알게 되었습니다. 그것을 사람들이 '도'니 '불성'이니 '성령'이니 하고 부른다는 것을 말입니다. 저는 그것을 이제 '순수의식'이라 부르기로 했습니다. 마음이란 것이 워낙 두리뭉실하고 오해가 많이 생기는 폐해가 있어서입니다. 지금은 자연과학을 공부하고 있습니다. 과학, 특히 뇌과학을 통해 명상에서 추구하는 의식들이 충분히 설명될 수 있다면, 과학과 명상은 훌륭한 파트너가 될 것이기 때문입니다.

현대인들은 거창한 명상보다 소소하지만 확실한 '힐링'을 추구한다

저는 사람들에게 위빠사나 명상을 소개하고 그들에게 힐링을 경험하게 하자는 생각으로 펜션을 운영하기 시작했습니다. 휴식을 취하러 펜션을 찾은 사람들을 대상으로 하는 힐링 프로그램을 기획한 것입니다. 저는 명상을 소개하고, 아내는 전공을 살려 다도(茶道)를 소개함으로써 몸과 마음의 진정한 휴식을 제공하고자 하였습니다. 그러나 막상 프로그램을 운영해보니, 사람들이 생각보다 명상에 쉽게 접근하지 않는다는 사실을 알게 되었습니다. 명상이 가지고 있는 치유의 힘을 알려 주고, 선물해 주고 싶었던 저의 마음만 가지고는 되는 일이 아니었습니다.

그러던 어느 날 저의 통념을 깨는 일이 있었습니다. 어떤 손님이 펜션을 떠날 때 나와 아내의 얼굴만 보아도 힐링이 되었다고 하셨습니다. 이때 우리 부부는 유레카를 외쳤습니다. '체험 프로그램'이라는 거창한 이름으로 사람들에게 명상을 알리는 것이 다가 아니란 것을, 내 자신이 늘 깨어있고 맑고 평화로운 마음으로 사는 모습을 보여 주는 것이 다른 사람들의 마음을 움직이는 데 더 중요하다는 것을 그때서야 깨달은 것입니다. 그 이후로는 사람들에게 명상을 권해야만 한다는 생각을 내려놓고 일상 속에서 재미있고 쉽게 할 수 있는 체험에 더욱 공을 들이고 있습니다.

숲 속 펜션에서의 다양한 체험 활동들

펜션에서 이루어지는 체험은 산책 명상부터 향기로운 꽃차 체험, 캘리그래피 등 다양합니다. 산책 명상 프로그램은 펜션 가까운 곳에 있는 물가를 따라서 걷거나, 산새 소리가 들리는 숲속 오솔길을 걸으며 이루어집니다. 도시에서 벗어나 아무것도 하지 않고 펜션에서 쉬는 것도 좋지만, 한 걸음 한 걸음 자연을 따라 걷다 보면 일상에 지친 자신을 돌아보고 위로할 수 있는 여유가 생깁니다.

꽃차 체험 프로그램은 아내가 직접 채취한 꽃차를 가지고 이루어집니다. 때로는 꽃차뿐만 아니라 녹차, 보이차, 오미자차 맛을 보기도 합니다. 특히 꽃차는 따뜻한 물을 만나면 말려 있던 꽃봉오리를 다시 피우기 때문에 눈으로 보는 즐거움도 있고, 코끝으로 좋은 향도 느낄 수 있고, 향긋한 맛도 느낄 수 있으며 잔을 잡은 손으로는 따뜻한 온도도 느낄 수 있기 때문에 오감을 활용하여 '지금 이 순간'을 즐기고 머무르게 합니다.

캘리그래피 프로그램은 평소에 좋아하던 글귀를 붓이나 붓펜으로 적어 보는 것입니다. 마음을 담아서 좋아하는 글을 쓰다 보면 어느새 잡념이 사라지고 획 하나하나에 몰입하게 됩니다. 마음에 쏙 드는 글귀를 고르고, 하얀 화선지에 붓으로 글을 써 내려가다 보면 내 마음이 곧바로 글씨에 드러난다는 것을 느끼게 됩니다. 즉, 붓으로 글씨를 쓰는 그 과정 자체가 훌륭한 명상인 데다 재미와 성취감도 높아 최근에 저는 캘리그래피로 명상을 널리 전파하고 있습니다.

걷기 명상으로 얻은 영감은 시와 캘리그래피 작품이 되고…

캘리그래피는 붓이나 펜 등 다양한 도구를 이용해서 글을 아름답게 쓰는 것을 말합니다. 그렇기 때문에 당연히 예술적인 활동에 속하지만, 붓으로 글씨를 쓰는 자체가 훌륭한 명상이 되기도 합니다. 글씨를 쓸 때는 마음을 차분히 하고 주의를 집중해야만 합니다. 마음이 흐트러지는 순간 글씨를 이루는 획이 틀어지고 글씨의 조화가 깨집니다. 이러한 주의 집중은 곧 명상에서의 알아차림이나 선정과 일맥상통합니다.

앞서 말한 것처럼 산책(걷기)을 하다 보면 수많은 대상을 알아차릴 수 있고 순수의식을 만나기 쉽습니다. 왜 철학자 칸트가 걸으며 사색했다고 하는지를, 걷기 명상을 하다 보면 여실히 느낄 수 있습니다. 저의 경우에는 산책 중에 영감이 오면 시를 쓰고 그걸 캘리그래피로 써서 다른 사람들과 공유합니다. 그것이 어떤 말보다 다른 사람들의 마음을 크게 울리기도 하고, 스스로도 '내가 명상을 통해 마음의 평화를 찾아가고 있구나.'라고 확인할 수 있는 길이 되기 때문입니다.

캘리그래피

붓은 질감과 탄력이 있어 다양한 글씨를 쓸 수 있습니다. 글을 쓴다는 자체에 이미 알아차림(마음챙김)이 내포되어 있지만, 붓글씨는 붓의 감각을 느껴야 하기에 시종일관 알아차림이 더 필요합니다. 캘리그래피를 명상으로 접근한다면 다음과 같은 요소가 있습니다.

- 글쓰기 전에 서예 도구를 잘 준비하고 정돈한다.
- 자세를 바르게 한다.
- 붓을 바로 잡는다.
- 임서(보고 쓰는 글씨)할 때 모양을 잘 떠올린다.
- 필압(붓의 힘)을 적절히 조절하여 선의 굵기를 결정한다.
- 공간 배치, 글씨 크기 등을 결정한다.
- 마음을 조급해하지 않는다.
- 글씨 쓰기가 잘 안 돼도 낙심하지 않는다.
- 마무리를 잘 한다.

캘리그래피 명상은 글쓰기 준비부터 끝날 때까지 전부가 명상이라 할 수 있습니다. 이 명상이 좋은 것은 도구를 가지고 하는 놀이라는 것입니다. 하얀 화선지 위에 자신이 표현하고 싶은 대로 글씨를 쓸 수 있어 재미있고 성취감도 높습니다. 명상 자체만으로는 흥미 없어 하는 사람도 과정 속에서 알아차림을 가미해 준다면 훌륭한 명상이 됩니다. 그리고 일상에서 알아차림으로 자연스럽게 연결되는 효과도 거둘 수 있습니다. 어느 명상보다도 쉽게 명상을 시작할 수 있는 장점도 있습니다. 즉 마음이 무료하거나 심란할 때 일단 붓을 잡기만 하면 즉시 마음을 새로 할 수 있다는 것입니다. 그리고 글씨가 익어갈수록 기쁨과 희열도 함께 익어갑니다. 작품을 만들어 다른 사람에게 선물하는 보람도 있습니다.

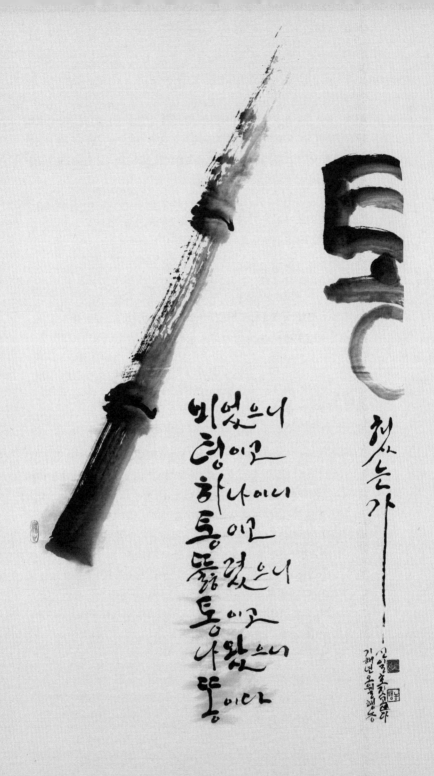

비었으니
형이고
하나이니
통
뚱
통
나
뚱
이다

마음챙김이 깃든 공감의 장 속에서
질문을 던지는 상담가

이성준

심리학 박사 학위를 취득하고 기업의 인력개발원에서 명상을 가르치고 있다.
한 달의 절반은 영덕의 연수원에서 직장인들을 대상으로 명상을 가르치고,
나머지 절반은 사회과학연구소에 있다.
주요 관심 영역은 명상, 마음챙김, 영성, 공감이다.
Mindful Journey라는 블로그에서 해외의 마음챙김, 명상 관련 글과
심리학 글을 독자들에게 공유하고 있다.

2006년에 상담실에서 근무를 시작할 때, 처음으로 이 주제에 본격적으로 관심을 갖게 되었습니다. 당시 상담 중에 "많이 힘들었겠어요."와 같은 내가 배운 공감의 말들을 사용했지만, 내담자들은 오히려 "아뇨, 저 힘들지 않았는데요."라며, 나의 공감의 언어를 무색하게 만들었던 경험이 있습니다.

공감에 대해서 관심을 가지게 된 것은 사실 상담을 공부하던

2004~2005년쯤이었습니다. 선후배들 사이에서 누군가의 이야기를 잘 들어주던 사람이었지만, 막상 상담 공부를 시작하고서 저는 공감에 문외한임을 알게 되었습니다.

물론, 지금은 그런 내담자의 말에 대해서 다른 가능성들을 생각해볼 여력이 있지만, 그 당시에는 상담 초보자로 상당한 충격을 받았습니다. 그리고 그런 경우가 반복되면서, 상담이라는 분야를 선택한 저의 선택마저도 의심하게 되었습니다. 그래서 나름대로 공감 공부를 하러 여러 곳을 기웃거리곤 했습니다.

누군가와 소통할 때, '나의 감정'은 어떠한가를 알아차려야 한다

최근, 공감은 사회적으로 많은 이슈가 되고 있습니다. 이미 상담 및 심리치료 분야에서는 공감이 가장 필수적인 요소지만, 사회적으로 지금처럼 공감이 중요시되는 사회가 된 적은 없는 듯합니다. 공감(共感)은 '공통적으로, 또는 함께 느낀다'는 의미를 가집니다. 즉, 소통하는 사람들 사이에서 경험되는 정서가 공통적일 때 또는 어떤 정서를 함께 느낄 때, 우리는 이를 공감이라 합니다. 상담이나 심리치료의 공감은 의도성이 포함될 수도 있습니다. 사실, 상담이나 심리치료가 개인적인 관계가 아니라 전문적인 관계라 하더라도, 자연스럽게 개인적 관계가 포함될 수밖에 없습니다. 그리고 상담자는 이런 개인적 관계가 형성될 때, 이를 이용해서 내담자에게 도움을 주려고 시도해야 하는데, 그때 필수 조건이 바로 공감입니다. 개인적 관계로 발전하는 것에도 공감이 필요하고, 그 이후에 내담자의 문제 해결을 위해서 활용해야 할 것도 공감입니다.

공감과 명상이 연결되는 부분은 바로 누군가와 소통할 때 자기 자신이 경험하는 정서들, 감정들을 정확히 알아차리는 힘이 필요하다는 점입니다. 즉, 공감을 잘하기 위해서는 기본적으로 잘 들어줄 수 있는 능력이 필요하지만 거기에 더해서 중요한 능력이 바로 자신의 감정이나 상태를 정확히 아는 능력입니다. 왜냐하면 자신의 감정이나 상태를 정확히 알아차리지 못할 때, 우리는 상대에게 그의 말에 대한 자동적인 반응(React)을 하기에 쉽기 때문입니다. 그리고 이는 상대에게 이득을 줄 수 없기 때문입니다. 상담 관계의 상담자도 마찬가지지만, 유익하고 성장이 동반되는 대화를 위해서는 바로 이런 자기 자신의 감정과 상태를 정확히 알아차리는 능력이 필요합니다. 그럴 때, 우리는 우리의 자동적인 반응을 멈출 수 있고, 이후에 나올 반응(Respond)을 선택할 수 있기 때문입니다.

그러면, 왜 자신의 감정과 상태를 알아차리는 힘이 필요할까요? 우리가 누군가와 소통을 할 때, 그 결과로 경험되는 감정이 있습니다. 때로는 그 감정은 나와 소통하는 사람이 경험하는 감정과 같기도 하고 다르기도 합니다. 때로는 그 감정의 강도는 오히려 그 사람보다 더 강해지기도 합니다. 그럴 때, 우리가 마음챙김의 힘이 없다면, 우리는 그러한 감정에 의해서 자동반응하기가 쉽습니다. 하지만 우리에게 마음챙김의 힘이 있다면, 우리는 우리의 반응을 선택할 수 있습니다.

스스로를 탐색할 수 있게 하는 질문을 던지는 것은
진실한 공감의 길과 맞닿는다

2010년 1월 교통사고를 당한 이후에 다시 상담 현장으로 복귀했을 때였습니다. 저는 꽤나 마음챙김 명상을 열심히 했던 기억이 있습니다. 그간 배웠던 MBSR이 통증 환자를 대상으로 한 스트레스 관리에 효과가 있는 것을 알고 있던 터였습니다. 그런데, 바로 제가 그 통증이 동반된 환자가 되었으니, 자연스럽게 마음챙김 명상에 열중하게 되었던 것입니다.

교통사고 이후 약 1년 정도가 지나서 저는 학교 내의 여성센터에서 다시 진로 상담 연구원으로 근무하게 되었는데, 이때 내가 마음챙김 명상을 통해서 나의 공감이 달라짐을 경험하게 되었습니다. 그 이전에 상담을 할 때, 위에서 이야기했던대로 의례적인 워딩을 사용한 공감을 하곤 했었는데 이때부터의 상담은 현존(Presence)의 공감을 경험하는 시기였습니다. 즉, 내담자가 이야기하는 감정들과 함께 머물러 주고 그리고 그에 따른 스스로의 반응을 알아차리고, 스스로 선택한 반응을 하는 과정이 이뤄지게 되었습니다. 그때 당시에 가장 명료해졌던 것이 바로 내담자가 말하는 내용에서 경험되는 내담자의 정서였고, 그리고 그걸 듣고 있는 나의 정서였습니다. 그 정서에 대한 알아차림 역시 함께였습니다. 이때 나의 공감은 이전처럼 "~했겠구나!"는 아니었습니다. 주로 내담자에게 스스로를 탐색하도록 돕기 위한 질문을 던졌습니다. 즉 마음챙김 후, 질문으로 공감하기가 이루어졌던 시기였습니다. 저는 그 당시에 공감의 말은 한마디도 하지 않았지만 내담자와 함께할 때면 잘 들어주고, 잘 공감해주는 상담 선생님이 되어 있었습니다.

교통사고 이후 스스로 느꼈던 그 놀라움은 지금도 잊지 못합니다. 분명 공감을 못 하는 상담자였습니다. 내담자가 말하는 내용을 느끼지도 못하고, 함께 느낄 마음도 없었고, 그걸 피하려고만 했던 사람이었는데, 어느 사이에 그것을 기꺼이 함께 느끼고, 그것 때문에 경험되는 스스로의 정서나 상태도 알아차릴 수 있고, 그에 따른 반응도 스스로 선택할 수 있었습니다.

그때 제가 선택한 반응은 주로 질문이었습니다. 내담자의 상태를 추측하거나 아는 척하는 것이 아니라, 자신의 상태나 정서에 대한 표현조차도 내담자가 스스로 꺼낼 수 있도록 묻는 것, 그것이 이전의 나와 다른 유일한 지점이었습니다.

말
없
이
듣
기

공감과 관련해서 구글의 명상 프로그램을 운영하고 있는 차드 멍 탄의 〈너의 내면을 검색하라〉의 연습법을 응용해서 활용합니다. 제가 주로 수련하는 마음챙김 공감 수련의 요령은 '말없이 듣기'입니다. 요령은 다음과 같습니다.

〈말없이 듣기(Listening in Silence)〉

누군가와 대화를 하는 기회를 마음챙김 공감의 기회로 삼기로 정한다.

예를 들면, "오늘 A와 만날 때, 공감하겠다." 또는 "A의 말을 들어주겠다."와 같은 바람을 떠올리거나 써보면 좋습니다.

상대와 만날 때, 가만히 들어줘라.

만약, 상대가 말하지 않는다면, "어떻게 지냈어?", "요즘 어때?" 또는 "지난번에 그 일 어떻게 됐어?"와 같은 질문으로 유도할 수 있습니다. 상대가 말을 시작하면 끊지 말고 들어줍니다. 이때는 고개를 끄덕이거나, 시선 유지 등 비언어적인 반응만 할 수 있고 "아!", "그렇구나!"와 같은 언어적 반응을 하지 않습니다. 절대로 스스로 끊기 전에 상대의 말을 끊지 않습니다.

여기에서 닻은 상대가 말하는 내용이다.

마음챙김 명상에서는 항상 닻(Anchor)이 있어서, 우리의 주의를 산만하게 하는 것으로부터 그 닻으로 돌아갑니다. 그 닻으로 돌아가는 것을 기억하는 것입니다.

듣는 동안, 내 몸에서 어떤 변화가 일어나는지를 알아차린다.

상대의 어떤 말에 대해서 나의 몸의 어떤 반응의 변화가 일어나는지를 정확히 알아차린다면 더 좋습니다.

상대가 이야기가 끝나면, 그때 비로소 여러분이 경험한 감정을 이야기해 줘라. 또는 상대가 한 말을 정리해 줘라.

상대가 할 말이 많다면, 20-30분까지 이어질수도 있습니다. 상대가 한 말을 정리해 주는 것은 내가 경험한 감정을 말해 주는 것 보다 더 어렵습니다. 내가 경험한 감정을 먼저 말하고, 순차적으로 상대의 말을 내가 이해한대로 정리해주면 좋습니다. 이는 내가 상대의 말을 정확히 이해했는지를 확인하는 과정입니다.

내가 말할 순서가 되면, 더 잘 상대를 이해하기 위한 목적의 질문을 해볼 수 있습니다.

이 방법은 '너의 내면을 검색하라'에서 프로그램의 한 일부로 소개되는 것을 보다 삶에서 활용할 수 있도록 정리한 것입니다. 아마도 삶에서 사람들을 만날 때 활용해 보신다면 꽤 강력한 공감 또는 소통의 도구로 활용할 수 있을 것입니다. 이 방법은 저의 공감법이며, 마음챙김 공감 수련법이기도 합니다.

마음챙김으로 텃밭을 가꾸며, 제자들의 마음과 삶도 가꾸어 가는 선생님

이민형

고등학교 교사로 근무하며 자연농법으로 텃밭농사를 짓고 있다.
학생 생활지도와 인성교육에 명상을 기반으로
비폭력대화와 텃밭정원을 활용하고 있다.
명상과 돌봄농업(Green Care), 그리고 자연기반치료(NBT, Nature Based Therapy)와
관련된 연구를 하며 학교 교정이나 텃밭을 활용해 일상에서 할 수 있는
명상 프로그램을 개발하고 있다.

'포노 사피엔스(Phono Sapiens)'라는 말이 있습니다. 학업 중압감에 짓눌린 학생은 스마트폰에서 정서적 탈출구를 찾습니다. 경쟁으로 친밀한 관계를 상실하고, 인터넷으로 자연과는 점차 멀어지고 있습니다. 자신이 누구인지, 자신이 서 있는 곳이 어디인지 점차 잊고 삽니다. 교사도 상황은 비슷합니다. 학생 문화는 낯설기만 하고, 정보화가 되면 효율적일 줄 알았던 업무는 오히려 더 많은 시간을 빼앗아 갑

니다. 학교를 향한 학부모와 학생 요구는 커지고 다양해졌습니다. 협력과 공감이 필요한 동료 교사도 상호 평가를 해야만 하는 경쟁 관계입니다. 이제 학교는 또 다른 감정 노동 현장이 되었습니다.

이 현실 속에 명상은 학생이 자신을 알아가고, 오감을 열어 자연과 관계를 다시 회복할 기회를 줍니다. 질풍노도의 혼란과 갈등을 헤쳐 나갈 수 있는 기술을 안내하고 내적인 힘을 줍니다. 또한 명상은 교사에게 내면의 힘과 학생을 따뜻한 사랑으로 공감하려는 마음을 줍니다. 학생, 학부모, 동료와 소통하는 것에서부터 자신을 성찰하는 데까지 나아가도록 돕습니다.

흙 속에서 찾아낸 삶의 맛과 냄새

학생들이 때와 장소에 구애받지 않고 스스로 명상을 할 수 있는 방법을 오랜 기간 찾았습니다. 그러다가 학교 텃밭이나 정원을 이용해 명상을 하면 좋겠다고 생각했습니다. 텃밭 활동을 통해서 오감을 깨우고, 교정을 걸으며 걷기 명상을 하고, 자연 속에서 다양한 치유적인 메타포를 경험하는 것입니다. 흘러가는 구름에 자신을 감정을 실려 보낸다든지, 흐르는 물의 유연함을 통해 경직된 태도를 돌아보는 것입니다. 저는 텃밭과 마음을 가꾸는 고등학교 선생님입니다. 매번 학교를 옮길 때마다 텃밭 정원 관련 동아리를 지도하며 마음챙김 원예(Mindful Gardening)를 학생들과 함께 합니다.

수업은 나무 상자 틀을 만들어 모종을 심고, 물과 거름을 주어

가꾸고 수확하는 과정입니다. 선조들이 수천 년 동안 해왔던 방식입니다. 하지만 마음챙김에 기반하여 할 때는 자각(Awareness)과 의도(Intention)와 태도(Attitude)로 새롭게 접근할 수 있습니다. 흙을 파고 삽을 쓸 때 근육의 움직임과 감각 그리고 흙냄새와 소리에 주의를 기울입니다. 흙과 벌레가 "지저분하다. 징그럽다."는 판단을 내려놓고 있는 그대로를 관찰합니다. 무엇보다 철 따라 수확하는 다양한 허브와 농작물로 오감의 다채로움을 경험합니다. 바질과 민트로 차를 마시고, 토마토, 고추, 가지로 요리해 먹습니다. 텃밭에서 재료를 준비하는 과정부터 다듬고 지지고 볶는 과정이 생생한 '먹기 명상'입니다. 맛집과 먹방에 관심 많은 학생이 수업에 생동감을 더해 줍니다. 줄을 타고 하늘로 올라가는 오이와 여주 순의 유연한 몸짓을 봅니다. 농작물을 건강하게 키우는 것에 집중하면 잡초가 저절로 힘을 못 쓰게 되는 자연의 순리도 알 수 있습니다. 교정과 주변 공원에서 걷기 명상을 합니다. 걷기 명상의 유익함뿐 아니라 자연에서 발견할 수 있는 다양한 치유적인 메타포를 체험할 수 있습니다.

계절의 변화와 순환, 물과 나무, 대지와 연못, 구름과 시냇물, 새와 나비, 자연에서 만나는 모든 것들은 각자에게 필요한 통찰을 선물합니다. 바람에 뒹구는 나뭇잎에서 시간의 속도와 변화를 강하게 느낍니다. 격정적인 감정도 구름처럼 결국 흘러가고 만다는 사실도 알게 됩니다. 마음챙김을 익혀서 판단과 평가 없는 열린 눈과 마음으로 자연에 다가서면, 자연은 풍요로움으로 응답합니다. 우리 안에 자연을 향한 깊은 사랑의 본능이 있음을 발견합니다.

마음챙김을 바탕으로 한 텃밭 활동은 특별한 공간 없이도 일상에서 자연스럽게 지속적으로 할 수 있습니다. 텃밭 정원 수업은 '다양한 감각 자극', '노동 후의 이완', '자연이 주는 치유 메타포', '자연과 연결감'을 줍니다. 무엇보다 '수용과 환대'를 텃밭 정원에서 경험할 수 있습니다. 아름다운 정원을 찾을 때면 꽃이 나를 반기는 체험을 하기 때문입니다.

마음챙김으로 이루어 낸 '소통의 다리'

자녀들이 중학교 2학년 즈음으로 들어설 때면 늘상 부모님들이 겪는 문제, 바로 '소통'입니다. 대화를 단절되고 갈등은 심각해집니다. 그럴 무렵, '비폭력 대화'에 마음챙김의 요소를 곁들여낸다면 어떨까요. 비폭력 대화의 4단계인 '관찰─느낌─욕구(Needs)─부탁'에는 마음챙김의 요소인 '주의', '관찰', '의도', '비판단'이 스며들어 있습니다. 상대방과 연결하려는 의도와 서로를 돕고자 하는 우리의 선한 본성을 중요하게 생각합니다. 이런 믿음 위에서 서로를 있는 그대로 관찰하고 솔직하게 자신을 표현할 수 있도록 합니다. 비폭력 대화를 바탕으로 학급을 경영하고, 학부모 관계도 풀어 나갔습니다. 동료 교사 갈등이나 예기치 않은 안전사고, 학부모 민원 속에서도 따뜻한 마음을 잃지 않고 문제를 원만히 해결하는 힘이 되었습니다.

학교 명상은 주로 교실 안과 밖 어디서나 이루어집니다. 교실을 드나들 때 칠판에 붙은 감정 카드를 사용해서 자신의 감정을 표현합니다. 일어난 갈등을 있는 그대로 관찰하고 느낌을 나누다 보면 학생과 제 마음이 한결 편안해집니다. 연락도 없이 결석을 한 학생이 있었습니다. 전화도 받지 않아서 다음날 무단결석을 한 학생을 불렀습니다. 답답하고 화도 나지만 제 자신의 마음을 다독이며 학생에게 무슨 일이 있었는지 따뜻한 호기심을 가지고 물어보았습니다. "무슨 일이 있었던 거니, 전화도 안 받고?" "새어머니가 태국 분이신데, 천안역에서 짐이 많아 도와달라고 급하게 연락이 와서 갔다 왔어요." 새엄마 이야기, 장애를 가진 아버지를 돌보는 이야기를 듣다 보면 화를 냈던 저를 오히려 자책하게 됩니다. 이렇듯 학생들과의 관계에서 '습관적 자동반응'을 알아차리고, 관찰과 느낌을 찾고, 학생과 내가 진정으로 원했던 것(욕구)을 찾다 보면 폭발한 감정도 눈 녹듯 사라집니다. 학생과 가슴으로 더욱 깊이 연결됩니다.

이처럼 학교에 다양한 방식으로 명상을 접목할 때, 교육 공동체의 관계는 풍요로워지고 행복감은 향상됩니다. 학생들 발달 단계에 맞춰 명상을 안내할 때 그 효과는 더욱 커집니다. 명상 수업을 통해 배움은 교실에서 자연까지 확장되고, 인지 중심 수업은 정서와 자기 성찰까지 넓혀집니다. 감수성 향상으로 인성이 자연스레 길러지고 친구와 함께하는 활동으로 내면은 더욱 탄탄해집니다.

텃밭 정원 가꾸기와 먹기 명상

텃밭 정원은 우리나라 전통 텃밭과는 달리 봄철에 다양한 허브를 심습니다. 로즈메리, 캐모마일, 페퍼민트, 라벤더 등 다양합니다. 등나무꽃이 필 때면 그늘 아래에서 티 파티를 합니다. 허브차와 간단한 쿠키면 충분합니다. 학생이 직접 밭에서 허브를 준비합니다. 뜨거운 물에 허브를 3~5분 우려내면 허브차가 됩니다. 이 모든 과정을 통해 먹기 명상을 경험할 수 있습니다.

- 허브의 생김새
- 차를 준비하고 마시는 동안의 소리 - 허브차의 냄새 - 허브차의 맛
- 찻잔의 온기나 허브의 감촉
- 허브차를 마시는 동안의 손과 혀의 움직임
- 차를 준비하면서 일어나는 감정의 변화

허브와 꽃을 우려내거나 말려서 마시는 과정을 통해서 자연에 더욱 친숙해지고, 잠자고 있었던 다양한 감각의 세계를 깨울 수 있습니다. 텃밭에서 수확한 농산물을 이용해 제철 요리를 하면서 건강한 먹거리와 몸의 관계를 배우고, 건강한 맛을 생생하게 경험할 수 있습니다. 건강한 먹거리의 기억은 몸과 마음을 지키는 평생 자산이 될 것입니다.

이민형
마음챙김으로 텃밭을 가꾸며, 제자들의 마음과 삶도 가꾸어 가는 선생님

건강하고 따뜻한
마음을 배양하는 마음챙김
명상 교육 전문가

조원경

불교철학(유식, 화엄)과 상담 심리를 공부하였다.
참선과 명상을 오래 수련해 왔으며,
훈산 선생님께 선(禪)의 종지를 10여 년간 사사하였다.
현재 명상센터 시선원과 마음챙김교육원 원장으로 활동하며,
다양한 명상 전통에 대한 이해와 수련 경험을 바탕으로 현대인에게 적합한 통합적이고
실용적인 명상 교육(MBSR/MSC 기법을 활용한 개인 상담, 집단 상담,
강연 및 워크숍 등)을 안내하고 있다.

　　명상을 처음 배우게 된 이유는 시대적 배경과도 많은 연관이 있습니다. 저는 80년대 초반에 대학에 입학했는데 그 당시는 민주화를 향한 열망과 시위가 일상이었습니다. 그 당시 저는 어떻게 살 것인가라는 고민과 함께 많이 방황하였습니다. 고통 받는 민중(또는 중생)에 대한 자각은 내가 어떻게 살아야 하는가라는 문제와 연결되어 있었습니다. 그 당시에 저는 이상하리만큼 "정의"라는 말에 끌리고, 전공

보다는 불교와 사회과학 공부에 열중하였습니다. 그러다 어느덧 삶의 문제에 대한 해답을 부처님의 가르침과 그 실천법인 명상에서 찾고 있었습니다. 그리고 그 당시 나는 무엇보다도 또 다른 내 친구들에게 돌과 화염병을 던지는 일을 차마 할 수가 없었습니다. 아마 이 모든 상황들이 갈등과 혼란을 겪고 있는 마음이라는 문제를 파고들도록 한 것 같습니다.

마음챙김과 자애, 마음을 건강하고 따뜻하게 가꾸는 일

어떻게든 그 당시에 저는 자신과 타인에게 도움이 되는 길을 찾고 싶었습니다. 오랜 방황의 끝에서 마침내 지혜의 원천인 불교 명상이라는 전통의 흐름을 발견했습니다. 또 크리슈나무르티와 라즈니쉬의 저서를 열람하면서, 명상에 대한 새로운 이해와 실천을 배웠습니다. 그리고 달마어록, 육조단경, 서장이나 임제록 등 전통 선어록을 훈산 선생님께 배우면서 '선(禪)'의 언어가 지금 이 순간 마음(명상)'을 어떻게 드러내는지를 이해할 수 있었고, 몸으로 그것을 직접 느낄 수 있었습니다. 그래서 사람들이 이것(명상, 마음)을 알고 살면, 좀 더 행복하고 평화롭게 살 수 있겠다고 생각했습니다.

그리고 세월이 더 흐른 뒤에, 마음챙김과 자애 명상이라는 심리학, 신경과학, 심신의학 등 과학에 기반한 현대적인 명상 체계를 만나게 되었습니다. 마음챙김과 자애는 긴장과 스트레스로 굳게 닫혀있는 마음을 부드럽게 열어, 매 순간 삶의 경험을 따뜻하고 허용적으로 만나게 하는 다양한 실천 방법과 이론을 포함합니다. 마음챙김 태도는 어떤 견해나 생각, 신념 등에 사로잡혀서 닫혀 있는 마음을 보다 깨어 있고 열려 있는 마음으로 전환하는 강력한 힘을 지니고 있습니다. 그것을 저는 삶의 매직, 삶의 예술이라고 말합니다. '마음챙김'은 인간성을 회복할 수 있는 멋진 길이며, 살아있는 마음, 깨어 있는 마음을 확립하는 아주 쉽고 실용적인 방법입니다. 인간이 인간다울 수 있는 것은, 온전한 정신을 지니고 있을 때 가능한데, 바로 마음챙김(명상)이 그런 점을 충분히 도울 수 있기 때문입니다.

몸의 반응과 욕구를 알아차리면서, 자신을 이해하는 명상으로의 발걸음

정상적인 수업을 거의 할 수 없게 한다는 이유로, 각 반에서 1명씩 차출된 중2 남학생 10명에 대한 교육을, 매주 2시간씩 한 학기 동안 위탁받은 적이 있었습니다. 처음에는 아이들이 아주 산만하여 명상이라는 주제로 수업 진행을 거의 할 수가 없습니다. 이쪽 학생에게 말하면 저쪽 학생이 떠들고, 저쪽 학생에게 말하면 이쪽 학생이 떠들고 하는 식이었지요. 그렇게 몇 시간 동안 수업하고 나니, 내가 알고 있는 명상을 가르치려 하기보다는 먼저 아이들 입장에서 명상을 어떻게 적용하면 이해할 수 있을까를 생각해 보았습니다. 그래서 다음 시간에는 아이들이 좋아하는 맛있는 아이스크림을 사서 '아이스크림 먹기 명상'을 하였습니다. 맛있는 아이스크림이 앞에 놓이자 처음에 아이들은 난장판이 벌어졌습니다. 아이스크림을 순식간에 먹어 치우고 친구 것을 빼앗아 먹기 위해 고함을 치고 소란을 부리던 아이들이 점점 자신의 욕구를 이해하고 조절하는 방법을 배워갔습니다. 그리고 그러한 배움은 조금씩 다른 영역으로 넓어져 갔습니다. 처음에 아이스크림을 보자마자 급하게 먹고 서로 다투던 학생들은 먹기 명상의 규칙대로 아이스크림을 천천히 먹으면서 자신의 신체 반응과 욕구들을 이해하고 조절해나가기 시작했습니다.

마침내 학생들이 서서히 자신에 대한 이해와 명상의 배움 속으로 들어오고 있었습니다. 학생들은 점점 자신의 욕구를 이해하기 시작했고, 욕구에 수반되는 몸의 감각도 이해하고, 그것을 어떻게 조절하고 관리하는 지를 배울 수 있게 되었습니다. 한시도 가만있지 못하고 조금도 참을성이 없다고 여겨졌던 아이들이 새로운 태도를 보이기 시작했습니다. 이때까지 거의 한 달이라는 시간이 걸렸습니다. 이런 훈련은 한 달이 아니라 일 년이 걸리더라도, 한 번 훈련하면 평생 효과가 있기 때문에, 반드시 해야 할 훈련이라고 생각합니다. 이렇게 아이들이 마음챙김으로 자신의 욕구를 이해하고 감정을 조절하는 첫 발을 내딛게 되었습니다. 수업이 끝나는 학기말쯤에는 대부분의 학생이 더 이상 말썽만 부리는 학생이 아니었습니다. 심지어 공부에 재미를 붙였다는 학생도 생겼습니다. 마음챙김 훈련에 의한 자각과 자기 조절 훈련이 학생들 스스로를 변화시켰습니다. 충동을 억누르라고 하는 것이 아니라 그 충동과 욕구를 이해하고, 자신의 몸에서 생겨나는 반응을 바라볼 수 있을 때, 자신의 몸과 마음을 더욱 잘 이해하고 친해질 수 있었던 것입니다.

호흡에 대한 자각은 우리의 몸과 마음을 비추는 거울입니다

담임 선생님과 교육복지추진협의회의 추천을 받은 한부모 가정의 수급대상자거나 무기력한 관심군으로 학교 부적응을 보이는 비자발적인 중학교 1학년 남학생 여덟 명을 지도한 적도 있었습니다. 저에게는 매주 2시간씩 5주간 10시간이 주어졌습니다. 이 학생들은 가정환경이 매우 어렵고 결손가정의 학생으로, 우울하고 불안정하거나 무기력 등의 상태를 보이고 있었습니다. 학생들은 처음에 책상에 마냥 엎드려 있거나, 슬금슬금 장난을 치거나, 책상 아래로 기어들어가거나, 졸거나, 고개를 푹 숙이고 아무 말도 안 하거나, 손발을 한시도 가만있지 못하거나, 어떤 반응도 하지 않는 등 다양했습니다.

학생들은 소위 '명상'이라는 수업에 마지못해 참석해 어색하거나 무관심하거나 긴장하고 있는 상태였습니다. 저는 먼저 학생들의 동의를 구해서, 명상 수업에 필요한 수업 규칙 두 가지를 정하고, 몸의 긴장과 이완이라는 감각을 학생들 눈높이에 맞추어 설명하고 실습하였습니다. 이런 활동을 반복해서 익힌 후 자신에게 가장 중요한 호흡 감각을 알아차릴 수 있도록 다양한 방법으로 도왔습니다. 그리고 중간중간 적절한 시점에 여러 가지 신체 활동과 스킨십을 통해 친구와의 친밀감과 안전감을 느끼도록 하였습니다. 시간이 지나면서 학생들은 자신의 마음을 조금씩 열기 시작했습니다. 이제 자신의 마음을 표현해 보고, 점점 친구의 감정과 생각을 존중하고 배려하는 연습까지 진행하였습니다. 처음에 학생들은 잠시도 집중하기 어려워했지만, 나중에는 10분 이상 바른 자세를 유지하고 가만히 앉아, 자신의 호흡과 감정과 생각을 알아차리면서 머물 수 있게 되었습니다. 특히 ADHD 진단을 받고 약물을 복용 중이어서 말과 행동의 충동 조절이 잘 안 되는 산만한 학생이 있었습니다. 그 학생을 무릎 위에 눕히고, 가슴에 손을 얹고 학생의 호흡 패턴에 맞춰 학생의 행복을 기원하면서 호흡챙김을 함께 하자, 그 학생도 자신의 호흡을 알아차리면서 편안하게 함께 하는 것이었습니다. 마지막 수업 시간에는 자신의 미래에 대해 역할극까지 할 수 있게 되었습니다.

어떤 태도로 명상을 하고 계십니까?

다행스럽게도 요즘 들어 마음챙김에 들고 배우고자 하는 분들이 부쩍 많아지고 있습니다. 마음챙김 관련 상담이나 워크숍 등 교육 문의도 많습니다. 교육청의 도움을 받아 학생들과 학부모님들을 만나고 왔습니다. 요즘 학교나 기업, 기관에서 명상 관련 교육이나 워크숍을 할 때마다, 마음챙김의 다양한 방법을 많이 활용하고 있습니다. 특히 위의 사례에서 보았듯이, 중고등학생 등 청소년 교육 장면에서 마음챙김과 자애 훈련은 사춘기의 학생들에게도 효과적이며, 자신의 신체자각 능력과 욕구 조절 능력을 향상시키며, 그 결과 신체 자세나 수업 태도에 긍정적 변화를 가져온다는 사실을 확인해 주었습니다. 그리고 몸의 자세나 심리적 태도의 변화는 친구 관계나 학업 성취에도 변화를 가져온다는 사실도 알게 되었습니다.

마음챙김 명상의 방법과 효과는 이미 많이 알려지고 사회 각 분야에 확산되고 있지만, 그것을 일반인이나 학생들에게 교육할 때, 여러 가지 고려 사항들이 있을 수 있습니다. 먼저 마음챙김을 적절하게 안내하기 위해서는 스스로 마음챙김에 대한 충분한 경험과 교육 대상에 적합한 명상 방법에 대한 연구가 필요한 것 같습니다. 마음챙김이 지니는 실제적 의미에 대해 개념적 이해와 체험적 이해 또한 충분해야 할 것입니다.

'마음챙김'은 있는 그대로 사물을 볼 수 있는 '살아 있는 정신'과 '따뜻한 마음'을 배양하는, 즉 '지혜와 자비의 마음'을 충분히 배양하고 키워 나가는 것이 주요 내용입니다. 그러기 위해서는 명상자체보다도 명상하는 태도가 매우 중요하다는 사실을 이해해야 할 것입니다. 즉 학생(피교육생)들에 대한 명상 교육자의 삶의 태도가 명상을 잘 가르치는 것보다 먼저 준비되어 있어야 하지 않을까 싶은 생각이 듭니다. 그것은 명상은 단순한 기술이 아니라 우리들의 사랑과 함께 하는 작업이기 때문입니다. 사람들을 사랑하는 태도, 사람들을 존중하는 태도, 그런 태도가 명상 교육의 질과 결과를 좌우할 것이기 때문입니다. 그렇지 않으면 명상 또한 자칫 기계적인 기능을 향상시키는 것을 주된 목적으로 삼는 데 그칠지도 모릅니다. 그것은 마음챙김의 본질인 '생생하게 살아있고 건강하게 깨어 있는 정신 상태'와는 다른 결과를 가져올지도 모를 일입니다. 그래서 명상 교육자는 교육 전에 늘 자신에게 물어봐야 할 것입니다. "지금 나의 태도가 어떠한가?" 모든 명상이 그렇지만 마음챙김 명상은 특히 그 의도가 아주 순수하고 맑아야 한다고 생각합니다. 물론 마음챙김을 수행하는 과정은 이미 마음이 맑고 순수해지는 과정이기도 합니다. 바르게 명상하는 사람은 바른 태도를 가지며 바른 태도를 지닌 사람은 바르게 명상을 할 것입니다.

따뜻한 마음을 마음챙김하세요, 마음챙김을 따뜻하게 하세요

명상에서는 모든 사람의 마음은 본래 맑고 순수하고, 지혜와 자비가 가득하다고 여깁니다. 이것에 대한 이해가 명상의 태도에 많은 영향을 미치기도 합니다. 가끔 삶에서 생겨나는 스트레스가 마음을 휘젓고 지나갈 때, 그것이 계속해서 머물러 있지 않다는 사실을 분명히 봅니다. '깨어있지 않은 마음'은 닫힌 문만을 보고 새로 열리고 있는 문을 보지 못하지만, '깨어있는 마음'은 있는 그대로의 사실을 보기 때문에, 지금 이 순간 '새로운 문'이 열리고 있음을 보게 됩니다. 이처럼 우리들 마음이 순수하게 깨어 있으면, 마음이 본래 지닌 지혜와 자비가 그 역할을 제대로 수행하는 것입니다. 다만 우리들 마음이 어떤 개념이나 이데올로기에 치우치거나 사로잡혀 있으면 사실을 있는 그대로 보지 못하고 편향하고 왜곡해 인식하는 부작용을 겪게 됩니다. 건강하고 따뜻한 마음을 배양하고 강화하는 것이 마음챙김 명상의 가장 중요한 목표라고 생각합니다. 건강한 마음은 사물을 있는 그대로 보고 바른 태도로 사유하고 이해합니다. 따뜻한 마음은 다른 사람의 아픔과 고통을 이해하고 따뜻한 마음을 일으킵니다. 그래서 저는 건강하고 따뜻한 마음으로 돌아가는 것이 마음챙김 명상이라고 말하고 싶습니다.

'따뜻한 마음을 마음챙김하세요. 마음챙김을 따뜻하게 하세요.'

몸과 마음을 따뜻하게 하는 자애 명상

이 명상은 몸과 마음이 힘들 때 하면 더욱더 효과적입니다. 언제 어디서든지 할 수 있지만 가급적 안전하고 편안한 곳에서 하시면 좋습니다.

먼저 편안한 자세를 취합니다. 의자에 앉거나 기대거나 누워도 좋습니다.
이제 두 눈을 감습니다.
몸과 마음의 긴장을 풀고 편안히 합니다. 몸의 긴장을 내려놓습니다.
마음의 짐도 부드럽게 내려놓습니다.
깊게 이완하는 호흡을 몇 차례 합니다.
숨을 들이쉬고 내쉬면서 호흡의 감각을 느껴봅니다.
이제 자신의 손을 가슴이나 편안함을 느끼는 곳에 올려놓습니다.
손과 가슴의 접촉점에 주의를 두고 호흡을 계속합니다.

접촉점에서 어떤 감각이 느껴지는지 알아봅니다.
접촉점에서 느껴지는 따뜻한(포근한) 감각에 주의를 두고 호흡을 계속 합니다.

접촉점의 따뜻함(포근함)이 온몸과 마음으로 퍼져나가는 것을 상상해 봅니다.
이 따뜻함과 포근함을 충분히 음미해 봅니다.

마음이 그것을 기억하게 합니다.
자, 이제 명상을 내려놓고, 그저 몸과 함께 있는 그대로 존재해 봅니다.
자, 이제 마음속으로 부드럽게 말해봅니다.

  "모든 존재가 행복하기를"
  "모든 존재가 행복하기를"
  "모든 존재가 행복하기를"

  "모든 존재가 고통에서 벗어나기를"
  "모든 존재가 고통에서 벗어나기를"
  "모든 존재가 고통에서 벗어나기를"

자, 이제 천천히 눈을 뜹니다.

조원경
건강하고 따뜻한 마음을 배양하는 마음챙김 명상 교육 전문가

05.
한국 명상과
함께 살아가기

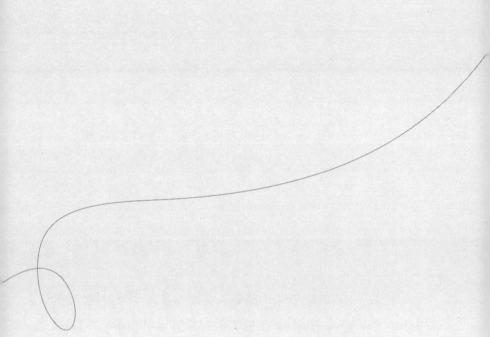

명상은 이제 과학이고, 의학이고, 심리며, 생활이다.
우리는 명상하기 좋은 시절에 살고 있다.

심리에서
명상 이해하기

　　명상은 심리학과 만나서 새로운 꽃을 피우고 있다. 특히 한국 명상의 경우, 많은 심리학자가 연구하고 또 임상 현장에서 적용하고 있다. 한국에서는 명상이라는 것이 마음수련, 심리치료와도 많은 관련이 있다. 스승의 가르침을 따라 끊임없이 수행하고 도를 닦았던 한국의 명상적 전통은 이제 내담자와 상담자가 형성하는 치료적 동맹의 관계로 발전해나가고 있다.

　　한국 명상을 공부하려면 심리적 접근은 매우 중요하다. 미국에서는 주로 요가 전문가가 명상을 접하게 되는 경우가 많다면, 한국에서는 마음 공부, 특히 심리학을 공부하면서 명상에 입문하는 경우가 많다. 이 현상은 아마도 인지행동 치료의 새로운 물결인 마음챙김에 대한 관심으로부터라고 할 수 있다. 또 명상을 하면서 지도자와 내담자가 많은 대화를 나누게 되는데, 이때 마음의 원리와 상담의 기술이 필요하다. 그러다 보니 한국 명상을 조금 더 깊게 공부하기 위해서는 명상의 심리적 기전과 심리 현장에서의 활용에 대하여 알아두는 것이 좋다.

명상의 심리적 기전

명상은 마음 공부로 알려져 있다. 지금까지 여러 명상가를 통하여 수행을 통한 기쁨과 평온, 고통의 수용과 번뇌의 극복에 대해 말을 들어왔다. 그런데 또 하나 의문이 생기기도 한다. 명상은 어떻게 마음을 움직이는가? 명상에서 우리가 얻는 평온은 왜 발생하는가? 심리학에서는 이런 물음에 답하기 위하여 명상의 기전에 관하여 연구를 활발히 진행하고 있다.

마음챙김 명상 실습이 이루어질 때, 사람들은 경험의 내용을 자기 자신과 구분한다. 그 순간순간의 경험을 더 명료하고 객관적으로 바라볼 수 있게 되는 것이다. 이를 '재인식하기(Reperceiving)'라고 이름 붙였으며, 여기에는 '관점의 근본적 전환'이 포함된다. 이는 현상에서 한 발짝 물러나서 그 경험을 마음속에 나타나는 하나의 일시적인 대상으로서 바라보는 탈중심화 능력이나, 상위인지적 자각과 비슷하게 볼 수 있다.

이러한 재인식하기의 과정을 통하여 자기조절 능력이 배양될 수 있으며 목표로 하는 가치는 더욱 명료해진다. 인지적 정서적 및 행동적 유연성은 극대화되고, 어떤 현상을 맞닥뜨리더라도 감내할 힘이 생긴다. 이를 통하여 우리의 '고통'은 완화될 수 있다. 계속해서 힘듦과 불안, 불편함을 반복해서 말하고 있던 수렁에서 잠시 빠져나와서, 우리가 얼마나 좁은 수렁에서 멀리 보지 못하고 힘들어하고 있었는지를 내려다보게 되는 것이다. 헛바퀴를 굴리고 있던 수렁에서 빠져나갈 길을 모색하는 궁리도, 그 순간을 초조해하거나 불안해하지 않고 천천히 파악하고 알아차리는 능력도 조금 더 위쪽에서 전체적인 현상을 볼 수 있다면 새로운 시야로 조망할 수 있었던 그 순간 시작이 되는 것이다.

심리 현장에서의 명상 활용

명상과 심리치료가 융합하여 새로운 심리치료기법들로 발전하고 있다.

MBCT(Mindfulness-based Cognitive Therapy)는 마음챙김을 이용한 인지치료의 과정이다. 인지치료는 문제가 되는 상황에서 발생한 역기능적 정서와 행동이 핵심 신념에 뿌리를 둔 자동적 사고로 비롯된다고 이해하고, 그 사고와 신념을 교정하기 위하여 진행된다. 논리적으로 자신의 사고를 반박하기는 쉽지 않은 일이다. 그러나 마음챙김이

심리적 기전[*]

의도적으로 개방성과 판단하지 않는 태도로 주의를 기울인다.

의도   태도   주의

상위 작용 기제	**관점 전환** (Reperceiving, 관점의 근본적 전환)

직접 작용 기제

1. 자기 조절 (Self-regulation)

2. 가치 명료화(Values clarification)

3. 인지적, 정서적, 행동적 유연성
   (Cognitive, emotional, and behavioral flexibility)

4. 노출효과(Exposure)

심리적 증상 완화

Shapiro, S. L., Carlson, L. E., Astin, J. A., & Freedman, B. (2006). Mechanisms of mindfulness. Journal of Clinical Psychology, 62, 373-386

가미된다면 우리는 논박하는 것이 아니라 그저 다르게 느껴볼 기회를 얻게 된다. 과연 내가 생각하는 것이 옳은가? 에 대한 답을 논리에서 찾는 것이 아니라 실제 명상적 경험에서 찾아가는 것이다. 파란색 선글라스를 끼고 있는 사람에게 장미를 보여주며 빨간색에 대해 묘사하는 것이 아니라, 선글라스를 장미꽃밭 한가운데에서 벗겨버리는 것과 같다.

DBT(Directical Behavior Therapy, 변증법적 행동치료)는 자살 충동이 높은 환자들을 위해 개발된 마음챙김에 기반한 3세대 인지행동치료 기법 중 하나이다. 경계선 인격장애(BPD) 환자들을 대상으로 가장 활발하게 적용되고 있는 정신치료이며, 선(Zen) 철학이 핵심이 된다. 강렬한 정서를 완화시키기 위해서 우선 정서를 '수용'하고 이후에 '변화'시킬 것을 말한다. 정서를 알아차림하고 받아들이는 과정은 마음챙김의 기법이 사용되고 마음챙김의 기술들은 가장 핵심적인 DBT의 모듈을 이룬다. 마음챙김 능력이 잘 함양이 되어있을 때 이후의 모듈인 고통 감내, 정서 조절, 대인 관계 효율성의 모델을 수행해 나갈 수 있다.

ACT(Acceptance Commitment Therapy, 수용전념치료)는 맞닥뜨린 상황에서 어떤 것을 어쩔 수 없는 것으로 인정하고 받아들일 것인지, 또 어떤 부분에 전념하여 살아갈 것인지를 묻는다. 이 과정에서 마음챙김에 기반을 둔 인지적 탈융합 과정을 유발하며 스스로를 조금 더 메타인지적 시각에서 바라볼 수 있도록 한다. 때로는 이를 돕기 위해서 은유적인 방식을 시행하기도 하는데, 그 은유를 이해하는 과정에서 마음챙김이 이루어질 때 ACT를 받는 내담자는 불필요한 것에 대한 과도한 집착을 내려놓고, 가장 시급하고 전념해야 할 문제가 무엇인지를 깨닫게 된다.*

참고하면 좋은 도서　　　　Jill A. Stoddard, Niloofar Afari 지음, 손정락 옮김, 《수용전념치료(ACT) 은유 (메타포) 모음집》, 시그마프레스, 2016

과학에서
명상 이해하기

명상에 대한 이해의 중심에는 뇌과학이 있다. 명상을 하게 할 때 '마음이 편해져서', '몸이 이완되어서'를 뛰어 넘는 기전, 이른바 뇌의 변화가 확인되면서 '명상이 과학이다.'라는 주장도 설득력을 높이고 있다. 명상을 하는 순간 뇌는 변한다. 뇌파를 통해 그 움직임을 확인할 수 있다. 조금 더 들어가면 특정 부위의 변화에 대한 확인도 가능하다. 그리고 이제는 뇌의 각 부위들이 어떤 네트워크를 만들어 내느냐까지 밝혀내고 있다.

한국 명상은 학문 분야로서 이미 많은 대학에서 가르치고 있고 또 연구소에서 다루고 있다. 이런 연구 결과들을 종합할 때 이미 명상의 효과 기전은 많은 부분 밝혀져 있다. 뇌파와 뇌영상을 연구에 응용하면서 뇌의 움직임 하나 하나가 관찰되고 기록될 수 있기 때문이다. 그렇기 때문에 명상을 학습이라고 할 수도 있다. 꾸준하게 학습을 하다보면, 대부분 그 능력이 향상된다. 더구나 과학적으로 명상을 꺼렸던 사람들도 이제는 그 기전을 이해하면서 공부를 하면 더 큰 성과를 얻을 수 있다.

명상과 뇌과학

과거의 신경과학에서는 뇌 발달은 유전적 정보에 의해 결정되고 경험이 뇌의 변화에 영향을 주지 못한다고 믿었었다. 그러나 오늘날의 신경과학에서는 경험이 뇌를 변화시킨다는 것을 발견하고 이러한 현상을 신경가소성(Neuroplasticity)이라고 설명한다. 이러한 사실은 뇌의 기능적 조작 가능성을 열어놓았기 때문에 우리 사회에 미친 영향은 매우 컸다. 명상 수행은 반복 훈련으로서 그 과정에 다양한 경험을 수반하기 때문에 명상 수행에 관여하는 뇌 영역은 기능적으로나 더 나아가 구조적으로 변화될 수 있다.

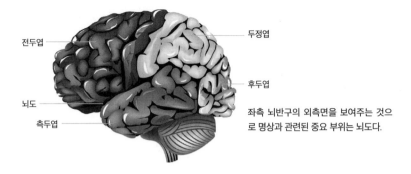

전두엽

두정엽

후두엽

뇌도

측두엽

좌측 뇌반구의 외측면을 보여주는 것으로 명상과 관련된 중요 부위는 뇌도다.

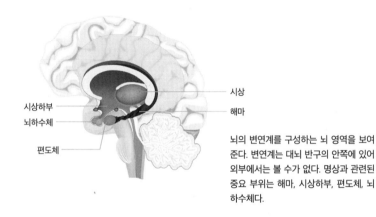

시상하부

뇌하수체

편도체

시상

해마

뇌의 변연계를 구성하는 뇌 영역을 보여준다. 변연계는 대뇌 반구의 안쪽에 있어 외부에서는 볼 수가 없다. 명상과 관련된 중요 부위는 해마, 시상하부, 편도체, 뇌하수체다.

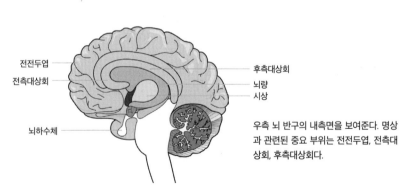

전전두엽

전측대상회

뇌하수체

후측대상회

뇌량

시상

우측 뇌 반구의 내측면을 보여준다. 명상과 관련된 중요 부위는 전전두엽, 전측대상회, 후측대상회다.

명상과 관련 있는 뇌 영역과 명상의 효과

전전두피질(PFC, Prefrontal Cortex)
사고의 핵심영역으로 목표 설정, 계획 수립, 행동 지시, 정서 조성을 한다. 정서 기능을 하는 변연계를 지배하고 억제하기도 한다. 명상 동안 기능이 활성화되고 노화에 따른 부피 감소를 억제한다.

전측대상피질(ACC, Anterior Cingulate Cortex)
주의 조절, 계획 감시, 사고와 감정 통합을 한다. 명상 중에 활성화가 증가되고 피질 두께가 두꺼워진다.

뇌도(Insula)
내부 장기의 감각을 기반으로 정서경험을 유발하여 공감을 갖도록 한다. 명상에 의해 쉽게 활성화되고 피질의 두께뿐만 아니라 회백질의 밀도도 높아진다.

후측대상피질(PCC, Posterior Cingulate Cortex)
자기인식, 통증경험, 일화기억인출에 관여하고 내적 통제 망인 DMN(Default Mode Network)의 중요 부위다. 명상을 할 때 활성화가 감소되고 수행경험이 많을수록 감소가 잘 나타난다.

변연계(Limbic System)
정서와 동기의 중추로 기저핵, 해마, 편도체, 시상하부, 뇌하수체를 포함하는 하나의 통합된 시스템이다(대상피질과 뇌도를 포함시키기도 함).

해마(Hippocampus)
단기 기억을 장기 기억으로 전환하여 새로운 기억을 형성하는 기억 핵심 중추다. 명상 수행의 결과로 회백질의 밀도가 높아지고 노화에 따른 위축이 적어진다.

편도체(Amygdala)
정서 자극이나 부정적 자극에 민감하게 작용하여 신속하게 경고신호를 유발하고 성욕과 공격성을 유발한다. 명상 수행은 이것의 활성화를 감소시킨다.

선조체(Striatum)
보상, 자극 추구 및 운동과 관련 있다. 보상이 예상될 때 많은 활성화가 나타난다. 명상가들에게서는 보상이 예상되는 상황에서 반응이 감소한다.

시상하부(Hypothalamus)
기아나 성과 같은 일차적 충동을 조절하고, 자율신경계와 내분비계를 조절한다. 스트레스 호르몬인 코르티솔을 분비하게 하는 시상하부-뇌하수체-부신 축(HPA축, hypotalamus-pituitary-adrenal axis) 기능의 출발 부위다. 명상은 HPA축 활성화를 감소시킨다.

뇌하수체(Pituitary Gland)
내분비계의 가장 상위 분비샘으로 시상하부의 통제를 받아 다양한 하위 분비선들을 조절한다. 엔돌핀을 만들고, 스트레스 호르몬인 코르티솔의 분비를 자극하고 옥시토신을 방출한다. 옥시토신은 유대감과 친밀감을 갖게 하는데 명상은 옥시토신의 분비를 증가시킨다.

시상(Thalamus)
후각을 제외한 나머지 감각들은 시상을 거쳐 1차 감각피로로 전달되므로 시상은 감각 정보의 중요 중계 장소이다.

뇌량(Corpus Callosum)
뇌의 두 반구 간의 정보를 소통 시켜 기능을 통합한다.

명상을 할 때 우리의 뇌는 역동적으로 움직인다. 명상 수행자들을 대상으로 하는 EEG(뇌파검사), f-MRI(기능적 자기공명영상) 촬영을 시행하면서 우리는 명상이 진행될 때 뇌가 어떤 움직임을 보이는지, 어떤 영역이 활성화되는지를 알 수 있다.

우리가 깨어있을 때의 뇌파는 베타파다. 걱정이나 생각이 많아지면 베타파가 두드러진다. 안정 상태, 눈을 감고 편안하게 쉴 때 나타나는 파형은 알파파다. 초당 8~12Hz의 주파수를 보이며 비교적 느리고 규칙적인 리듬이다. 여기서부터 명상으로 접어들면 우리가 만나기 시작하는 파형이다. 점차 심리적인 안정감, 몸과 마음의 이완이 발생한다. 조금 더 깊이 들어간다면 우리의 뇌파는 더 느려진다. 초당 4~8의 주기를 보이는 세타파다.

명상을 할 때 좌측 전두엽에서 세타파가 증가하게 된다. 이때 우리는 창의적인 사고를 경험하기도 하고, 통찰력을 발휘하기도 한다. 그런데 가장 특이한 뇌파가 있다. 바로 감마파이다. 초당 30에서 80Hz정도를 보이는 빠른 주파수는 우리가 고민하거나 초조해할 때 느끼는 베타파보다는 훨씬 격동한다. 이 파형은 티베트 고승들에게서 발견되었다. 깊고 순수한 주의집중이 이루어질 때, 다른 사람들에 대한 순수한 자애심이 용솟음칠 때 뇌파는 도약한다. 최근 가장 주목받고 있는 뇌파의 상태이기도 하다.

명상과 관련된 뇌 부위는 여럿이다. 그 가운데 짚고 넘어가야 할 부위가 있다. f-MRI 연구는 명상을 할 당시의 우리의 뇌의 어떤 영역들이 활성화되는지를 자세히 보여주고 있다. 우리가 명상하게 될 때 전전두피질에서는 수많은 양상의 변화가 일어난다. 명상은 전전두피질과 전측대상피질의 활성도를 증가시킨다. 오랜 경험을 가진 수행자의 경우 전측대상피질의 활성도는 곧 다시 감소한다. '알아차림'을 통하여 지금 여기를 인지한 후에, 다시 평온한 마음으로 돌아가는 것이다. 반면, 편도체는 명상을 할 때 활성도가 감소한다. 우리의 수많은 시뮬레이션과 엮여 돌아가는 걱정, 불안, 초조, 짜증과 같은 감정들 그리고 그 감정들과 또 함께 엮여 있는 우리의 깊숙한 트라우마와 상처가 되는 기억들, 그 악순환의 고리는 명상을 하는 순간 잠시 끊어질 수 있다. 전전두피질은 활성화되고 편도체는 비활성화되는 것, 알아차리되, 번뇌에 얽매이지 않는 것이다.

명상을 오래 하게 되면 좌측 전전두피질은 점차 활성화되고 발달한다. 즐겁고 유쾌한 정서가 유발되고, 부정적인 정신 과정에 대한 주의는 억제된다. 뇌 자체의 크기가 변화하기도 한다. 명상을 오래 한 수행자들의 뇌는 전전두피질의 회백질이 일반인보다 더 증가되어 있다. 이 현상을 '알아차릴 준비'를 뇌가 끊임없이 반복해서 해낸 결과가 아닐까 한다.

명상과 뇌의 네트워크

명상은 뇌가 하는 작업이다. 그러나 과연 뇌만 명상을 할까? 우리 몸 전체가 명상을 한다. 뇌의 특정한 부위에 한정되지 않고, 여러 부위가 네트워크를 이뤄서 명상하게 되고, 그 네트워크의 작용은 뇌뿐만 아니라 신경계와 내분비계에 영향을 미쳐 인체를 조절하게 된다.

마음챙김 수련의 뇌과학적 기전에 대하여는 지속해서 새로운 가설이 제시되고 있다. 최신 지견을 종합하면 마음챙김 수련은 뇌의 신경망을 훈련하는 것이면서(Network Training) 뇌가 일정 상태를 유지하게 훈련하는(State Training) 효과가 있다. 마음챙김 수련은 뇌의 특정 부위, 나아가서 특정 네트워크를 활성화할 뿐 아니라 뇌의 상태-훈련은 뇌와 몸의 상태를 바꾸어서 다양한 신경망에 영향을 미친다. 다시 말해 광범위 뇌신경망(Large Scale Brain Network)을 활성화하고 서로의 연결성을 증대시켜 그 결과 안정적인 패턴의 뇌 활동이 유지되는 상태를 만든다.

상태-훈련은 단일한 작업에 대한 학습능력만을 증진시키는 뇌신경망 훈련과 차이가 있다. 특정 작업을 반복함으로써 자율신경계 특히 부교감신경 활동이 지배하는 편안하고 균형 잡힌 상태다. 이는 작업특이적인 신경망과 달리, 다양한 배경의 작업 기억, 추리, 주의 및 실행 기능을 하려면 공통적으로 동원되는 신경망으로 다자영역-공통신경망(MDS, multiple domain system)이라고도 한다. 여기에는 전두엽과 두정엽이 포함된다는 점과 현저성 회로(Salience Network)와 중복되는 부분이 많다는 점이 시사하는 바가 크다. 이에 마음챙김 상태를 확립하고 유지하는 것은 작업 특이적 집중 기능과도 관계가 있으나, 마음챙김 상태는 MDS에 의해서 전반적으로 지휘, 조율되고 필요할 때마다 특정 신경망이 동원되는 것이라고 가정할 수 있다. 오랜 기간

명상과 관련된 뇌의 네트워크

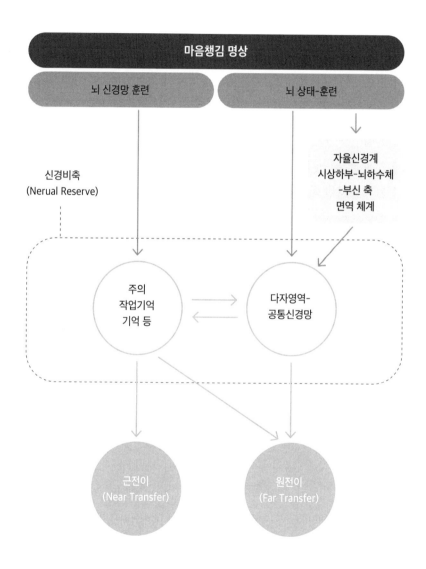

명상을 하여 숙련된 명상가는 초기의 신경망훈련으로 애쓰던 시기가 있었을 것이고, 상태-훈련의 경지에 이르게 되면 자연스럽고 편안하게 명상 상태를 유지한다고 알려져 있다. 물론 신경망 훈련과 상태 훈련은 동시에 작동하기도 한다.

또한 마음챙김 수련은 스트레스 감소 기전과 면역 기능 관련한 생리적 기전의 개선에 의해 건강 증진에 간접적인 효과가 있다. 이렇게 습득한 마음챙김 훈련의 학습 효과는 직접적으로 관련이 있는 비슷한 작업에서만이 아니라, 일견하여 서로 상관이 없어 보이는 경우에도 광범위하게 학습 효과가 있는데 이는 현저성 회로와 MDS, 그리고 자율신경계 사이의 상호작용으로 설명할 수 있을 것이다. 즉, 우리는 마음챙김 수행을 어떤 활동에도 적용해볼 수 있고, 그 결과로 안정감, 평온함과 통찰을 가질 수 있다. *

Malinowski, P. & Shalamanova, L. (2017). Meditation and Cognitive Ageing: the Role of Mindfulness Meditation in Building Cognitive Reserve. J Cognitive Enhancement 1: 96. https://doi.org/10.1007/s41465-017-0022-7

Tang, Y. Y., & Posner, M. I. (2014). Training brain networks and states. Trends in Cognitive Sciences, 18(7), 345-350. doi: 10.1016/j.tics.2014.04.002.

Duncan, J. (2010). The multiple-demand (MD) system of the primate brain: mental programs for intelligent behaviour. Trends in Cognitive Sciences, 14(4), 172-179. doi: 10.1016/j.tics.2010.01.004.

한의학에서 명상 이해하기

명상과 기 수련

　　명상과 기공은 동양학이 가지고 있는 여러 유산 가운데 인간의 건강을 위한 방법으로 전승되어 내려왔다. 처음에 명상은 종교적인 측면에서, 기공은 의학적인 측면으로 활용이 되어왔지만, 그 추구하는 바나 방법은 많은 공통점을 가지고 있다. 근자에 들어와서 명상과 기공은 서로 융합하는 모델로도 활용이 되고 있다. 의학이 자연과학의 일부분이 아니라 인문학과 자연과학의 통섭 모델로 발달하고 있는 과정에서 명상과 기공은 서로에게 영향을 줄 것이다.

　　한국 명상에서 전통적으로 중요하게 다루고 있는 두 가지가 있다. 하나는 집중이고, 다른 하나는 호흡이다. 그래서 대표적으로 단전 호흡을 명상의 중요한 방법으로 활용하고 있었다. 단전 호흡에서 중요하게 다뤘던 것은 호흡을 통하여 기(氣)를 단전에 모으는 작업이었다. 이것은 기를 저축하는 작업이었고, 또 이 저축된 기를 건강을 위해 활용하기 위해 태극권처럼 움직임을 하기도 하였다. 명상에서 설명하고 있는 마음챙김 역시 감각에 대한 알아차림에서부터 시작하는데, 단전 호흡에서는 기를 느끼는 작업으로 여긴다. 명상과 단전 호흡은 이래저래 많은 유사점을 가지고 있다.

기공과 명상

MBSR	기공 삼조	공통점	기공의 특성
정좌 명상 하타요가 걷기 명상	조신 (調身, 자세 조절)	바른 자세	원활한 기의 흐름
호흡 명상	조식 (調身, 호흡 조절)	바른 호흡	기를 축적함
건포도 명상 바디스캔 현재에 머무르기	조심 (調神, 마음·정신 조절)	바른 마음 바른 정신	자발적인 기의 조절

기를 수련하는 기공에서는 세 가지의 요소를 다룬다. 이 요소는 자세, 호흡, 마음의 분야이고, 이러한 요소는 여러 수련법에서 공통으로 추구하는 방법이기도 하다.

조신(調身) 자각적으로 신체의 자세를 조정하고 일정한 동작을 진행하는 것으로 기공 입문의 초급 단계다. 그렇기 때문에 수련은 필수적으로 자세가 바르고, 동작이 정확하고 아름다워야 하며, 이완되고 기의 순환이 원활하게 되어야 한다.

조식(調息) 자각적으로 호흡을 하고, 호흡을 조절함으로써 음양을 조절하고 장부를 조화롭게 하며, 경락을 소통시키는 것으로 수련의 중요한 환경을 조성한다. 호흡을 유(부드럽고), 세(가늘고), 균(규칙적이고), 심(깊고), 장(긴 호흡)하도록 요구한다.

조심(調心) 자각적으로 심리 활동을 조절하며, 의수(意守)를 통하여 입정하고 정신을 기르는 것을 목적으로 한다. 조심은 크게 방송(放鬆)과 의수로 나뉘는데, 방송은 긴장 상태에서 벗어나 충분한 이완의 상태를 만드는 것이고, 의수는 사유의 집중으로 경혈 부위(단전, 명문, 백회, 전중 등), 호흡, 자구(字句)에 집중하는 것이다.

기 수련의 세 가지 요소는 '자세, 호흡, 마음'이다

명상과 기공은 훈련의 방법이나 목표에서 많은 유사점을 가지고 있다. 명상에 여러 종류가 있는 것처럼 기공은 매우 다양한 훈련법을 '기공'이라는 명칭을 쓰고 있어서 이 둘은 상호 간에 겹치는 부분이 많다.

1. 기공에서 기는 명상에서의 '마음챙김'과 'Here and Now' 도구로 활용되기도 한다. 기는 움직이는 대상이지만, 관찰의 대상이기도 하다. 기감이라는 것은 기를 느끼는 작업이다. 기는 손에서 가장 쉽게 느낄 수 있다. 기공의 훈련에서도 손바닥과 손가락을 집중적으로 훈련하는 이유는 그곳이 기의 흐름이 가장 활발하기 때문이다. 특히 기공에서는 이곳을 이용하여 기를 상대방에게 전달하는 외기공을 의료 목적으로 활용하기도 한다.

2. MBSR의 명상에서는 바디스캔의 경우 신체 각 부위를 나누어서 그곳을 관찰하게 되는데, 기공의 경우는 기 흐름의 통로인 경락을 주로 다루게 된다. 그리고 그 흐름이 원활하게 순환이 되기 위해 의념이나 두드리기, 마사지, 혹은 침의 방법을 활용한다. 기공은 한의학 양생에서 많이 다뤄지는 분야다. 그렇기 때문에 에너지를 보강하거나 쌓아두는 목적을 가지고 있다. 기공법에서 중요하게 목표로 삼고 있는 것 중 하나가 기를 인체에 쌓아두는 것인데 바로 축기(蓄氣)다. 호흡법에서 단전을 강조한 단전 호흡법, 자세를 고정하여 기를 계속해서 쌓아가는 참장공, 그리고 동작을 통하여 기를 쌓는 여러 방법이 그 예다.

미국 명상이 가장 많이 활용되는 분야가 의료다. 그렇지만, 명상이 처음부터 정통 의학에 포함되어 있었던 것은 아니다. 명상은 아직도 보완대체의학이나 통합의학의 한 분야로 여겨지고 있고, 그 적용에서도 한정되어 있기는 하다. 만병통치의 방법은 아닌 것이다. 명상이 의료계에서 수용된 것은 정통의학이 가지고 있는 근본적인 문제에서 비롯된다. 의학이라는 방법을 통하여 인간이 가지고 있는 고통과 질병에 대한 과학적 이해가 되지 않으면 접근하기 어려운 한계점 때문이다.

사람은 고통을 받고 있는데, 정작 의학은 해결하지 못하는 분야가 있기 때문이다. 특히 주관적인 환자의 호소는 답을 찾기가 어렵다. 또한 이른바 인간이 가지고 있는 자기치유력은 이를 향상시킬 방법 역시 명확하지 않다. 이러한 부분에 대하여 도움을 얻을 수 있는 분야가 보완대체의학이고, 그 분야 가운데 가장 쉽게 받아들여지고, 또 과학적 연구를 통하여 착실하게 발전하고 있는 것이 바로 명상이다.

명상이 의료 현장에서 가장 많이 활용되는 분야는 환자의 고통에 비하여 그 해결책이 명확하게 제시되지 못하는 영역, 즉 암, 만성 통증, 그리고 정신 장애 분야다. 의사들의 입장에서는 이미 치료가 다 되었는데도 환자들은 여전히 고통을 가지고 있다고 호소를 하는 영역이다. 암에 명상을 적용할 경우, 암 환자가 가지고 있는 불안, 우울, 재발에 대한 두려움, 정서적 웰빙 조절을 목적으로 한다. 신체 증상의 경우 피로, 통증, 신체적 기능, 수면에 도움을 주고 전반적인 삶의 개선을 돕는다. 만성 통증 치료에 대한 반응을 좋게 만들어 주기도 한다. 통증 자체와 함께 우울, 삶의 질 역시 조절을 하고, 부작용을 줄여주는 데도 기여를 한다. 정신 장애의 경우 우울, 외상후성 스트레스 장애, 불안, 약물 중독, 금연, 수면 장애에 효과적이다.

보완 대체 의학, 통합 의학

	생물학 기반 요법	심신 중재법	수기 및 신체 기반 체계	에너지 요법	대체 의학 체계
NCCAM 분류 (1998)	·허브 ·특별 식이 ·보조 식품 ·효소 요법	·명상 ·최면 ·무용 또는 미술 치료 ·기도	·카이로프래틱 ·마사지 ·롤핑 ·반사 요법 ·경혈자극	·기공 ·영기 ·치유적 접촉 ·전자 요법	·한의학 ·아유르베다 ·동종 요법 ·자연 요법
NCCIH 분류 (2014)	천연물	심신 중재법			기타

NCCAM(National Center for Complementary and Alternative Medicine): 미국 국립보완대체의학센터
NCCIH(National Center for Complementary and Integrative Health): 미국 국립보완통합의학센터

명상이 의료 현장에서 활용되는 목적

　명상은 보완대체의학의 한 분야여서 의료계에서도 활용되고 있기는 하지만, 명상의 활용은 여타의 치료 기법과는 차이를 가진다. 일반적으로 치료는 의사 혹은 치료자가 환자 혹은 내담자에게 행하는 것이다. 약을 주기도 하고, 침을 맞기도 하고, 마사지를 받기도 한다. 그렇지만 명상은 환자가 직접 수행을 해야 한다. 또 그 수행을 얼마나 열심히 하느냐도 환자의 몫에 달려 있다. 환자의 역할이 어느 치료보다도 강조된다. 또 명확하게 고려해야 할 부분도 있다. 환자들에게 명상은 매우 중요한 자기 치유의 방법이다. 정작 병에 대하여 진단을 받고 치료를 하는 과정에 자신은 늘 뒷전으로 밀리는 느낌이 있다. 주

도적 참여는 고사하고 끌려다니는 느낌을 지울 수 없다고도 한다. 명상은 그런 의미에서 치료에 자신이 직접 참여를 하는 것이다.

명상을 하면 자신이 앓고 있는 질병과 증상에 대한 바른 이해에 도움이 된다. 고통을 받는 사람들은 자신이 앓고 있는 질병과 증상에 대하여 스스로 다양한 해석을 하게 된다. 그러나 정작 병에 대하여 접근하는 것을 두려워함에 따라 애써 외면하거나, 때로는 막연한 공포를 증폭하게 된다. 이러한 외면과 증폭은 병을 치료하는 데 바람직하지 않다. 이때 명상은 자신의 질병과 증상에 대하여 바라볼 수 있는 마음을 가지게 도와준다.

명상을 하면 불안과 같은 감정을 조절하는 데 도움이 된다. 병은 병 자체뿐 아니라 이와 동반되어 불안, 우울, 때로는 분노와 같은 감정을 일으키고, 이러한 감정에 휩싸이게 되면 병은 더 악화가 될 수 있다. 가지고 있는 고유의 문제에서 감정이나 정신적인 문제를 구별하여 이해하는 데 명상이 도움을 줄 수 있다.

명상을 하면 신체의 리듬, 대사, 기능에도 도움이 된다. 인체의 자율 신경은 그동안 자율적으로 움직여서 인간이 통제하거나 조절하지 못하는 영역으로 치부되어 왔다. 하지만 여러 명상법의 적용을 통해 자율 신경을 어느 정도 인간이 조절, 통제할 수 있다는 것이 밝혀졌다. 혈압 조절, 혈류 개선, 소화 기능의 향상 등, 훈련을 통해 직접적인 도움을 받을 수 있다. 이런 리듬, 대사, 기능의 향상은 결과적으로 질병 극복을 위한 기본이 된다.

다양한 명상의 방법들은 병의 종류와 경과에 따라 다양한 방법으로 적용될 수 있다. 척추손상 진단을 받은 환자의 재활에 있어서 이미지 트레이닝 기법은 환자의 회복 속도를 빠르게 해 준다. 암 환자가 가지고 있는 식욕 부진과 오심구토는 먹기 명상을 통해 회복이 가능하다. 감정 조절에 어려움이 있는 사람이라면 걷기 명상을 통해 자신의 리듬을 찾아가는 작업을 하여 감정의 굴레에서 벗어날 수 있다. 그야말로 사람에 맞는 일대일의 방법들이 적용된다.

생활에서
명상 적용하기

명상이 의료 현장에서 많이 쓰이고 있다고는 하지만, 실상 명상은 일상에서 스스로 하는 행위다. 병원에서, 상담센터에서, 혹은 요가원이나 명상센터에서만 하는 것은 아니다. 자신의 일상에서 하는 행위이고, 조금 더한다면 명상적 삶을 살아가는 것이다. '명상'이나 '마음챙김'의 정의를 보더라도 '일상에서~~', '지금 여기에서~~'와 같은 말이 들어가 있다. 바로 매일 매일의 일과 가운데, 그런 생활 태도와 마음가짐이 바로 명상이라는 것이다.

명상은 고행이 아니다. 이전의 집중 명상에서 마음챙김 명상으로 명상의 모습이 약간 변하면서 그런 특정은 더욱 두드러진다. 가장 대표적인 변화는 요가에서 나타나는데 요가 동작이 부드럽고 자연스러워졌다. 무리수를 두지 않아서 이전보다 편안하게 할 수 있다. 우리의 삶 속에 가까이 온 것이다. 요가보다 더 가까이 있는 것은 매일 반복하는 먹기다. 하루 세 끼, 밥을 먹는 동안 명상을 실천할 수 있다면 족히 한 시간 넘어 명상을 생활화 할 수 있는 것이다. 걷기 역시 매일 하고 있다. 출퇴근뿐만 아니라 그야말로 앉아 있고, 누워 있는 시간을 제외하고는 걷기를 하고 있다. 걷기에 명상을 추가한다면 하루에 두 시간 아니 세 시간 이상도 명상을 하는 셈이다. 이처럼 우리의 삶 자체에 명상을 할 수 있는 행위가 많다.

마음과 몸의 결합을 통한 명상의 새로운 이해

전통적으로 인도에서는 명상과 요가가 함께 발전해 왔다. 존 카밧진의 경우도 요가에서 출발하여 명상을 하는 것으로 볼 때 요가와 명상은 매우 밀접한 관계에 있다. 요가가 동작 중심이다 보니, 지나치게 고난도 동작을 요구하는 경우가 많은데, 실제 명상과 결합될 때 자연스러움으로 이어지기가 쉽지 않다. 마음챙김 요가는 아주 단순하고도 쉽게 따라 할 수 있는 동작으로 시작한다. 그리고 동작을 애써 똑같이 취하려고 애쓰지도, 요구하지도 않는다. 그저 모두가 나름의 자세를 취해 보면서 그 동작 속에서 느껴지는 몸의 느낌을 확인하는 과정이다.

명상은 오감을 철수하고 내면을 들여다보는 작업이다. 우리의 내면세계는 크게 감각의 세계, 느낌과 정서의 세계, 생각의 세계, 생각 너머의 세계로 나눌 수 있다. 마음챙김 요가는 내면세계에서 가장 거친 체(體), 즉 감각의 세계를 알아차리는 훈련이다. 흔히 눈을 감고 자기 생각을 알아차리려고 하면 초심자는 대부분 속도가 빠른 생각을 알아차리기가 쉽지 않다. 눈은 감고 있지만 생각의 연쇄에 빠져들기 십상이다. 반면에 감각의 세계는 훨씬 알아차리기 쉽다. 그 변화 속도가 생각에 비해 상당히 느리기 때문이다. 그래서 마음챙김 입문자에게는 움직임을 통한 감각과 더불어 훈련할 것을 권한다.

마음챙김 훈련을 위해 요가를 활용하는 것이 바람직한 또 다른 중요한 이유는 마음챙김에 중요한 '지금-여기'로 쉽게 돌아올 수 있기 때문이다. 생각이 과거나 미래를 향해 헤매고 있을 때 감각의 세계는 지금-여기의 현장으로 돌아오기 쉽게 만든다. 이 점을 인식한 옛 선조들은 망상과 사념에서 벗어나기 위해 호흡할 때 일어나는 코밑, 가슴, 배 등의 감각에 주의를 고정시키는 습관을 들여왔다.

몸을 움직이다 보면 명상훈련에서 큰 장애가 되는 지루함과 졸음을 몰아낼 수 있다는 점이 요가를 활용하는 또 다른 이점이다. 사람들이 명상을 꾸준히 이어가지 못하는 중요한 이유는 재미가 없기 때문이다. 빠른 속도에 익숙한 현대인들은 이 때문에 명상이 어렵다고 하소연한다. 이때 적절한 속도의 움직임을 이용하면 그 문제를 어느 정도 해소할 수 있다. 이것이 MBSR의 여러 명상 중 하타요가를 사람들이 선호하는 이유가 아닐까 싶다.

마음챙김의 삶이란? 지금 이 순간 충실하게 살아가는 것이다. 생활에서 가장 먼저 만나는 것은 먹기다. 먹는 것에 집중하게 되면 일단 맛있게 먹을 수 있다. 음식을 만나는 장면에서 오감을 모두 동원하여 눈으로, 코로, 혀로, 손으로 심지어 귀도 작동을 시키면서 오로지 먹기에 빠져 있는 것이다. 이렇게 먹는 것에 마음챙김을 하게 되면 식욕이 없는 사람은 식욕을 끌어올릴 수 있는 반면 비만을 앓고 있는 사람을 살을 뺄 수도 있다. 이것이 마음챙김의 조절 능력이다.

공부에 도움이 된다면 명상은 얼마나 좋을까? 생산성을 높일 수 있다면 회사에서도 환영할 것이다. 단지 이완과 안정으로만 여겨졌던 효능이 이와는 정반대의 목적으로도 활용되고 있다. 집중력을 키우고 생산성을 높이기까지 한다는 것이다. 그것은 마음챙김을 통하여 그 순간 그 자리에서 그 역할을 충실히 하게 하는 마음챙김의 기본 역량과도 관계가 있다. 소위 말하는 자기 주도 학습, 의미를 찾는 작업, 심지어 번득이는 창의력 역시 명상의 효능으로 연구되고 있다.

명상의 가장 큰 효과는 여행에서 알 수 있다. 여행은 자신의 일상에서 벗어나 진정한 나를 만나는 작업이다. 여행에 명상이 합쳐지면 자신을 만나는 데 도움이 된다. 마음챙김이라는 것은 지금 여기에 충실하는 것이기 때문에 여행에 집중하는 과정에서 진정한 자신을 만나기 쉬울 수 있다.

저자

김경의	신일호	장영수
김배호	심교린	장현갑
김완석	양희연	전진수
김종우	윤병수	정광주
김정모	육영숙	정선용
류정수	이민형	정애자
박성현	이봉건	조옥경
박정아	이성준	조용래
박지영	이윤선	조원경
박현숙	이인실	조현주
손정락	이화순	

한국의
명상을
말한다

초판 1쇄 발행 2020년 1월 2일

지은이　　한국명상학회

펴낸이　　오세룡
기획·편집　김영미, 이연희, 박성화, 손미숙, 김정은
취재·기획　최은영, 곽은영
디자인　　정해진(onmypaper)
　　　　　　고혜정, 김효선, 장혜정
홍보·마케팅　이주하

펴낸 곳　　담앤북스
　　　　　　서울특별시 종로구 새문안로3길 23, 경희궁의 아침 4단지 805호
　　　　　　대표전화 02) 765-1251 전송 02) 764-1251
　　　　　　전자우편 damnbooks@hanmail.net
　　　　　　출판등록 제300-2011-115호

ISBN　　979-11-6201-203-1(03180)

이 도서의 국립중앙도서관 출판예정도서목록(CIP)은 서지정보유통지원시스템 홈페이지(http://seoji.nl.go.kr)와
국가자료종합목록 구축시스템(http://kolis-net.nl.go.kr)에서 이용하실 수 있습니다. (CIP제어번호 : CIP2019052351)

정가 17,000원